公共图书馆信用服务的宁波实践

徐益波　主编

天津大学出版社

图书在版编目（CIP）数据

公共图书馆信用服务的宁波实践 / 徐益波主编. -- 天津：天津大学出版社，2021.11
ISBN 978-7-5618-7015-0

Ⅰ.①公… Ⅱ.①徐… Ⅲ.①公共图书馆－图书馆服务－研究－宁波 Ⅳ.①G259.275.53

中国版本图书馆CIP数据核字（2021）第164214号

出版发行 天津大学出版社
地　　址 天津市卫津路92号天津大学内（邮编：300072）
电　　话 发行部:022-27403647
网　　址 www.tjupress.com.cn
印　　刷 廊坊市海涛印刷有限公司
经　　销 全国各地新华书店
开　　本 169mm×239mm
印　　张 18.5
字　　数 373千
版　　次 2021年11月第1版
印　　次 2021年11月第1次
定　　价 78.00元

本书编委会

主　编　徐益波
副主编　陆　艳　沈冠武
编　委　毛　婕　万湘容　陈　健
　　　　胡冰迎彦　丁若时

序一

信用服务是近年来公共图书馆领域备受关注的一个话题。与“信用”结合，可以说是互联网环境下公共图书馆跨行业、跨领域融合发展的积极探索，是公共图书馆服务创新的新亮点。

公共图书馆介入信用服务有什么意义呢？我想主要有以下几点：其一，免证免押金服务可以更充分地体现平等、免费、无障碍的公共图书馆精神，所有人群不分区域都可以享受无差别的图书馆服务；其二，体现了公共图书馆开放、共享、互联的理念，以信用为手段有效连接不同的图书馆，形成提供海量信息服务的场景；其三，助推诚信社会建设，以文化引领整个社会的健康发展；其四，推动更广泛的社会力量参与到公共图书馆事业中去。

浙江省在信用服务方面起步较早。早在 2016 年 9 月，浙江图书馆就对在第三方信用平台上 650 分以上的浙江户籍读者推出了免押金服务；2017 年 4 月，杭州图书馆推出“信用借还图书”服务，并连续召开了三次信用会议推广信用服务经验；2018 年 4 月，浙江图书馆联合全省公共图书馆推出了“浙江省公共图书馆信用服务平台”；之后，浙江图书馆又把信用服务的范围扩大到了全国。

宁波图书馆也是浙江省内较早开展信用服务的图书馆之一。2017 年 11 月，宁波图书馆推出“天一约书”信用服务，虽然同样是应用了第三方信用机构的基本服务模式，但也在书库打造、选书荐书、宣传推广等方面凸显了自己的亮点和特色，屡获业界大奖。2020 年，宁波图书馆的信用服务项目更是得到了国际图联（IFLA）的肯定，影响力跨越国界。可以说，宁波图书馆的信用服务团队探索出了一条属于自己的公共图书馆信用服务道路，为全国公共图书馆提供了一个可借鉴的成功案例。

对于公共图书馆信用服务的未来，我始终相信，打破信息孤岛，实现公共图书馆跨区域的连接，信用是一个可行的途径。借助信用平台，更多的图书馆可以联合在一起开展服务，每一个用户都可以最大限度地使用图书馆的资源，一个共存、共建、共管、开放、共享、共用的无边界图书馆服务体系将不再遥不可及。

目前，全国已经有超过一百家图书馆在推行信用服务，但尚未有文献对公共图书馆信用服务做较为完整的介绍，也缺少对各类信用服务模式的分析和各地公共图书馆信用服务案例的研究，导致各个图书馆在开展信用服务时只能自己摸索，无法形成标准化和系统化的发展模式。本书的出版，填补了这个空白，对图书馆行业来说是一件非常有意义的事。本书有理论、有实践，视野开阔、思路清晰，案例翔实、对策明确。书中有很多数据更是非常难得，可见成书过程十分不易，作者徐益波馆长的努力与担当值得我们尊重和感谢。相信本书的出版，一定能够进一步推动我国公共图书馆信用服务的发展，并对我国信用社会的建设产生积极的影响。

褚树青

2021 年 10 月 8 日

序二

2014年4月初，上海市征信管理办公室同上海图书馆接洽，就加入公共信用信息服务平台征询意见。我们赶紧商议，迅速达成加盟的共识，并随即全面了解平台功能，积极拟就业务流程，开列失信清单。因为总分馆“一卡通借通还”的缘故，我们还召集分馆开会，通报情况，宣讲实施办法，使本市所有公共图书馆一起成为全国最早使用信用服务的公共服务机构。自然，这种共识首先源于公共图书馆人应该在社会公民道德和社会诚信建设中作出贡献的责任感，但事实上也来自我们的经历和思考。在公共图书馆日常工作中，经常会有读者就办证押金提出反对意见，并因此放弃办理外借证。而公共图书馆方，则以读者借书不还会使公共资产蒙受损失的案例为据，坚持用押金作为读者获取外借图书权益的前提。众所周知，办证数和外借图书量一直是彰显公共图书馆服务效能的两个重要指标，而我国的这两个数据又比较低。如果我们能够在免除押金的同时对借书不还者加以制约，那势必能更好地促进办证数和外借图书量的提升，给读者带来更多的便利。信用，作为履行承诺的保证，是我们认可的凭证。在社会主义精神文明建设取得一系列进展之时，《国务院办公厅关于社会信用体系建设的若干意见》（国办发〔2007〕17号）明确指出，坚持“统筹规划、分类指导，政府推动、培育市场，完善法规、严格监管，有序开放、维护安全”的原则，建立全国范围信贷征信机构与社会征信机构并存、服务各具特色的体系，最终形成体系完整、分工明确、运行高效、监管有力的社会信用体系基本框架和运行机制。因此，借助上海市政府的公共信用信息服务平台，构建公共图书馆信用服务体系，正逢其时。

于是，在4月30日举行的上海市公共信用信息服务平台开通仪式暨社会信用体系建设联席会议上，市政府宣布上海市各级各类公共图书馆读者借阅的信用信息将纳入上海市公共信用信息服务平台，这标志着社会诚信建设背景下的公共图书馆信用服务实践已经开始。

2015年底，或许因为上海图书馆先行开展凭借信用免押金办证服务，蚂蚁金服集团前来商议信用合作。双方最终确定的具体方案是，以支付宝芝麻信用分为读者免押金办证的依据，凡芝麻信用分在 650 分以上的上海市常住人口，可以免押金办理上海图书馆等读者证，在本市所有总分馆中借还书刊；650 分以下的读者，则须提交上海市公共信用信息服务平台的报告，通过的方可办理，没有通过的则须缴纳押金。但在形成上述设想前，我们内部反复研讨，因为与为企业背书的商业信用平台的合作，明显存在着可靠性和操作性的问题。可靠性问题在于，该企业的信用分是否足够“信用”，该企业是否有实力短期内将信用服务在全国公共图书馆界推广。基于支付宝的日益普及、广大用户对其认可和蚂蚁金服集团的相关计划等，我们在预设“止跌”底线的前提下，愿意先承认它的信用。操作性问题在于，读者有多少芝麻信用分才可免押金办证。比较其他使用第三方信用平台单位的门槛信用分，自身使用芝麻信用的经验，特别是该信用起始点为 550 分的情况下，我们决定把 650 分作为免押金办证的基础分。事实上，其背后存在着一种思辨，即公共图书馆和政府信用平台合作，只要读者没有不良信用记录，便可获得信任；公共图书馆和商业信用平台合作，那么，读者必须在有一定的信用前提下，才可获得信任。

于是，同年 12 月 1 日，上海图书馆宣布联手蚂蚁金服集团打造全民信用图书馆，分别与芝麻信用管理有限公司、支付宝（中国）网络技术有限公司签署战略合作协议。并且，经过一个月的宣传，在翌年元旦正式实施协议。

如此，上海图书馆在同政府公共信用信息服务平台和商业信用平台合作方面走出了第一步，为全国图书馆界树立了一个样板，也由此引发了许多公共图书馆的仿效和再度创新。目前，我国公共图书馆信用服务大致可以分为三种类型：以政府公共信用信息服务平台为基础的信用服务，以第三方征信平台为基础的信用服务和图书馆自设的如以读者信用积分等为基础的信用服务。从上海图书馆的实际状况看，政府信用平台采信来源多元、可靠，公开透明，运行规范，惩戒措施得当，由政府背书，民众信服。但多数省市尚未建立信用服务系统，故许多公共图书馆无法依此开展信用服务。商业信用平台以手机为载体，使用普遍，知晓度高，操作简便。但采信来源较为单一，覆盖面未能覆盖所有读者，其可信度比政府信用平台弱。读者的选择或许是具有说服力的，从上海市公共图书馆办证系统统计来看，自 2014 年下半年始可用政府信用平台免押金办证至 2021 年 5 月中旬，选用此途径办证的读者人数逾 40 万，而自 2016 年始至同样截止期，在商业信用平台免押金办证的读者人数不足六千。至于图书馆自建的信用系统，则规则自拟，成事便捷，一般用于书刊借还之奖惩和积分兑现礼品等。以目前情况言，尚有待在实践中不断完善，并形成业界统一标准，更全面地用于服务之中。

总体而论，公共图书馆最初尝试信用服务时，虽有过一些思考，但力度和深度均有所欠缺，应追加理性论证和分析，诸多实践也亟须梳理和归纳。唯此才可进一步拓展信用服务的领域，提高服务的质量，并使更多的公共图书馆实施信用服务。如今，《公共图书馆信用服务的宁波实践》一书的面世，恰能弥补此不足，其填补空白意义不容置疑。

该书从社会信用体系建设着手，从公共图书馆借阅发展沿革着眼，论述公共图书馆信用服务发展历史。全书架构合理，逻辑较为严谨；抽丝剥茧，条分缕析。该书网罗全国公共图书馆信用服务的实践案例，内容丰富，图文并茂，极富参考价值。在此基础上，该书以宁波图书馆“天一约书”为重点剖析对象，详尽介绍其信用服务构思，细致描述其实施方案、操作流程。譬如购置热门图书，打造专库、专柜，为信用服务奠定资源和外借的基础；譬如依托宁波市总分馆体系，建设网借系统，为信用服务提供阵地和便捷的可能；譬如开展阅读推广活动，塑造品牌形象，为信用服务营造宣传和扩张的声势。总之，该书理论研究之全面，操作分析之细腻，均给人留下较为深刻的印象。

信用之于公共图书馆，尚有许多理论问题需要探索，实践领域亦有待拓展。但无论如何，本书将成为该领域理论研究与实践总结的奠基之作，它的功绩会随着时间的推移而显现。

是为序。

周德明

2021 年 10 月 9 日

目录

第一章 绪论

人无信不立，事无信不成，商无信不兴。自古至今，信用是社会发展的根本基石，是人们互相交往的基本准则。因此，构建社会信用体系尤显重要，关系着政治、经济、文化活动的方方面面，也影响着公共图书馆服务体系的效能。社会信用体系日益健全，催生了一种公共图书馆信用服务，并受到社会广泛关注。

对于公共图书馆信用服务，学者们提出了不同的见解。张广钦认为“公共图书馆信用服务是用户根据社会信用评级机构或图书馆赋予的信用指数，按照一定的规则免费享受公共图书馆服务的一种服务方式”。褚树青等借用共享经济的理论，把公共图书馆信用服务看作一种“共享服务”，“信用”则是这种“共享服务”的担保方式，以第三方信用服务机构作为图书馆与用户之间担保关系的载体，借助互联网工具，通过“信用”实现免押金免证借阅，通过“信用”实现网上借阅，通过“信用”实现跨图书馆借阅等，进而推进公共图书馆服务“共享”的实现。李春媛等认为“公共图书馆信用服务可以定义为公共图书馆在零门槛或低门槛的基础上，依据自身建立的信用评级机制或第三方信用评级机制，评估读者在公共图书馆产生的一系列行为，并据此为读者提供服务的模式”。

本章回顾公共图书馆文献借阅服务及形式的发展历史，论述文献借阅服务与信用体系融合发展下的信用服务研究进展，有利于了解其发展趋势和热点。

第一节　社会信用体系建设

一、社会信用体系建设的时代背景

诚信，始终是中华民族优良的传统美德。2014 年 5 月 4 日，习近平总书记在北京大学师生座谈会上指出，中华文化强调“言必信，行必果”“人而无信，不知其可也”等等。像这样的思想和理念，不论过去还是现在，都有其鲜明的民族特色，都有其永不褪色的时代价值。

“诚信”观念的发展有着明显的时代特征。《说文解字》分析“信”字本义和造字意图时说：“信，诚也，从人从言，会意。”可见，早期人们对“信”的理解比较单纯，主要围绕“人言承诺”的范畴。后来人类社会生活日趋复杂，内涵逐渐丰富，诚信所适用的领域自然也变得更为广泛。如《尚书》中的“信”，就带有早期宗教的神秘光环，存留神灵崇拜的影子，这是人神交流仪式的需要，是当时祭祀文化、宗教文化的集中体现①。随着科技的进步、社会的发展，人类社会的联系越来越紧密，“诚信”也逐渐由“私德”向“公德”转化，其要求和标准也随之提高。

商业时代，“诚信”的重要性提升到前所未有的高度。根据刘肖原等的研究，信用一词源于拉丁语“Bonalldes”和“Credere”，原意为“信任”。信用起源于原始的物物交易，在商品经济时期广泛发生，在市场经济时期蓬勃发展，并成为与商品交换和货币流通紧密相连的经济概念。原始社会物物交易的方式无疑需要双方对彼此的信任作为前提，发展到一定程度，便形成了“社会契约”②。可见，信用的高度发展与商品经济是不可分割的。今天，互联网时代强势崛起，信息科技渗透到社会的方方面面，“诚信”作为无形又不可或缺的核心要素，贯彻到人们生活的各个层面。因此，打造具有高度凝聚力的诚信社会也就成为必然的趋势。

---

① 张鲁君.《尚书》“信”思想浅议[J]. 中共济南市委党校学报,2008(2):63-65.

② 刘肖原等. 我国社会信用体系建设问题研究[M]. 北京:知识产权出版社,2016.

二、社会信用体系建设的政策导向

改革开放之后，特别是进入21世纪，加快社会信用体系建设，成为国家完善社会主义市场经济体制、提升和创新国家治理体系和治理能力现代化的重要手段。社会信用体系建设是一项自上而下的政策方针，其规划落实离不开党中央、国务院的总体部署和顶层设计。

“社会信用体系”是我国社会主义市场经济不断走向成熟的重要标志。近年来，社会信用体系建设协同推进机制逐步加强，为全面推进失信联合惩戒、守信联合激励奠定了坚实的基础，为构建以信用为核心的新型监管机制营造了良好环境①。总的来说，经济、商业领域的信用体系建设较早得到人们的关注，发展也较为迅速。近年来，国家更加重视社会整体信用体系的打造，逐步由经济商业领域拓展到全社会的各个方面。

2014年6月，国务院印发《社会信用体系建设规划纲要（2014—2020年）》（以下简称《纲要》），部署加快建设社会信用体系、构筑诚实守信的经济社会环境。这是我国首部国家级社会信用体系建设专项规划。《纲要》指出，加快社会信用体系建设是全面落实科学发展观、构建社会主义和谐社会的重要基础，是完善社会主义市场经济体制、加强和创新社会治理的重要手段，对增强社会成员诚信意识，营造优良信用环境，提升国家整体竞争力，促进社会发展和文明进步具有重要意义。社会信用体系建设要按照“政府推动，社会共建；健全法制，规范发展；统筹规划，分步实施；重点突破，强化应用”的原则有序推进。到2020年，实现信用基础性法律法规和标准体系基本建立，以信用信息资源共享为基础的覆盖全社会的征信系统基本建成，信用监管体制基本健全，信用服务市场体系比较完善，守信激励和失信惩戒机制全面发挥作用。这是我国社会信用体系建设迈出的重要一步。

2016年5月，国务院发布《关于建立完善守信联合激励和失信联合惩戒制度加快推进社会诚信建设的指导意见》（以下简称《意见》），指出健全社会信用体系，加快构建以信用为核心的新型市场监管体制，有利于进一步推动简政放权和政府职能转变，营造公平诚信的市场环境。

---

① 王淼.从“社会信用建设”到“信用社会建设”[J].中国信用,2019(5):2-9.

2016 年 12 月 9 日，习近平总书记在中共中央政治局第三十七次集体学习时强调："对突出的诚信缺失问题，既要抓紧建立覆盖全社会的征信系统，又要完善守法诚信褒奖机制和违法失信惩戒机制，使人不敢失信、不能失信。"为社会信用体系建设指明了方向、擘画了蓝图。随后，国务院办公厅印发《关于加强个人诚信体系建设的指导意见》，对加强个人诚信体系建设作出部署，指出要以培育和践行社会主义核心价值观为根本，大力弘扬诚信文化，加快个人诚信记录建设，完善个人信息安全、隐私保护与信用修复机制，健全守信激励与失信惩戒机制，使守信者受益、失信者受限，让诚信成为全社会共同的价值追求和行为准则，积极营造"守信光荣、失信可耻"的良好社会氛围。

2019 年 7 月，国务院办公厅印发《关于加快推进社会信用体系建设构建以信用为基础的新型监管机制的指导意见》指出，要以习近平新时代中国特色社会主义思想为指导，按照依法依规、改革创新、协同共治的原则，以加强信用监管为着力点，创新监管理念、监管制度和监管方式，建立健全贯穿市场主体全生命周期，衔接事前、事中、事后全监管环节的新型监管机制，不断提升监管能力和水平，进一步规范市场秩序，优化营商环境，推动高质量发展。

2020 年 12 月，国务院办公厅发布《关于进一步完善失信约束制度构建诚信建设长效机制的指导意见》，指出在社会信用体系建设工作推进和实践探索中，要把握好严格依法依规、准确界定范围、确保过惩相当、借鉴国际经验等重要原则。《意见》还特别强调科学界定公共信用信息纳入范围和程序的问题，将行政机关及法律、法规授权的具有管理公共事务职能的组织等（以下统称行政机关）掌握的特定行为信息纳入公共信用信息，必须严格以法律、法规或者党中央、国务院政策文件为依据，并实行目录制管理。要征求各地区、各有关部门和相关市场主体、行业协会商会、法律服务机构、专家学者和社会公众意见。

与此同时，新华财经发布的《2020 年社会信用体系建设进展及 2021 年展望》指出，2021 年社会信用体系建设预计仍将持续发力并迎来高质量发展新阶段。社会信用方面法律法规的立法进程有望提速、规范和有序发展将成为信用建设年度关键词、各类信用主体的合法权益将被依法依规保护、信用支撑金融服务实体经济将发挥更大作用、以信用为基础的新型监管机制将向纵深推进、信用建设"十四五”规划有望提上重要日程、高质量发展的跨区域信用合作将再上新台阶、诚信文化引领下社会信用建设氛围日益浓厚。

其他与社会信用体系建设相关的政策文件比如：国家发改委、人民银行、中央编办《关于在行政管理事项中使用信用记录和信用报告的若干意见》（2013）、国务院《关于加强政务诚信建设的指导意见》（2016）、国家发改委等九部门《关于全面加强电子商务领域诚信建设的指导意见》（2016）等，至于地方性的政策法规，则数量更多。

2021年3月通过的《中华人民共和国国民经济和社会发展第十四个五年规划和2035年远景目标纲要》，对信用社会建设作了更明确的阐释和部署。在提升公民文明素养方面，指出要“弘扬诚信文化，建设诚信社会”。在健全社会信用体系方面则更为具体，要建立健全信用法律法规和标准体系，制定公共信用信息目录和失信惩戒措施清单，完善失信主体信用修复机制。推广信用承诺制度。加强信用信息归集、共享、公开和应用，推广惠民便企信用产品与服务。建立公共信用信息和金融信息的共享整合机制。培育具有国际竞争力的企业征信机构和信用评级机构，加强征信监管，推动信用服务市场健康发展。加强信用信息安全管理，保障信用主体合法权益。建立健全政府失信责任追究制度。这是未来一段时期内我国社会信用体系建设的指导性和纲领性文件。

信用体系建设除了关注社会日常生活外，还着重对政府诚信做了规划。2021年8月，中共中央、国务院印发《法制政府建设实施纲要（2021—2025年）》，指出要加快推进政务诚信建设。健全政府守信践诺机制。建立政务诚信监测治理机制，建立健全政务失信记录制度，将违约毁约、拖欠账款、拒不履行司法裁判等失信信息纳入全国信用信息共享平台并向社会公开。建立健全政府失信责任追究制度，加大失信惩戒力度，重点治理债务融资、政府采购、招标投标、招商引资等领域的政府失信行为。

三、社会信用体系建设的区域探索

值得注意的是，由于社会信用体系建设是一项涉及面广，覆盖面大，牵扯政治、社会、经济、文化等各个方面的系统性工程，同步在全国各地、各行业、各领域铺开有很大的难度，因此，区域性的局部探索显得尤为重要。在这方面，长三角地区做出了较好的表率，积累了较丰富的经验。

长三角地区信用合作肇始于 2004 年。5 月，长三角地区 16 城在湖州联合发表《共建信用长三角宣言》。7 月 14 日，苏浙沪共同签署《江苏省、浙江省、上海市信用体系建设合作备忘录》。2010 年，安徽省加入共建“信用长三角”，三省一市联合发布国内首个区域性信用体系专项规划《长三角区域社会信用体系合作与发展规划纲要（2010—2020）》，提出了信息共享、监管共为、市场共育、规制共建、品牌共铸 5 个重要原则①。

为贯彻党的十九大精神，落实国务院《社会信用体系建设规划纲要（2014—2020 年）》《关于建立完善守信联合激励和失信联合惩戒制度 加快推进社会诚信建设的指导意见》及《长江三角洲城市群发展规划》等文件要求，立足已有合作基础，进一步深化长三角地区社会信用体系建设合作，共同打响“信用长三角”品牌，为区域经济社会发展营造健康环境，上海市、江苏省、浙江省、安徽省联合发布《长三角地区深化推进国家社会信用体系建设区域合作示范区建设行动方案（2018—2020 年）》以下简称《行动方案》。《行动方案》明确了部分重点领域的跨区域联动奖惩机制，比如在旅游领域，指出要落实《长三角区域旅游领域信用联动奖惩合作备忘录》，整合旅游领域信用信息资源，形成政府和市场旅游信用信息交互共享、融合互动机制。发挥长三角旅游信用联盟的作用，在旅游发展资金支持、名牌推荐等方面形成政府、行业、市场联合惩戒有效机制。在文旅融合的大背景下，这是信用体系建设从商业向文化旅游递进的重要标志。《行动方案》还提出要形成各城市信用特色。在国家信用示范城市的框架下，推动各城市有针对性开展信用特色工作，从医疗卫生、社会保障、公共交通、教育培训、社会服务、商业金融等领域入手，以重点领域信用建设带动信用示范城市建设。形成城市间信用建设特色相互推广、模式相互借鉴机制，以信用支撑精细化社会治理，重点推进信用惠民，提升居民信用感知度，为城市群信用建设构建优质基础环境。总之，《行动方案》是一份指导区域协作建设社会信用体系的重要文件。

《2020 年社会信用体系建设进展及 2021 年展望》也认为，作为国家发改委批

① 陈海盛.“十三五”长三角信用合作亮点与“十四五”前景展望[J]. 新经济导刊,2021(1):80-83.

复的全国首个区域信用合作示范区，长三角地区成为国内信用制度健全、信息流动通畅、服务供给充分、联动奖惩有效、信用环境优化的地区……长三角地区在充分评估前期合作成效的基础上，预计将在更高水平谋划区域信用合作。

四、社会信用体系建设的法制保障

从实现的条件上说，社会信用体系建设既需要较高的技术水平支撑，也需要国家政策规划引领，更需要法律规范保障。要推进信用立法，把法律的规范性和引领性结合起来，通过设定相应的权利义务，使其转化为具有权威性、引导性、激励性、约束性的刚性规定[①]。2018 年 1 月 1 日起，浙江省正式实施《浙江省公共信用信息管理条例》，为新时期浙江构建体系完备、机制健全、运转有序、奖惩有度的社会信用体系提供了重大机遇和重要保障[②]。

当然，目前我们在信用立法方面还存在着诸如立法基本共识尚未达成，立法需求与立法目的错位，制定政务诚信、司法公信等内容的立法权受限，与现行法律法规衔接不畅，地方立法与省级地方性法规衔接与细化尚需时日等问题[③]，但随着社会法制水平和信用建设水平的不断提升，相信最终能够取得信用体系建设与法制保障配套的协同一致。

总之，“信用”作为自古以来一脉相承的传统观念，在新时代非但没有被边缘化，反而日渐体现出其重要的社会伦理价值。当然，“信用”的观念也是在与时俱进发展的，新时代的科技经济、社会生活水平，赋予了“信用”更丰富的内涵，也对“信用”提出了相较以往更高的标准和要求。近几十年来，我国重视社会信用体系的建设，尽管目前还存在着一些问题，但成就巨大、前景光明。全社会各行各业都应以信用体系建设为抓手，创新管理能力、提升服务水平、推动“信用”理念的传播和规范的落实，助推建设“信用中国”。正如熊治东所说：

经过改革开放 40 多年的持续探索和接续发展，中国社会信用体系建设取得了长足进步，在顶层设计规划、基础设施建设、数字信用发展等方面建树颇丰。当前，中国社会信用体系建设仍面临着制度建设和信德培育不足、社会信任度低、

① 廖永安，谭曼. 以信用立法推进社会信用体系建设[N]. 光明日报，2018-02-19(3).

② 周华富. 贯彻实施《公共信用信息管理条例》全力打造信用浙江升级版[J]. 浙江经济，2018(1):4-9.

③ 周雨. 计划单列市社会信用立法的思考与启示[J]. 中国信用，2021(8):106-110.

覆盖面和完整度欠缺、缺乏有效的监管体系和失信修复机制等问题。对此，需要从强化社会信用体系制度建设、积极培育良好的社会信用文化环境、充分运用大数据技术完善社会信用体系评价和监督系统、建立健全社会信用预警体系等方面着手，以此推动社会信用体系的不断发展和完善，为推进国家治理体系和治理能力现代化提供理论支撑和路径参照。[①]

第二节 公共图书馆文献借阅服务

一、公共图书馆文献借阅服务及其形式

公共图书馆是由政府投资兴办或由社会力量支持兴办的向社会公众开放的图书馆类型，是知识资源收集、存储、加工、研究、传播和服务的公共文化空间和社会教育设施[②]。在公共图书馆提供的服务中，文献借阅服务是最基本的形式。图书馆收藏的大量文献，读者需要较长的时间才能读完，公共图书馆就允许读者通过办理某种手续的方式把图书带出馆外阅读，并在规定的时期内归还。对图书馆来说，这种方式可以提高文献的利用效率，减缓图书馆空间紧张的矛盾，更好地为读者服务；对读者来说，这种方式可以不受时间和空间的限制，极大地方便读者利用图书馆文献资源。因此，文献借阅服务是图书馆和读者都认可和欢迎的图书馆服务方式。目前，在图书馆的读者服务中，文献借阅服务依然是最主要、最基本的服务方式。

公共图书馆的文献借阅服务有多种形式，根据各种读者的组织形式和需求程度，可以分为以下几种具体形式[③]。

1. 个人外借

个人外借是图书馆文献外借最传统、最基本的形式，读者在图书馆办借书证

① 熊治东. 改革开放以来中国社会信用体系建设:成就、经验、问题与展望[J]. 征信,2020(10):12-20,48.

② 汪东波. 公共图书馆概论[M]. 北京:国家图书馆出版社,2012.

③ 刘月学,吴凡,高音. 图书馆服务与服务体系研究[M]. 咸阳:西北农林科技大学出版社,2018.

或借书卡，凭借书证或借书卡，以个人读者的身份在馆内设置的借书处外借馆藏文献，根据读者外借文献的内容的需求、馆藏文献的种类、读者成分的不同，图书馆可以分别设置功能不同的借书处，用于满足读者的不同需求。个人外借作为图书馆为读者服务的基本形式，是图书馆文献流通数量最大的形式。

2. 集体外借

集体外借是图书馆为群体读者服务的方法。集体外借读者按照图书馆的规定办理集体借书证，由专人负责，代表小组成员或单位读者向图书馆借阅服务部门集体外借批量文献，以满足集体读者和单位读者共同的阅读需求。与个人外借相比，这种方式一次性外借的文献品种多、数量大、周期长。

3. 馆际互借

馆际互借是指各图书馆由于收藏的文献范围、类别、类型不同，为了解决本馆文献无法满足读者阅读需求的问题，帮助读者从其他图书馆借阅文献的一种借阅方式。它所体现的是图书馆与图书馆之间的一种馆际协作关系。馆际互借打破了图书馆馆藏资源的封闭界限，也打破了读者利用图书馆文献的空间界限，成为解决读者获取特殊文献需求的重要方法。

4. 预约借书

预约借书是指读者向图书馆预约登记某种需要借阅但暂时借不到的文献，待读者所需文献入藏后或者其他读者将文献归还图书馆后，即按照预约登记的顺序，通知读者到馆办理借阅手续的一种文献借阅方式。这种方式对降低文献“拒接率”，提高馆藏文献的利用率有十分明显的作用。

5. 邮寄借书

邮寄借书是一种通过邮政等物流手段将读者所需的文献邮寄给读者的一种文献借阅方式。这种方式对离图书馆较远或者不方便来图书馆借阅的读者来说，十分方便快捷，因此，深受这些读者的欢迎。这也是图书馆以人为本、满足读者需求的一种延伸服务手段。

6. 流动借书

流动借书是指图书馆通过流动服务点、汽车图书馆等手段，将馆藏文献资源送到读者身边开展借阅活动的一种服务方式。这种馆外借阅方式，扩大了文献的借阅范围，密切了读者与图书馆的联系，满足了读者阅读文献的迫切需求。是近年来图书馆主动服务、延伸服务的重要方式。

二、我国公共图书馆文献借阅服务发展历程

1. 我国古代图书馆的文献借阅服务

图书馆在我国古代的前身是藏书楼。最初，出于对图书安全和保护的角度考虑，藏书楼的文献主要还是以收藏为目的，对于图书的流通有着严格的限制。随着书院藏书楼的出现，图书的利用越来越广泛。我国古代书院藏书楼主要对书院内部学生开放，偶尔也会有对外开放。对于图书外借的期限、流程，图书污损、丢失、逾期等都有着一套详细而明确的规定①。

2. 民国时期我国公共图书馆的借阅服务

鸦片战争以后，中国人开始寻求自强救国的道路，图书馆教育民众的作用开始得到有识之士的认可，各地掀起了建设图书馆的热潮，藏书思想也开始由重视收藏转为重视利用。到了民国年间，各类向公众开放的公共图书馆成为中国较为普遍的社会文化教育设施。在上海，1922 年上海总商会的商业图书馆、1926 年的东方图书馆、1939 年的上海私立合众图书馆等，都向公众提供了借阅服务，公共图书馆成为 20 世纪上半期图书馆发展的主流，公共图书馆的借阅服务理念开始深入人心②。

3.20 世纪下半期我国公共图书馆的文献借阅服务

新中国成立后，我国各项事业进行新的历史发展时期，公共图书馆事业发展也进入了新的阶段。1953 年，中央人民政府文化部社会文化事业发展局下发了社管图字第 343 号公函，要求全国各地的公共图书馆“应以图书最迅速地、广泛地在读者中间流通的总原则，开展推广、阅览、辅导、群众工作”。③ 在政府的主导和推动下，公共图书馆积极通过馆内阅览、图书外借、流动图书站等方式，开展文献借阅服务，保障读者的借阅权利。此时的公共图书馆的文献借阅服务多采用闭架借阅的方式。读者在借阅时，先查询馆藏目录，再将借阅需求，如书名、作

① 刘海丽. 中国公共图书馆借阅制度研究(1949-2012)[D]. 郑州:郑州大学,2013.

② 汪东波. 公共图书馆概论[M]. 北京:国家图书馆出版社,2012.

③ 苏州图书馆史编委会. 苏州图书馆编年纪事. 苏州:苏州大学出版社,2004.

者、索书号等信息提供给馆员，馆员根据索书单信息到书库内找到读者需要的文献，再将文献交给读者并办理借阅手续，过程较为繁琐，有时候借一本书需要一整天的时间。此外，还存在着借阅人群覆盖面小、可借阅文献少、图书馆开放时间不稳定等问题。

1978 年改革开放后，我国公共图书馆事业进入一个突飞猛进的阶段。1982 年，文化部颁发了《省、市、自治区图书馆工作条例》，要求省馆借阅开放时间一般每周不得少于五十六小时。这对图书馆开放时间做出了基本规定，促进了图书馆开放时间正常化。在 20 世纪 70 年代末和 80 年代初，有一些图书馆开始试行开架借阅。1987 年，中共中央宣传部、文化部、国家教委、中国科学院共同向中共中央、国务院提交了《关于改进和加强图书馆工作的报告》，其中提出图书馆要把开发文献信息资源和最大限度地满足社会对文献信息的需求作为根本任务，并要求对图书馆实行开架阅览①。开架借阅被更加广泛地接受和应用，开架借阅的图书的范围、种类也不断扩大。从读者借阅的权利来说，这个时期的公共图书馆普遍采用有一定条件的有押金借阅，出现了两种特殊的规定，一是专业对口办理借阅证，如设立自然科学、社会科学两类借阅证。二是针对特殊人群发放特殊的借阅证，如针对科研人员的“外文”借阅证、重点读者证等。在 20 世纪 90 年代，计算机技术逐渐普及后，很多借阅证都换成了“IC 卡”的形式，办理证件多需要收取押金和办证费用，借阅手续和流程在计算机技术不断普及后有大幅度的改进。总的来说，这一时期公共图书馆读者借阅的条件有了很大程度的改善，开放时间更加固定，可借阅的文献范围和数量大大增加，借阅流程也更加简便化，读者的借阅体验得到很大程度的改善。

4.21 世纪我国公共图书馆的文献借阅服务

进入新世纪，我国公共图书馆事业进入新的发展阶段，公共图书馆的借阅服务呈现出以下几个新特点：

（1）借阅零门槛

根据 2011 年初，文化部、财政部出台的《关于推进全国美术馆、公共图书馆、文化馆（站）免费开放工作的意见》的文件精神，2011 年底前，全国所有公

① 陈源蒸等. 中国图书馆百年纪事(1840-2000). 北京:北京图书馆出版社,2004.

共图书馆、文化馆（站）实现无障碍、零门槛进入，公共文化设施场地全部免费开放，所提供的基本服务项目全部免费。这些项目包括文献资源借阅、检索等基本文化服务项目，也包括办证、验证和存包等辅助性服务①。公共图书馆借阅服务正式进入零门槛阶段。

（2）借阅方式丰富多样

在借阅手段上，除了基本的文献借阅服务外，各公共图书馆先后推出了文献续借、文献预约、文献传递等服务，更大程度地便利了读者借阅和利用文献资源，提高了文献的借阅率。在借阅形式上，除了最基础的馆内借阅服务，还推出了流动图书馆、汽车图书馆、自助图书馆等馆外借阅服务，让不方便到图书馆借阅的读者也能便捷地获取海量的文献资源。

（3）借阅文献范围较广、期限长

开架借阅文献的范围进一步扩大，读者可借阅的文献种类和数量也大大提高。读者可以在图书馆获取到包括传统文献、数字文献、盲文文献、政府公开信息等文献资源和信息。各图书馆还纷纷提高读者的文献借阅册数和借阅期限，简便读者借阅手续，实行自助借阅，方便读者更加快速地获取到想要的资源信息。

（4）推出针对弱势群体的人性化服务

各公共图书馆推出了多项服务措施，为残疾人、老年人、外来务工人员等提供人性化的借阅服务。如免押金办证、允许代借、延长期限、上门服务等。公共图书馆普遍均等、以人为本的服务精神得到了很好的诠释和体现。

在这个时期，图书馆立法工作也有序推进。各级人大和政府部门纷纷出台法律法规，促进图书馆各项工作稳步推进。其中和文献借阅服务有关的最重要的是以下两项。

一是《公共图书馆服务规范》以下简称《规范》。2011年12月，《公共图书馆服务规范》（GB/T 28220—2011）作为国家标准正式发布。该标准从服务资源、服务效率、服务宣传、服务监督与反馈四个方面对全国县（市）级以上公共图书馆的服务效能与管理提出了检验标准与评价依据。《规范》指出，公共图书馆的基本服务是保障和满足公众的基本文化需求的服务，包括为读者免费提供多语种、多

① 刘海丽. 中国公共图书馆借阅制度研究(1949-2012)[D]. 郑州:郑州大学,2013.

种载体的文献的借阅服务和一般性的咨询服务，组织各类读者活动以及其他公益性服务。此外，规范还对公共图书馆开放时间、闭馆文献获取时间、开架图书排架正确率、馆藏外借量、人均借阅量的计算方法等做了明确规定。

二是《中华人民共和国公共图书馆法》。2017 年 11 月，《中华人民共和国公共图书馆法》通过，并于 2018 年 1 月 1 日起施行。这是中国第一部图书馆专门法。对加强公共图书馆管理，推进公共图书馆事业的发展，保障人民群众的公共读书阅览权利起到了重要的作用。法律明文规定，公共图书馆应当按照平等、开放、共享的要求向社会公众提供服务。而公共图书馆应当免费向社会公众提供的服务中第一条就是提供文献信息查询、借阅服务。此外，法律还提出，公共图书馆应当改善服务条件、提高服务水平，定期公告服务开展情况，听取读者意见，建立投诉渠道，完善反馈机制，接受社会监督。

三、公共图书馆文献借阅服务的转变

从公共图书馆文献借阅服务的发展脉络中可以看出，从古到今，公共图书馆的借阅服务都面临着服务附件条件的问题，而随着人们理念的开放、科技的进步、经济的发展，公共图书馆事业有了全面的发展，文献借阅服务的附加条件也在不断减少，文献借阅服务的对象、形式、内容等几个方面有了较大的转变，越来越多的读者能够平等地享受图书馆的服务。

1. 文献借阅服务的对象转变

这些年来，公共图书馆文献借阅的服务对象实现了从部分重点读者到惠及全民的转变。从最初的办证收费，到服务零门槛，再到免押金借阅，公共图书馆文献借阅的服务对象不断扩大。从“为部分重点群体服务”到“每一个人都有平等享受公共图书馆服务的权利，不受年龄、种族、性别、宗教信仰、国籍、语言或社会地位的影响”。公共图书馆的“公共性”得到更好体现。

2. 文献借阅服务的形式转变

从公共图书馆文献借阅服务的发展中可以看出，服务文献借阅服务形式发生了从闭架到开架，从馆内到馆外的转变。随着公共图书馆开架借阅的理念不断深入，实行开架借阅的文献数量、种类不断扩大，有效地节约了读者的借阅时间，提升了读者的借阅体验，吸引了更多人走进图书馆利用文献资源。公共图书馆的馆外借阅服务则扩大了文献借阅的范围，使得图书馆的服务更加积极主动，让不方便到图书馆借阅的读者也能轻松获取文献资源。从开架到闭架、从馆内到馆外的借阅方式转变也体现了图书馆从“文献收藏保存”到“文献利用服务”的理念转变。

3. 文献借阅服务的内容转变

近年来，文献借阅服务内容和手段不断丰富。随着经济的发展、社会的进步和科学技术的发展，公共图书馆的建设、运行费用有了法律的保障，经济效益不再是公共图书馆考虑的方向，如何为公众提供更多、更好的文献借阅服务成了公共图书馆的追求目标。数字化技术的应用使得越来越多的文献实现了数字化，使之能够更好地为读者所用，而自助借阅、文献预约、网上借书等越来越多的新的服务手段被应用到文献借阅服务中来，也更好地提升了读者的借阅体验，满足了读者多样化、个性化的阅读需求。

第三节 公共图书馆信用服务研究述评

社会信用体系建设的稳步推进，公共图书馆服务体系的日益完善，借助大数据、云计算等现代信息技术手段，公共图书馆的服务内容、服务模式、服务方式、服务对象等呈现许多新思路、新做法、新现象、新成果，也给业界带来一些争论和启示。其中，最受关注的公共图书馆服务之一莫过于传统文献借阅嫁接在个人信用和互联网的信用服务，伴着而来形成的大量研究成果和不同学术观点。

本书的研究对象公共图书馆信用服务（以下简称“信用服务”）是指读者根据国家公共信用信息中心或社会信用评级机构或公共图书馆赋予的信用指数，按照一定的规则免费享受公共图书馆借阅服务的一种信用借阅服务方式。

一、研究概况

2021 年 9 月 26 日，笔者以“中国知网学术期刊库”为检索来源库，以“图书馆”“信用”“信用服务”“信用借阅”“免押金”“读者信用”等为检索主题词，共检得244篇。经过文献粗读后，去掉不相关文献、重复文献，检得公共图书馆信用服务的有效学术论文80篇作为研究样本，其中期刊论文76篇，硕博学位论文4篇。数据统计详见表1。从数量上看，该领域研究活动在2018年达到高峰，2019年至2020年呈现平稳发展态势，2021年呈现缓慢下降趋势，也可知公共图书馆信用服务是一个新兴的研究议题，学术研究成果总量偏低。总体而言，这些研究成果表明，公共图书馆信用服务的基础理论研究与实践探索是基本同步的，理论研究上对基本概念的认识差别比较大，没有形成比较成熟的共识，实践探索上具体做法比较雷同，需要及时更新理论研究，不断推动实践发展。

表1 公共图书馆信用服务研究论文数量统计（单位：篇）

年份	2008	2010	2011	2013	2014	2015
数量	1	2	2	2	2	1
年份	2016	2017	2018	2019	2020	2021
数量	1	12	16	16	15	10

1. 主题分布

它们的主题分布集中在公共图书馆、图书馆、信用服务、图书馆信用、图书馆读者、积分制、读者信用等方面，见图1。关键词共现网络图分析可知，最高频词组为公共图书馆-信用服务-社会信用体系，出现频次分别为45次、39次、26次。次高频词组为借阅服务-失信行为-图书馆法-信用管理-支付宝，出现频次分别17次、16次、13次，12次、12次。论文关键词共现频次符合笔者的研究对象与预期目标。

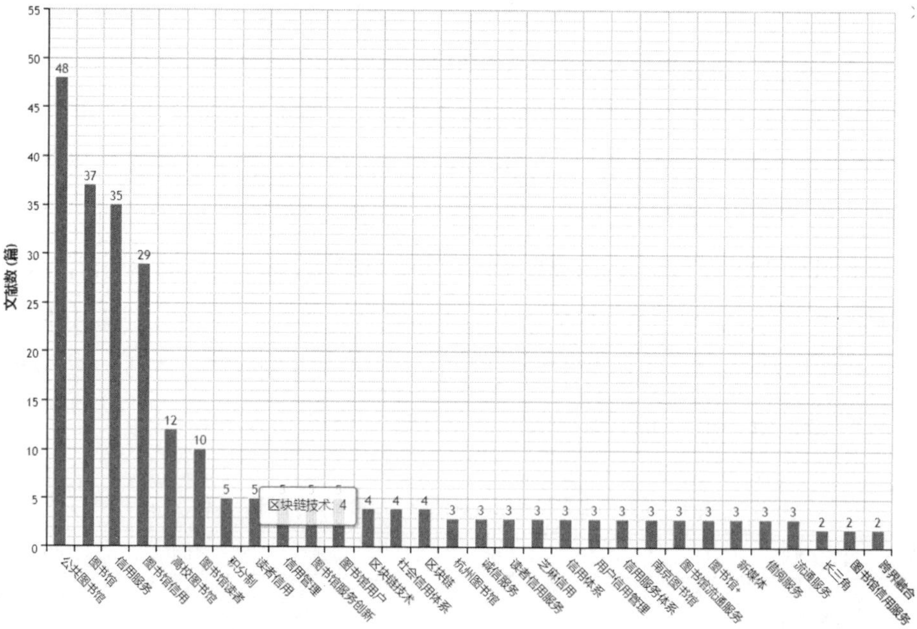

图 1　期刊论文的主要主题分布

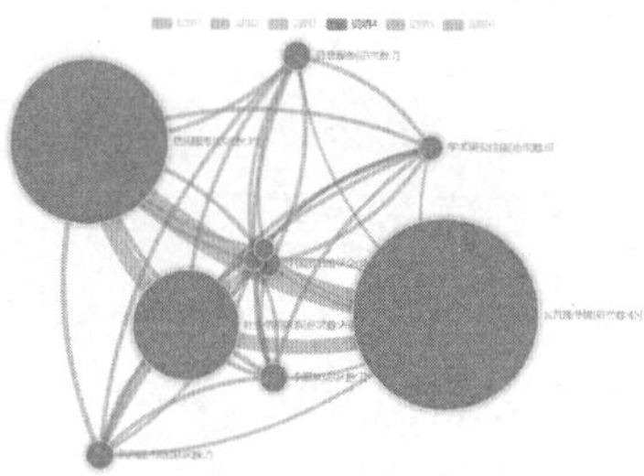

图 2　最高频关键词共现网络图

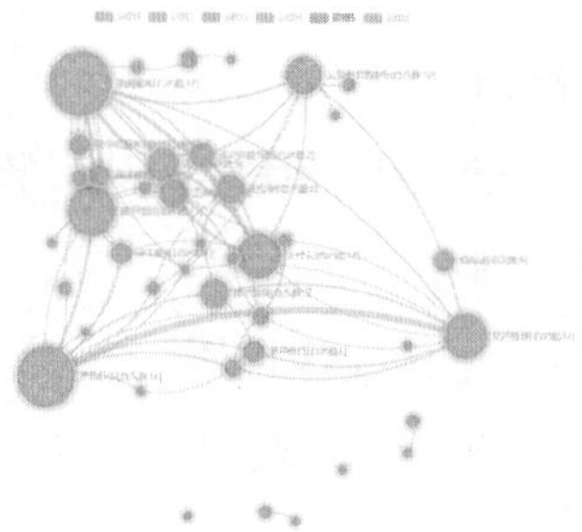

图 3　次高频关键词共现网络图

2. 文献引证分析

从文献互引网络关系图可知，寿晓辉等在《图书与情报》发表的《公共图书馆开展信用服务的实践与策略——以杭州图书馆为例》被引频次达 31 次，张广钦在《图书与情报》发表的《公共图书馆信用服务的支撑、前提、效能与未来》被引频次达 22 次，徐建华在《图书与情报》发表的《公共图书馆信用服务：从社会信用体系建设到虚拟读者开发》被引频次达 19 次，褚树青等在《图书馆学刊》发表的《公共图书馆信用服务的缘起、价值和创新意义》被引频次达 17 次，这些高引频成果是核心文献，学术影响力大，也是该领域的基础性文献。

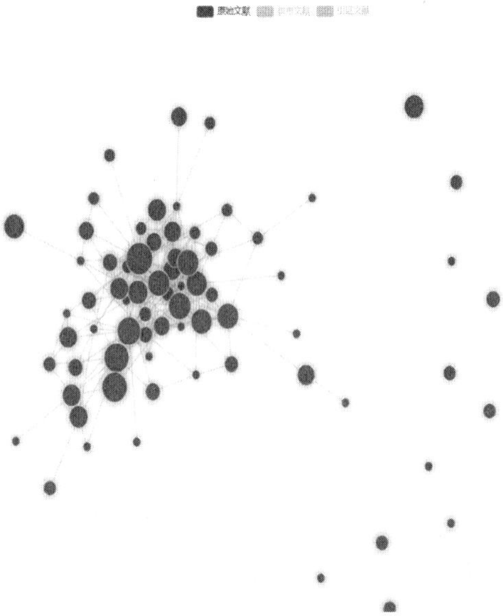

图 4　文献互引网络关系图

3. 作者贡献分析

作者贡献情况反映当前某个学术领域的主要研究者，及其所重点关注的学术前沿和热点。基于本研究领域研究论文总量较低的实际情况，因此选择文献产量 2 篇及以上作者进行统计并排序，共得到 8 名文献产量 2 篇及以上的作者。安徽大学陆和建、浙江图书馆褚树青是本领域的高产作者，均以第一作者发表研究论文 3 篇。陆和建分析我国公共图书馆信用服务现状，提出信用服务三种类型；又从免押金借阅服务实践出发，提出免押金借阅服务在信用体系、借阅模式、实施流程、法律细则等方面存在不足，重点关注信用服务类型划分、用户信用体系构建等。褚树青提出公共图书馆信用服务是互联网环境下我国公共图书馆领域产生的一种新型服务方式，有助于解决押金问题，有效提升服务效益，降低服务成本，重点关注信用服务的社会价值、发展趋势。李国新、罗燕、毛婕、屈艳玲、任家乐、徐建华均发表研究论文 2 篇，主要关注公共图书馆法、安徽省公共图书馆实践、宁波图书馆信用服务探索、区块链技术、用户信用体系及积分制度、芝麻信用应用等。

二、公共图书馆信用服务研究的主题分析

为准确把握公共图书馆信用服务研究过程中的发展趋势及研究内容，在仔细研读 80 篇文献的基础上，归纳总结成三个主题：信用服务基本内涵、读者信用体系建设、信用服务模式及效能。

1. 相关内涵和概念阐释

纵观文献，它们阐释读者信用、读者信用制度、图书馆读者信用管理、图书馆信用、图书馆用户信用体系等相关概念。张广钦①开宗明义提出公共图书馆信用服务的基本概念，指出它是用户根据社会信用评级机构或图书馆赋予的信用指数，按照一定的规则免费享受公共图书馆服务的一种服务方式。还提出信用服务是对传统借阅服务的超越，最大的不同在于规则的变化，虽然我国公共图书馆界开展基于信用指数的服务有若干年了，但很难说这种信用服务是一种服务创新的形式。张燕青②认为读者信用服务是指图书馆依据社会征信体系或图书馆自身的征信体系，按照一定的信用计算方法来规定读者所能免费享受的服务范围的一种服务方式。李春媛等③认为，公共图书馆信用服务是公共图书馆在零门槛或降低门槛的基础上，依据自身建立的信用评级机制或第三方信用评级机制，评估读者在公共图书馆产生的一系列行为，并据此为读者提供服务的模式。褚树青、屠淑敏④认为它是互联网环境下我国公共图书馆领域产生的一种新型服务方式，是共享经济和公共图书馆服务融合的结果。段蓓虹⑤则总结提炼张广钦、李春媛、褚树青的定义，提出公共图书馆信用服务是公共图书馆面向第三方信用平台、依据特定的信用评价机制和规则评估读者信用，并以此为基础向用户提供服务的新型服务方式，其核心要义在于肯定它是一种新型服务方式，并揭示公共图书馆信用服务的规则变化（“特定的信用评价机制和规则”）、关系变革（公共图书馆 对读者的“信用评

① 张广钦. 公共图书馆信用服务的支撑、前提、效能与未来[J]. 图书与情报,2017(5):10-14.

② 张燕青. 公共图书馆读者信用管理模式及案例分析[J]. 图书馆论坛,2017(3):123-127.

③ 李春媛,伍巧,宋红霞. 芝麻信用借阅与公共图书馆信用服务[J]. 图书馆论坛,2018(9):17-21.

④ 褚树青,屠淑敏. 公共图书馆信用服务的缘起、价值和创新意义[J]. 图书馆学刊,2018(1):3-7.

⑤ 段蓓虹. 公共图书馆信用服务研究进展与展望[J]. 图书馆,2019(8):59-63.

估”方式）、方式创新（“新型服务方式”）和未来指向（“面向第三方信用平台”而扬弃自建的封闭性信用系统）。李明[①]全面系统研究公共图书馆信用服务，提出所研究对象是公共图书馆与互联网深度融合，借助支付宝芝麻信用评分，赋予用户免押金办理借阅证的资格，并为之提供线上选书、线下配送、送书上门、自助服务点取书的一种便捷服务。还将信用服务参与者分成公共图书馆、读者、技术供应商三类，公共图书馆拥有的文献信息资源是读者享受信用服务的前提和基础，读者是信用服务的最终目的，读者需求的满足是服务创新的归宿，技术供应商包括芝麻信用等提供征信服务的第三方机构，也包括信用借阅设备供应商。王凯丽[②]则认为图书馆读者信用管理是指图书馆为了防范或减少读者在使用图书馆资源和服务过程中产生的信用风险，维持图书馆和用户间信用关系的正常运行而进行的制定信用政策、收集分析信用数据、配置信息资源、开展信用控制等管理活动。莫凌云[③]等解释图书馆信用服务的用户需求至上、实事求是和信用评级三原则。郭抒然[④]总结读者信用服务的主要内容包括信用借阅服务、分级读者服务、馆员评价服务、读者诚信素养教育。张秀梅[⑤]从信用程序角度定义图书馆用户信用体系，即在利用图书馆资源活动中，用于收集、处理、查证图书馆用户信用状况及由国家、地方或行业管理部门建立的监督、管理与保障有关用户信用活动规范发展的一系列机制与行为规范的总和。任家乐、姜晓[⑥]从博弈论角度定义图书馆用户信用体系，指出它是通过权威部门组建一个信用信息社会化、公开化、专业化的平台，通过采集图书馆用户的相关信息来分析受信用户的履约能力，制定出相应的授信决策，从而把用户与单个图书馆之间的博弈转变为用户与图书馆群体间的重复博弈，并形成对图书馆用户其他社会信用产生影响的一个有效的社会守信机制和失信惩罚体系。图书馆用户信用体系的层次分为信用环境（信用法律制度、信用伦

---

① 李明. 我国公共图书馆信用服务研究[D]. 上海:华东师范大学,2019:14.

② 王凯丽. 采用读者信用管理,营造城市诚信氛围——深圳公共图书馆读者信用管理探析[J]. 山东图书馆学刊,2013(2):67-71.

③ 莫云凌,叶翔. 信用时代图书馆信用服务体系构建的缘起、价值与路径[J]. 河南图书馆学刊,2019(12):127-129.

④ 郭抒然. 社会诚信体系建设背景下图书馆读者信用服务研究[J]. 图书馆学刊,2019(1):95-98.

⑤ 张秀梅. 建立我国图书馆用户信用体系初探[J]. 图书馆论坛,2008(5):22-25.

⑥ 任家乐,姜晓. 图书馆用户信用体系构建探索[J]. 图书馆建设,2010(2):84-86.

理、信用意识）与信用机构（信用评级、调查、征信、信用保险、担保、管理咨询等）两个方面。

无论从何种角度来阐释信用服务内涵，笔者认为服务主体是公共图书馆，它具有利用资源来提供服务的义务和利用服务来惩处失信者的权利；服务客体是读者（用户），它具有公益、公平、均等享受服务的权利并接受监督、惩处的义务；服务中介是信用评价机构，它具有客观公正评定读者信用、保障读者信用安全的社会责任。三者之间的权利与义务的匹配应该信用服务内涵的应有之义。根据服务主体提供内容和服务客体享受服务范围，公共图书馆信用服务的内涵应该有广义和狭义之分，狭义上信用服务指公共图书馆向读者提供免押金且凭借个人信用开展的文献借阅活动，广义上信用服务并非局限于读者借还图书，而是泛指读者凭借个人信用利用图书馆文献资源、使用图书馆空间设施、参加图书馆各种活动等一系列活动。

2. 读者信用体系建设

读者信用体系建设是公共图书馆信用服务的重要载体，受到研究者广泛关注。任家乐、姜晓[①]倡导的社会守信机制和失信处罚体系为一体的图书馆信用体系，主要特点是以文献流为主要考评指标、兼具主客观评价、用户身份平等、不具有透支功能等，相比较而言，其信用体系的构建更加符合公共图书馆行业的需求。任家乐、雷若寒[②]还阐述信用评分的历史及理论基础，以信用所产生的传导效应、磁性效应等为主线，详细分析信用积分制建设存在的若干问题，提出在积分制建设基础上的读者信用评价应与经济信用制度有所区别，不应一概而论。张燕青[③]借鉴发达国家的图书馆用户信用体系构建模式（信用中介机构为主导及政府主导），提出开展本土化的图书馆信用体系建设，既要注重地域特色，也要囊括行业特点。张秀梅[④]侧重于信用程序角度，提出“政府推动、图书馆行业融合、市场化运作”的构建范式，制定读者信用数据的国家标准。杨烨、高波[⑤]以免押金办证服务为研

① 任家乐，姜晓. 图书馆用户信用体系构建探索[J]. 图书馆建设，2010(2):84-86.

② 任家乐，雷若寒. 读者信用积分制度若干问题研究[J]. 图书情报工作，2010(11):88-91,135.

③ 张燕青. 公共图书馆读者信用管理模式及案例分析[J]. 图书馆论坛，2017(3):123-127.

④ 张秀梅. 建立我国图书馆用户信用体系初探[J]. 图书馆论坛，2008(5):22-25.

⑤ 杨烨，高波. 基于德尔菲法的我国公共图书馆免押金办证服务研究[J]. 图书情报工作，2017(2):74—80.

究对象，调查分析舟山、杭州、广州等实施情况，总结信用体系不完善是影响免押金办证的主要因素，从设立读者信用管理机构、建立读者信用数据库、开展诚信宣传与教育、建立读者信用评价体系四个方面建设图书馆信用体系。谢会昌[①]通过对图书馆读者信用积分制进行系统化的制度设计，设计读者信用积分表，给出恰当的读者信用评价等级，建立起读者信用评价体系，还引入读者违信的补救机制，发挥信用积分制的正向引导作用和激励作用。读者信用评价及其工作处理流程是文章的重点部分。沙驼[②]从我国实际国情出发的基于传统方法和信用积分制相结合的、具有一定实践价值的新思路出发，提出将以图书馆馆藏进行硬性管理为主的传统管理方法和以提高读者自我管理为目标的读者信用积分制度相结合的新方法，来应对这些读者失信行为。余和剑[③]以“百度知道”用户积分制运行为例，分析已实施读者管理制度的弊端，提出图书馆读者积分制建设构想，这是最早研究读者积分制的文献。邢江涛、王永革[④]分析研究晋城市图书馆读者信用积分制实施情况，通过积分增减实现对读者参与图书馆借阅与文化活动的奖惩，依据积分数量确定读者的借阅等级，从而鼓励读者积极参与图书馆活动，规范读者借阅行为，为读者信用体系建设路径提供样本。罗慈玲[⑤]分析实施读者信用积分制的条件，通过设置信用积分表、读者信用评价、读者失信处理三个流程来构建公共图书馆信用服务体系。方瑛[⑥]按照信用的主要衡量标准将用户信用管理发展分成“身份”“押金”“文献流”“第三方征信平台的数据”四个阶段，分析其优劣性，提出构建行业信用体系、标准。张岩等[⑦]调查发现芝麻信用评分机制存在基础信息全面性和真实性不足等缺陷。

纵观研究成果，读者信用体系建设可分为两种路径，一是内生性信用体系，

---

① 谢会昌. 图书馆读者信用积分制度研究[D]. 郑州:郑州大学,2011.

② 沙驼. 图书馆读者失信行为及其防范对策[D].哈尔滨:黑龙江大学,2015.

③ 余和剑. 读者积分制:读者管理新模式[J]. 图书情报工作,2008(8):141-143.

④ 邢江涛,王永革. 基于积分制的图书馆读者信用制管理体系设计与实现——以晋城市图书馆为例[J]. 晋城职业技术学院学报,2016(1):67-69.

⑤ 罗慈玲. 基于读者信用积分制的公共图书馆信用服务体系构建研究[J]. 图书馆学刊,2019(11):61-64,95.

⑥ 方瑛. 我国图书馆用户信用管理发展历程研究[J]. 图书馆理论与实践,2018(7):36-39.

⑦ 张岩,王晖,李宛娴,等. 互联网信用评分机制的潜在缺陷与改进思路——基于芝麻信用的调查研究[J]. 金融监管研究,2017(9):48-65.

依托读者享受公共图书馆服务的记录信息而决定是否提供信用服务，并且主要通过信用积分制形式来实现，操作性强，读者信用具有双向性，公共图书馆能主动获得，读者信用信息得到保障。二是外生性信用体系，依托社会信用中介机构或国家公共信用信息机构的提供个人信用评级而决定是否提供信用服务，如芝麻信用，社会机构提供的信用等级更加全面、更加科学，社会认可度高，但是读者信用具有单向性，通常读者的公共图书馆失信行为难以纳入其中，容易造成专业性信用服务缺位，而且很难依据个人信用来惩治失信行为。总之，国内公共图书馆读者信用体系建设虽然起步较晚，但整体推进速度较快，研究领域比较宽泛和深入。在理论体系研究的整体框架还没有成型，公共图书馆信用体系与社会信用体系异同认识不足，公共图书馆信用管理的效益分析研究明显缺失，这些问题也亟待解决。

3. 服务模式及效能

2014 年 4 月，上海市 237 家公共图书馆的读者信息纳入公共信用信息服务平台，公共图书馆信用服务率先在上海开启。2017 年 4 月，杭州图书馆与蚂蚁金服开展合作，依托芝麻信用平台开展信用借阅服务，凡芝麻信用分达 550 分的读者，享受“免押金、免办卡、免上线、送上门”的文献借阅服务。据不完全统计[①]，至 2018 年 1 月全国共有 92 所公共图书馆开展信用服务。研究者主要关注以上海图书馆为代表的依托政府征信平台和以杭州图书馆为代表的依托芝麻信用平台的两种模式，并展开深入讨论。寿晓辉等[②]从杭州图书馆信用服务的萌芽、初期、深入和延伸发展等实践阶段出发，归纳开展信用服务的四点策略，即以建立多重信任关系为基础、以重视用户体验为精髓、以引入完善成熟的第三方信用机制为手段、以提供分级读者服务为落脚点，其精髓在于降低门槛、规范读者行为和重视用户体验的三者合一。段蓓虹[③]比较两种模式优劣，指出上海图书馆模式的优势在于能够通过分析读者借阅行为数据对读者进行分类管理，识别出用户中的活跃读者、不活跃读者和休眠

① 陆和建,张思琪,阮张平. 我国公共图书馆免押金借阅服务实践及启示[J]. 图书馆建设,2018(10):67-79.

② 寿晓辉,叶丹,翁亚珂. 公共图书馆开展信用服务的实践与策略——以杭州图书馆为例[J]. 图书与情报,2017(5):15-19

③ 段蓓虹. 公共图书馆信用服务研究进展与展望[J]. 图书馆,2019(8):59-63.

读者；能够培养读者的信用意识，有效约束读者在借阅过程中的失信行为；但面临公开用户信用信息的合理性和依托信用体系的成熟性问题。杭州图书馆模式优势在于免除图书馆自建用户信用体系的环节，加大失信成本的威慑力度，使读者获得更好的图书馆服务体验，提高资源利用效率和服务效率，促进公共图书馆间的联合。楼芳娟等①指出杭州图书馆模式面临制度保障不充分、快递费用存在“借书便宜还书贵”、芝麻信用自身缺陷、信用信息归属权限不清晰等问题。

服务效能是衡量信用服务质量的重要指标。张广钦②认为，信用服务在服务效能提升上主要表现为两个方面：一是促均等，二是扩影响。段蓓虹③认为，信用服务是提高公共图书馆效能的助推器，主要表现在三个方面：一是推动政府改革，二是促进服务均等，三是降低运行成本。刘涛④从经济社会学的资本理论的视角将信用视为经济、社会和文化三大资本，并分别解释信用服务如何提升和维护公共图书馆服务效能和公平的理论逻辑与基础。程诗谣⑤调查分析上海、晋城、杭州和南京地区的公共图书馆开展的信用服务，认为信用服务有利于建设信用社会、突破图书馆孤岛劣势、推动公共文化服务均等化和社会化。

从研究成果来看，公共图书馆信用服务模式主要有三大类：一类是以上海图书馆、苏州图书馆为代表依托政府公共信用信息平台的信用服务；一类是以晋城市图书馆为代表依托读者信用积分制的信用服务；一类是以杭州图书馆、宁波图书馆为代表依托商业征信平台的信用服务。信用管理作信用服务的前端，与依托网络物流配送平台的后端紧密相连，形成公共图书馆信用服务的完整供应链。笔者认为信用服务模式研究必须加强前端和后端的整体研究，才能进一步揭示信用服务的社会效能。

---

① 楼芳娟,张幼君,郑卫光. 芝麻信用借书面临的问题及其对策[J]. 图书馆论坛,2018(9):14-16.

② 张广钦. 公共图书馆信用服务的支撑、前提、效能与未来[J]. 图书与情报,2017(5):10-14.

③ 段蓓虹. 公共图书馆信用服务研究进展与展望[J]. 图书馆,2019(8):59-63.

④ 刘涛. 作为资本的信用——公共图书馆信用服务的经济社会学分析[J]. 图书馆理论与实践,2018(10):1-7.

⑤ 程诗谣. 社会诚信建设背景下公共图书馆信用服务实践及发展趋势研究[J]. 新世纪图书馆,2020(6):18-23.

第二章　公共图书馆信用服务

在社会、政府和图书馆的共同推动下，公共图书馆信用服务有了诞生的基础。各馆依据其实际情况相继开展了各具特色的信用服务，公共图书馆的信用服务有了长足的发展。

我国是世界上唯一大范围开展公共图书馆信用服务的国家，因此我国公共图书馆信用服务的发展史就是对信用服务概念的探索和实践经验积累的过程。这一种服务体现了我国图书馆人勇于奋斗、积极创新的精神，也为全世界公共图书馆事业发展提供了一份可贵的样本。但信用服务自 2014 年诞生至今也只有七年，难免存在一些问题或者隐患。这些问题也需要我们去正视它，并且采取相应改进的措施。

本章从公共图书馆信用服务的萌芽开始回顾，总结了信用服务的发展阶段。对目前信用服务的几种模式和主要案例做了一定的介绍，并对信用服务主要特点做出了一定的分析。

第一节　信用服务发展历程

一、信用服务驱动

信用服务是读者和公共图书馆间发生的契约行为。在不同阶段，公共图书馆内在的使命要求、信息技术的极大发展和国家对社会信用体系的大力建设，共同驱动了公共图书馆信用服务从无到有，从发展走向成熟。

1. 价值驱动

（1）开放原则。“图书馆学五定律”指出“书是为了用的”，图书馆应尽可能从便于读者利用的角度来选址，规范和延长开馆时间。但在过去，读者对公共图书馆的利用有着明确的时间、空间和使用限制。如 1975 年，公共图书馆的开放时间几乎覆盖普通市民的工作时间，每周不足 46 小时。这大大缩减了公共图书馆的服务范围，将一部分读者拒之门外，而无人使用则是一个图书馆消亡的前兆，可以说，向更广泛的公民群体提供公共文化服务是公共图书馆最重要的价值所在。这迫使公共图书馆不断改变，寻找实现路径，开展外借服务即是一例。外借服务的前提是公共图书馆与读者之间产生的一种信用契约关系，即读者凭借信用从图书馆获取资源，图书馆依据这种信用相信读者会按期归还图书。从闭架借阅到开架借阅再到外借服务，开放原则不断驱动公共图书馆为读者提供便利，并促使信用服务的形式不断发生变化。

（2）平等原则。CNNIC 发布的第 46 次《中国互联网络发展状况统计报告》显示，2020 年我国网民规模达 9.40 亿，互联网普及率达 67.0%①，公共图书馆的服务对象已经从到馆读者逐渐扩大为更为广泛的虚拟读者。平等原则不仅要求公共图书馆向一切人敞开大门，让每个人都享有平等利用图书馆的权利；更促使公共图书馆对所有读者提供无差别的服务，进一步降低读者门槛，开发潜在读者。公

---

① 中共中央网络安全和信息化委员会办公室. 中国互联网络发展状况统计报告[EB/OL].2020-09-29. http://www.cnnic.net.cn/hlwfzyj/hlwxzbg/

共图书馆需要正视虚拟读者的存量需求，甚至预估增量需求，不断更新理念来为读者提供更加便捷高效的服务，而信用服务提供了满足这一要求的现实路径。如杭州图书馆利用第三方信用平台——芝麻信用提供信用服务，为旅客、学生、出差而途经当地的非常住人口办理虚拟借书证，使流动群体也能轻松享受到图书馆服务，让公共图书馆真正“向所有人开放”。

2. 技术驱动

信息技术的发展，使得公共图书馆提供信用服务成为可能。尤其是 RFID（射频设别技术）等技术的应用，更催生了一系列新业态、新模式，使公共图书馆可以在无需投入大量人力的前提下，简化读者到馆办理借阅证、找书、借书的流程，为公共图书馆服务模式打开了新的想象力。

当今，大数据分析、5G（第五代移动通信技术）、VR（虚拟现实技术）、AR（增强现实技术）等新技术不断涌现，各行各业都面临着极大的变革和挑战，倒逼着公共图书馆迭代服务工具、创新服务形式。同时，技术革新可能引发新一轮的的信息分布不均衡、数字鸿沟等问题，威胁公共图书馆的根本宗旨——公共、共享，这也迫使公共图书馆重新思考在新环境下如何提供开放、平等的公共文化服务。

信用服务为公共图书馆缓解这种困境提供了一个新思路。当前信用服务已渗入到经济发展和社会生活的方方面面，从充电宝到汽车的信用借还、从共享单车到高速 ETC 的信用出行，这些服务从根本上改变了人们利用和使用资源的模式。利用线上信用平台和线下基础设施，公共图书馆的信用服务能够灵活、准确地覆盖更广泛的读者群体，重新以开放、平等的姿态满足信息时代的读者需求，与第三方信用平台的合作也开辟了社会力量参与公共图书馆服务的新渠道。

3. 政策驱动

诚信是中华民族的传统美德，党和政府历来重视诚信的宣传教育，努力推进社会信用体系建设，这为公共图书馆信用服务的发展提供了坚实的土壤。

2014 年，国务院颁布了《社会信用体系建设规划纲要（2014-2020 年）》①，提

① 中华人民共和国中央人民政府. 社会信用体系建设规划纲要[2014—2020 年][EB/OL].2014-06-27. http://www.gov.cn/zhengce/content/2014-06/27/content_8913.htm.

出社会信用体系建设的总体思路、推进诚信建设的重要举措。在此背景下，公共图书馆在“图书馆+信用”领域进行了一系列尝试和努力，如上海图书馆在当年发出了国内第一张“信用借书卡”，读者只要个人信用过关，办卡时就不必支付 100 元押金；但若借书迟迟不还，就可能因为信用受损而影响贷款等。

2018 年，第二届中国城市信用建设高峰论坛提出了“让守信者一路绿灯，让失信者寸步难行”的理念①，统一社会信用代码制度改革和全国信用信息共享平台建设持续推进，“信用中国”网站投入使用，全国信用信息共享公开能力不断增强。这些政策的公布和实施使得公共图书馆开展信用服务有了切实支持，也为公共图书馆带来了新的发展契机。通过接入公共信用平台，公共图书馆能够建立起读者的个人诚信档案，并根据档案提供不同等级的信用服务，使读者在获取图书馆资源的同时培养信用意识。

二、信用服务萌芽阶段

在信用服务尚未明确提出之前，我国公共图书馆界就已经开始了将读者信用与图书馆服务相关联的实践。信用服务的萌芽阶段时间跨度大，在此过程中，公共图书馆以身份证明和押金交替作为信用凭证，为读者提供基础的公共文化服务。

1905 年，以官办湖南图书馆的建立为标志，中国开始有了现代意义上的公共图书馆②。与古代藏书楼相比，公共图书馆开始从重藏轻用转向藏用并重，服务对象也从达官显贵转而面向社会大众。1909 年，清政府的《京师图书馆及各省图书馆通行章程》规定“凡入馆观书，非持有券据不得入内”，这里的“券据”指的是观书券，可以通过购买得到。这就意味着，虽然当时的公共图书馆名义上向全体社会成员开放，但仍设置了门槛，读者的信用凭证从界限模糊的身份证明转向了更为清晰的资产证明。

1927 年，国民政府出台的《图书馆条例》未再列入收费条款③，反映了当时社会各界要求图书馆免费开放的呼声。1949 年，新中国成立后，图书馆界坚持为人

① 新华网.2018 年中国城市信用建设高峰论坛启动“信易+”系列项目[EB/OL].2018-06-10. http://www.xinhuanet.com/2018-06/10/c_1 122 964 860.htm.

② 马赵扬. 中国公共图书馆的价值变迁:新时代需要新的价值引领[N]. 图书馆报,2018-09-21(10).

③ 朱作丹,龚蛟腾. 我国公共图书馆免费服务的源起与流变[J]. 图书馆理论与实践,2019(4):98-107.

民群众服务，虽然“文革”期间，使图书馆的服务对象开始按照阶级划分，但总体而言，当时图书馆对读者的身份证明、资产证明要求均逐渐削弱。

改革开放后，经济和文化体制改革进一步深化，公共图书馆因经费短缺而兴起有偿服务，开始以押金等收费手段作为读者的信用凭证。1980 年的文件中首次出现了“以文补文”的说法；1983 年，广西壮族自治区南宁市横县图书馆对过刊实行有偿外借，规定“每本每天收费二分”①，超期、遗失都要罚款；1998 年，国家图书馆发布《关于办理读者阅览证的通知》，规定“基藏库阅览证收工本费 10 元（押金 100 元）”。分级押金办证和逾期费制度在当时缓解了日益增长的阅读需求与不充分的图书馆服务之间的矛盾，使得借阅率大幅提高。

信用服务的萌芽阶段具有以下三个特征：第一，读者的身份信息是信用服务的重要依据，但“什么样的身份信息是有效的信用凭证”，其定义在不断扩充变化；第二，信用服务内容较为单一，还局限在发放借阅证和外借等基础服务，没有扩展到其他领域；第三，读者失信惩戒措施尚未发展成熟，除收取逾期费外没有更多约束。

三、信用服务发展阶段

随着社会信用体系的不断完善，信用服务的应用领域逐渐铺开，失信行为的惩戒力度和惩戒方式也逐渐成为重要课题。在信用服务的发展阶段，公共图书馆界开始探索以读者在图书馆的行为作为信用凭证，以鼓励阅读、惩戒不文明行为的方式来开展信用服务实践。

2006 年，杭州地区公共图书馆与当年新落成的深圳图书馆新馆均出台政策，宣布取消押金，越发向着“开放、平等、免费”的现代公共图书馆迈进。以往，读者在图书馆的失信行为主要有图书损毁、图书丢失等，而后来，读者对图书馆服务的利用还包括信息资源，因此恶意下载数据、攻击图书馆数据库或网站等行为也逐渐纳入读者失信范畴。在以押金作为信用凭证的阶段，读者的失信行为可以通过扣除押金或缴纳罚款来进行惩戒。而在公共图书馆的公益性原则日益受到重视，图书馆界逐步加快免费服务进程的大背景下，图书馆对读者失信行为的约

① 刘道棠. 从实际出发积极进行改革[J]. 图书馆界,1985(3):10,17.

束力度逐渐减弱。但也有学者认为，公共图书馆用押金来规范读者行为只是一种不得已的做法，因为图书馆无法在第一时间判断读者的信用情况。而押金作为不必要的信用成本，会降低读者与图书馆之间的信任关系，在提高入馆门槛的同时，也挫伤了潜在读者的积极性。2011 年杭州图书馆因允许拾荒者免费进门而在社交媒体上爆红，图书馆对他们的唯一要求就是把手洗干净再阅读，也在一定程度上反映了公共图书馆的零门槛开放已是广泛的社会共识。

2012 年，浙江省温州市图书馆启动了“儿童知识银行”项目①，用图书馆类比“银行”，借书证类比“存折”，鼓励孩子们用阅读“赚钱”，让借阅记录成为可量化的虚拟币。项目成立当年外借册次较上一年同期增长了 106%，越来越多的孩子和家长开始主动参与，为活动出谋划策。这种根据图书馆读者的借阅历史数据来生成个人信用档案，并赋予读者不同级别的权限的方式，使得图书馆与读者之间的信任关系更紧密，服务方式也更灵活。如温州图书馆允许提取“知识银行”中知识币以兑换礼品，山西省晋城市图书馆将读者参与图书馆阅读活动的情况也加入积分系统，操作性强，有效调动了读者积极性。

信用服务的发展阶段主要有以下特征：第一，读者自身的行为开始成为一种信用凭证，大大增加了读者与图书馆的信任关系；第二，读者信用档案的规则设计有极大的灵活性，图书馆可在一定范围内自行规定增减细则，充分发挥地区特色；第三，失信行为范围不断扩大，需要图书馆不断调整失信惩戒措施，来“查漏补缺”。

四、信用服务成熟阶段

在信用服务成熟阶段，信用意识已深入人心，公共图书馆开始联合政府或第三方信用平台，依据读者全方位的社会生活生成个人信用分数，以此为信用凭证提供渠道丰富、形式多样的信用服务。

2014 年，上海图书馆联合上海征信办公室和上海市公共信用信息服务中心，将上海市 237 家公共图书馆的读者借阅信息纳入上海市公共信用信息服务平台。这是国内公共图书馆首次为读者生成个人信用分，并以个人信用分为信用凭证，

① 段宇锋,郭彦丽,王灿昊.积分的魅力——温州少儿图书馆及温州市图书馆少儿读者服务创新实践[J].图书馆杂志,2019(2):25-29,40.

为读者提供不同服务。2015年，苏州市政府推出的市民信用评价产品规划分同样如此，规划分达到110分以上的市民可以在苏州图书馆免押金借还图书。

2016年，上海图书馆、浙江图书馆先后与芝麻信用平台合作，推出650分芝麻信用分以上读者免押金办理借书证活动。由此，图书馆的信用服务开始增加社会合作，为读者提供的信用服务范围也从图书借阅扩展到了借书证办理。2017年，杭州、宁波、合肥等多个城市都开始和芝麻信用平台合作，并将提供服务的个人信用分门槛降到了600分，后又进一步降低到550分，即芝麻信用的基础分，实际上取消了信用服务的读者门槛。

图书馆与政府或第三方信用平台的合作也有其局限性。首先，公共图书馆信用服务领域的相关法律法规还不完善，公共图书馆在使用个人信用分时是否完全征得了读者同意、有没有增减个人信用分的权限，尚无确切的法律依据；其次，无论是依托政府平台还是第三方平台，图书馆信用服务都将极大地依赖平台建设，如果没有稳定、成熟的平台做支撑，信用服务就会成为无源之水、无本之木。

2017年11月26日，杭州市图书馆举办了“2017年公共图书馆信用服务论坛”，推进公共图书馆信用体系的建设。会上，全国23家公共图书馆共同发布《公共图书馆信用服务杭州宣言》，“图书馆+信用”开始以联盟的形式弥补依靠单一平台的缺陷。

信用服务的成熟阶段显示出三个特征：第一，图书馆开始与政府或第三方信用平台联合评估读者的信用状况，并以分数的形式进行直观表现；第二，信用服务门槛进一步下降，甚至接近“零门槛”；第三，由于相关法律法规的空缺，对读者失信行为的惩戒还不能表现在其个人信用分上，对读者约束不够。

第二节　信用服务典型案例

一、跨省的公共图书馆信用服务

跨省范围的公共图书馆信用服务主要指公共图书馆不再拘泥于所在的城市，

而是将信用服务扩展到更大的范围。但目前仅有浙江图书馆将信用服务覆盖到全国。另一类是城市圈性质的，主要指长三角地区公共图书馆网借服务联盟。

1. 浙江图书馆

浙江图书馆是国内创办最早的省级公共图书馆之一。总馆位于浙江省杭州市西湖区，是国家一级图书馆，第一批全国古籍重点保护单位。前身为创建于 1900 年的杭州藏书楼，1903 年杭州藏书楼扩充改建为浙江藏书楼，1909 年浙江官书局并入，成立浙江图书馆。浙江图书馆现有馆舍 5 处，曙光路馆区为总馆，另有孤山路馆区、大学路馆区、嘉业藏书楼及德清书库馆区，馆舍总建筑面积 5.51 万平方米。在全省各地设有 17 个分馆，9 个流通站。

浙江图书馆是浙江省首个将芝麻信用应用到服务中的图书馆。2016 年 9 月 1 日，浙江图书馆在支付宝生活号推出芝麻信用 650 分以上的浙江户籍读者首次办理普通读者证可免押金，并于当年 9 月底实现线下服务台信用办证。2016 年 9 月 1 日至 2018 年 4 月 22 日，浙江图书馆新办读者证 130118 张，其中信用读者证 12217，约占 9.3%。同年 9 月，基准分从 650 分降至 550 分，通过身份证与支付宝绑定，只要芝麻信用分达到 550 分的基本分，外来人员也可享受借阅服务，开启了“信用+阅读”公益借阅新模式①。

2018 年 4 月浙江图书馆联合全省公共图书馆推出“浙江省公共图书馆信用服务平台”后，截至 2018 年 11 月，全省 87 个公共图书馆开通了信用办证，信用免押办证 8.1 万张，平台总点击量达 248.9 万次，外借图书 9.1 万册次。

同年，浙江图书馆开通“信阅”平台，绑定了信用借阅证的用户都可以通过官网、微信公众号和支付宝小应用选择满意的图书，浙江图书馆将会送书上门。浙江图书馆与浙江省新华书店和京东合作，为读者提供进一步的信阅服务，读者可以直接在信阅平台下单新书。然后由新华书店或京东配送到读者家中，在还书后，所借的新书直接补充到浙江图书馆的网借书库当中，这一举措有效改善了网借书库藏书规模有限的难题。浙江图书馆更是把信阅服务扩充到全国范围，是目前唯一为全国读者提供均等化服务的公共图书馆。

---

① 阮可.“信用+阅读”:图书馆服务创新的浙江样本[N].新华书目报,2019-03-08(10).

图 2-1 浙江图书馆“信阅”平台页面

在信阅费用方面，新书的快递费用为 2 册（及以下）2 元；3~5 册 3 元。馆藏精品图书的快递费用为省内 3 册（及以下）5 元；4 册 6 元；5 册 7 元。每满 5 册生成新的订单。省外根据物流公司所寄图书实际重量与寄达的距离计费。同时浙江图书馆会不定期举办活动来减免读者的借阅费用。

图 2-2 浙江图书馆信用服务活动

2. 长三角地区公共图书馆信用服务联盟

为全面提升区域公共文化服务水平，上海图书馆（上海科学技术情报研究所）、南京图书馆、浙江图书馆和安徽省图书馆在 2020 年 5 月向长三角区域三省一市的公共图书馆发出“城市阅读一卡通”倡议书，号召各馆共同实现“借阅办证零门槛，文献传递无边界，个性服务通全域，通借通还重实效”，让爱书人一路走来一路读。

长三角地区的公共文化服务水平一直处于全国前列，区域内各公共图书馆的优质服务是其中的重要一环。“城市阅读一卡通”倡议书的发布，将进一步推动阅读在长三角地区内的无障碍流动，深化长三角公共图书馆之间的合作互动，实现长三角公共文化服务的一体化发展。

倡议书希望三省一市读者无须在不同地区分别办理读者证，即可阅览区域内任一图书馆规定范围内的文献资源。同时，在保证各公共图书馆现行流通政策自主权的前提下，倡议书鼓励各馆进一步探索信用免押金办证，在区域内已有 145 个公共图书馆开通信用免押金借阅服务的基础上，继续扩大这一利民服务举措的覆盖面[①]。

目前，长三角区域内已有 64 家高校及公共图书馆建立馆际互借与文献传递机制，倡议书号召区域内更广泛的公共图书馆加入；同时探索推进区域内公共图书馆读者的统一认证和书目信息的统一检索，让文献资源流动更便捷高效。倡议书还号召长三角区域内有条件的公共图书馆在保障基本服务的基础上，合作开展信用网借、O2O 网借、在线预约、线上“你选书我买单”等个性化借阅服务，把读者选书环节置于网络平台端，实现阅读服务到家，满足公众对碎片化阅读、即时性阅读、社群化阅读的需求。

为贯彻落实《长江三角洲区域一体化发展规划纲要》的要求，全面提升区域公共文化服务水平，响应上海图书馆、南京图书馆、浙江图书馆和安徽省图书馆共同向长三角区域三省一市公共图书馆发出的“城市阅读一卡通”倡议书，9 月 28 日，由上海市杨浦区图书馆倡议、“长三角”地区相关公共图书馆共同发起成立了“长三角公共图书馆网借图书服务联盟”。其成员馆有杨浦图书馆、昆山市图书馆、吴江图书馆、吴中区图书馆、扬州市图书馆、六安市图书馆、鄞州区图书馆、武进图书馆、金陵图书馆、南京六合区图书馆、南京江北新区图书馆、无锡

① 长三角公共图书馆网借图书服务联盟成立[EB/OL].[2020—09—30].http://sh.people.com.cn/n2/2020/0929/c134768-34326490.html

市锡山区图书馆。

图 2-3 浙江省、安徽省、江苏省和上海市图书馆代表签署长三角地区公共图书馆信用服务联盟协议

联盟旨在推进全民阅读和书香社会建设，加强馆际合作和业务研究，促进公共文化融合发展，杨浦图书馆、昆山市图书馆、吴江图书馆、吴中区图书馆、扬州市图书馆、六安市图书馆、鄞州区图书馆、武进图书馆、金陵图书馆、南京六合区图书馆、南京江北新区图书馆、无锡市锡山区图书馆等 12 家公共图书馆共同签署了盟约。体现各自地区文化特色的纪念版藏书票发布暨“悦读长三角”阅读推广活动同步启动。

目前联盟成员馆在长三角地区已设立 127 个图书自助借阅服务点，昆山市图书馆的“书香鹿城”、扬州市图书馆的“扬图速递・悦读书房”、鄞州区图书馆的“网约书”等阅读品牌已成为城市文化新的亮点。

长三角地区文化相融相通，各成员馆的公共文化服务各具特色。联盟将以联动互利、共同发展为目标，打造“优势互补、功能复合、智慧互联、开放共享”的图书馆联盟，努力实践满足人民群众对美好生活的需求，让触手可及的文化服务成为可能[①]。

① 长三角公共图书馆网借图书服务联盟成立[EB/OL].[2020—09—30].http://sh.people.com.cn/n2/2020/0929/c134768-34326490.html

二、以全省为单位的公共图书馆信用服务

这一类型的图书馆是以省级图书馆为主导，将信用服务覆盖到全省范围内，包括乡镇。目前我国将信用服务覆盖全省的主要是贵州省图书馆、辽宁省图书馆、湖南图书馆和海南省图书馆。

1. 贵州省图书馆

贵州省图书馆成立于 1937 年 5 月，前身为贵州省立图书馆，1956 年正式定名为贵州省图书馆。至 2020 年底，贵州省图书馆馆藏总量达 273 万册，持证读者达到 9.78 万人，数据库资源总量超过 200TB①。

图 2-4　贵州省图书馆新馆

2018 年 9 月，贵州省图书馆引入江苏嘉图网络科技股份有限公司的网络信用借阅平台，利用支付宝芝麻信用，在图书馆一楼大厅设置一台信用借阅柜，向读者线上线下提供网络信用借阅试用服务。自 2018 年 9 月试用以来，贵州省图书馆共投入 6468 册文献进行信用网络借阅，主要选取文学、历史/地理、经济管理、哲学/宗教、政治/法律、艺术、少儿/绘本等种类文献，其中成人文献 4821 册，少儿文献 1647 册。2018 年 9 月 1 日至 2019 年 6 月 30 日，贵州省图书馆共计办理读者证 8867 人，其中网借读者 5108 人，约占新增用户 58%。其间信用网借借阅量为 4402 册，其中送书上门 1082 册，投递到柜 873 册，借阅柜借阅 2447 册，馆藏利用率为 68%。以贵州省图书馆可借中文图书为例，2018 年 9 月 1 日至 2019 年 6 月 30 日期间借阅量共计为 134579 册，馆藏借阅率为 13%。目前贵州省图书馆的

① 贵州省图书馆[EB/OL].[2020—09—30].http://www.gzlib.com.cn/

信用服务范围已经覆盖全省。

但目前贵州省图书馆的信用服务还有一些地方有待改进。首先就是网借馆藏库文献资源少，无法满足读者需求。由于馆藏资源量及购书经费的局限性，贵州省图书馆现用于网借书库使用的图书仅 6468 册，仅占全馆馆藏量的 0.2%。网借读者不一定能选到需要的文献资源，降低了复借量和二次推广传播量。其次是自助服务点覆盖少，读者满意度不高。相较于开设传统分馆，建设网络信用借阅自助服务点，资金和人力投入更低，社会效益更高。但由于经费的限制，目前贵州省图书馆仅布设了 1 个网络信用借阅自助服务点，位于北京路总馆大厅，导致信用借阅服务未能在全省范围内推广使用，所服务的人群较为有限。最后就是信用借阅服务经费缺乏持续性投入。网络信用借阅服务的持续建设费用除了图书的购置经费、书库的建设费用，还需考虑服务的运营及物流的费用，因此需要得到财政持续性的投入保障[①]。

图 2-5 贵州省图书馆信用服务页面

① 蔡珩. 打通公共图书馆服务“最后一公里”——贵州省图书馆“信用+图书馆”的实践[J]. 贵图学苑, 2019(4):4-7.

2. 辽宁省图书馆

辽宁省图书馆原名东北图书馆，是中国共产党领导下建立的第一所大型公共图书馆，于1948年8月15日在哈尔滨开馆，1949年2月迁至沈阳，1955年改名为辽宁省图书馆。辽宁省图书馆现有馆藏文献650余万册（件），古籍文献61万册，善本书12万册，宋元版书100余部，还藏有丰富的东北地方文献和有关满族、清代以及伪满时期的文献资料。

2018年4月，辽宁省图书馆与江苏嘉图网络科技股份有限公司开展合作，为全省范围内的读者提供网络借阅服务——“辽图约书”。“辽图约书”融合“互联网+物联网”应用技术，依托支付宝“芝麻信用”，提供信用网借服务。读者在享受公共文化服务便利的同时，实现与图书馆的阅读“零距离”。辽宁省图书馆外借部主任赫英鹏介绍，传统的图书馆借阅需要读者缴纳一定的押金，在一定程度上给读者借阅图书设立了门槛。如今，依托信用而实现的共享经济正逐渐改变人们的生活，辽宁省图书馆打造了“图书馆+信用+互联网+物联网”的公共文化服务新平台。“读者可以通过省图书馆微信平台或支付宝，在手机上选择想要借阅的图书，填好寄送地址，即可实现送书到家。还书时在手机页面点击预约还书，快递人员会上门取书。借期为30天，可网络续借一次。”本次辽宁省图书馆提供了线上30万册的文献资源，面向全省读者服务，既配置了流通率高的热门图书，也配置了专业性强的图书提供给读者“网约”，涵盖了文学艺术、历史地理、自然科技以及社会科学等所有图书品种。

在辽宁省县级以上地区，客户在当日14时前通过微信下单，EMS当日上门取件；14时之后下单，隔日取件，异常天气顺延；同城及省内14个地市（含县本）揽收后次日送达，县以下乡、村地区3~5日送至邮政支局网点。送书上门费用为每单1~3本4元，每增加1本增加1元。预约还书服务读者需支付快递费用，预约还书费用均为每单1~3本4元，每增加1本增加1元。同时辽宁省图书馆会不定期举办活动来减免读者的借阅费用①。

① 辽宁省图书馆[EB/OL].[2020—09—30].http://www.lnlib.com/

图 2-6 辽宁省图书馆信用服务页面

3. 湖南图书馆

湖南图书馆是国家举办的省级综合性公共图书馆，其前身是始建于 1904 年 3 月，由梁焕奎等人募捐、湖南巡抚赵尔巽准令于古定王台创办的湖南图书馆兼教育博物馆，它是我国第一家以“图书馆”命名的省级公共图书馆。现有馆舍主楼面积 2.3 万平方米，培训楼 6700 余平方米，馆藏实体文献 450 余万册（件），其中图书 308 余万册（件），古籍线装书 80 余万册（件），报刊 55 余万册（件），视听与缩微制品 20 余万件。数字资源规模增速迅猛，电子图书达 330 万余种。年到馆读者 256 余万人次，外借文献 259 万册，网站年访问量达 2860 余万次。

“网上书房”是 2019 年由湖南图书馆打造的“互联网+图书馆”的新型借阅模式。“网络+物流”的形式将湖南图书馆丰富的馆藏图书资源送到全省范围内读者手中，让读者享受手机点一点，足不出户，物流送书上门的纸质阅读新体验。截至 2020 年初，湖南图书馆网借平台累计读者 13400 多名，网借平台累计借阅册数 40600 多册。在图书馆的图书借阅易受时间、地点、押金等条件制约的情况下，此举的确有助于打通图书借阅“最后一公里”，使馆藏图书资源更好地服务于广大读者。

图 2-7　湖南图书馆信用服务页面

目前湖南图书馆“网上书房”开通的借阅方式有两种：第一种是在线选书下单，送书上门，读者可自填地址，需承担运费；第二种是在线选书下单，免费送书到就近信用借阅柜，读者需前往自取。目前每张电子读者证最多可借 5 本网借图书，每本图书借阅期限为 30 天，可免费续借 1 次。还书也有两种方式：一是线上预约还书，读者需承担运费，快递人员 1~3 天上门取书；二是免费线下归还，读者可以直接将书带到湖南图书馆还书窗口还回，也可以就近归还至信用借阅柜。书刊逾期每册每天滞还金 0.2 元，单册最高滞还金 5 元，产生逾期费后读者证暂停使用，须交清逾期费方可继续使用。

目前，湖南图书馆邮政送书上门/上门取书的收费标准是：长沙市范围内（即开福区、长沙县、芙蓉区、雨花区、天心区、岳麓区、望城区）：1~3 本 5 元，每加 1 本加 1 元，最高 1 个包裹 5 本书 7 元运费；长沙市范围外（除以上区域外的其他湖南全省地区）：1~3 本 7 元，每加 1 本加 1 元，最高 1 个包裹 5 本书 9 元运费[①]。

① 湖南图书馆[EB/OL].[2020—09—30].http://www.library.hn.cn

4. 海南省图书馆

海南省图书馆建于 2003 年，建筑面积 2.5 万平方米，2007 年 10 月正式开放，是全国最年轻的省级公共图书馆。截至 2017 年底，馆藏纸质文献 164 万余册（件），数字资源总量达 88.18TB，注册读者 17 万余人。

图 2-8 海南省图书馆

海南省图书馆为推进全民阅读、方便读者借书，同时为解决疫情防控期间因限流、预约入馆等给读者带来的不便，正式上线网借平台“海图借书”，读者可通过手机微信端、支付宝端线上进行图书借阅，坐等图书快递到家，实现了“免押金、免办卡、线上借、送到家”的轻松借阅模式——“海图借书”。

“海图借书”网借平台经过试运行后，全新升级正式上线提供服务，网借图书包括文学、小说、历史、法律、经济、艺术、少儿等类别，共计 5 万多册。平台优化升级后，界面活泼新颖，为读者提供了更友好、更方便的操作体验。

全新升级后的“海图借书”可支持全省读者通过网借平台进行下单借书，无须办卡押金，即可在家坐等送书上门，海口市内邮寄费为 1~3 册 4 元，海口市以外各市县邮寄费为 1~3 册 5 元。网借平台的开通，不仅为读者提供了菜单式、个性化服务，也节省了读者到馆借书的宝贵时间和通勤费用。

随着网借平台“海图借书”的升级，海南省图书馆也为全省读者提供了各种优惠活动，包括减免邮费，发放免邮券、礼品和积分兑换等①。

图 2-9　海南省图书馆信用服务页面

三、覆盖全市的公共图书馆信用服务

覆盖全市的公共图书馆信用服务是指当地图书馆将信用服务的范围覆盖到全市的每一个角落，包括下属的乡镇。宁波图书馆的信用服务也属于覆盖全市的公共图书馆信用服务。

1. 金陵图书馆

金陵图书馆是南京市立图书馆，创立于 1927 年 6 月 9 日，南京特别市创办市立（第一）通俗图书馆，借原平江府布道所为馆址。1952 年南京市从中央特别市降为江苏省省会，1958 年南京市政府决定筹建新的市图书馆，虽经困难时期和“文革”干扰，仍坚持在过渡馆舍阵地开展服务，长年送书到基层、到乡下、到田头，1980 年 10 月，位于长江路 262 号的馆舍建成开放，馆舍面积 7300 平方米。

① 海南省图书馆[EB/OL].[2020—09—30].http://www.hilib.com/

初名南京市人民图书馆，1984年10月改为现名。

2018年10月13日，由金陵图书馆牵头，建邺区图书馆、江北新区图书馆、江宁区图书馆、栖霞区图书馆、浦口区图书馆、六合区图书馆等联合推出南京共享图书馆，该平台主要提供南京市公共图书馆网借服务——“书服到家”。该平台整合各馆已有网借资源，连通各馆网借服务，统一入口、统一书库、统一管理、统一运营，读者在全南京市范围内可实现通借通还，仅需网上下单借书，物流即可配送图书上门，实现“外卖”模式的借书方式；同时，平台基于芝麻信用体系，为芝麻分550分以上的读者提供“免押金、免办卡”的信用借书服务。“互联网+信用”的借书模式，使图书借阅真正从线下走上了线上，让全南京的图书馆真正成为一座云上图书馆，让人们在现代科技带来的便捷中回归与享受传统阅读的乐趣①。

南京共享图书馆以市区联动、信用共享为目标，整合了全市各级图书馆的图书资源，形成合力，有效地提升了各级图书馆的服务效能，充分延伸了图书馆的服务半径，进一步满足了读者的多元化需求。

图2-10 南京市熙南里“南京共享图书馆”

南京共享图书馆于2018年10月投入运营，截至2020年5月，该平台试投书籍4万余册，累计注册读者35万人，网借图书69万余册次，受到广大读者的一致好评。

2020年10月10日，南京共享图书馆推出“你选书我买单”活动。只要是南京共享图书馆的读者推荐图书，满足活动相关要求，就可以直接收到图书馆为读者专门采购的新书。此次线上“你选书我买单”活动依托南京共享图书馆“书服到家”服务，借助“互联网+”的便捷，打通了线上线下的关节，大大扩展了读者荐购外

① 杜依忆.公共图书馆读者信用制度模式探索及策略[J].传媒论坛,2020,v.3;No.59(11):124-125.

延，实现了线上线下齐发力，南京市区全方位全覆盖。线上“你选书我买单”活动，也表明了南京共享图书馆的合作走向全面和纵深：一方面将原本只属于金陵图书馆的荐购渠道输送到全市，另一方面全市 14 家公共图书馆大联动，盘活文化资源，实现优势互补，融合发展，最终为广大市民读者提供更便捷的阅读服务。

目前“南京共享图书馆”已经在全市范围内设立了 19 台图书信用借阅柜，并计划每年持续增添一定数量的图书信用借阅柜，以便为用户提供更加完善便捷的信用服务①。

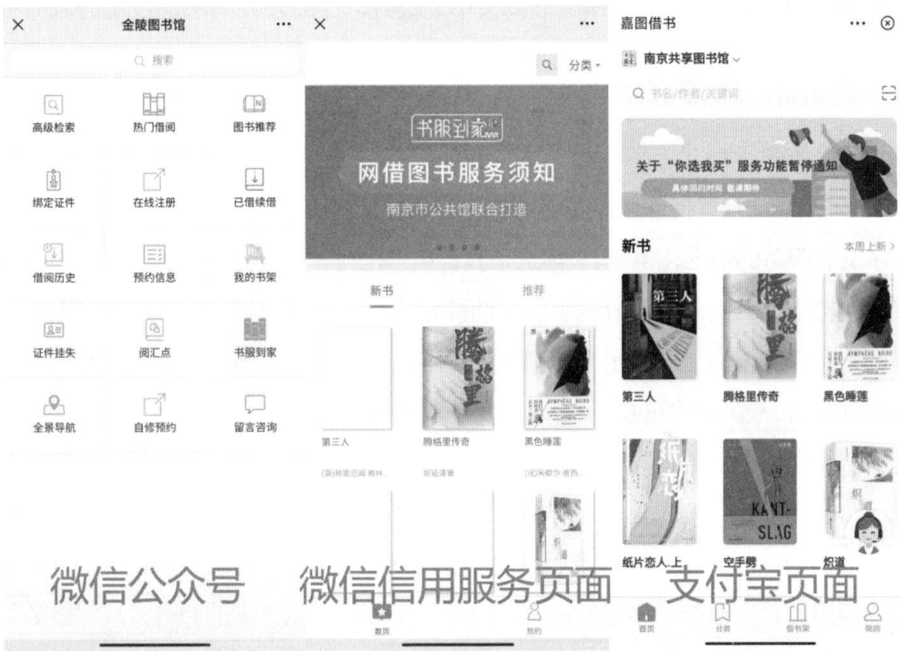

图 2-11　金陵图书馆信用服务页面

2. 苏州图书馆

苏州图书馆始建于 1914 年，其前身是清末正谊书院学古堂，曾为“江苏省立第二图书馆”，是我国创办较早的公共图书馆之一，至今已经有 100 多年的历史，是国家一级图书馆。苏州图书馆现有人民路馆和第二图书馆两个实体图书馆。近年来，苏州图书馆致力于构建覆盖城区的公共图书馆服务体系，体系内部实行统

① 金陵图书馆[EB/OL].[2020—09—30].http://www.jllib.cn/

一资源建设、统一服务标准、统一开展读者活动，目前已拥有两个实体图书馆、89个分馆、2个24小时自助图书馆、3个轨道交通图书馆、115个网上借阅社区投递点（含47个自助服务点）、2辆流动图书车、28个图书流动服务点。2018年，接待读者1227.7万人次，文献资料外借量达509.5万册次。截至2019年10月底，接待读者812.2万人次，馆藏592.2万册，文献外借422.9万册次，举办读者活动1818场次。苏州图书馆已成为苏州市民生活中不可或缺的公共文化空间①。

苏州图书馆在借阅服务方面一直在努力实践和创新，2014年开始就推出了“网上借阅社区投递”和“你选书我买单”服务，打破公共图书馆传统的服务模式，以读者阅读需求为导向，创新性地开拓了“图书馆+书店+平台+物流”服务模式，以最便民的方式为读者揭示、整合、推荐文献资源并提供借阅服务，为图书馆注入了新的活力。

“网上借阅社区投递”将图书馆的服务前移，解决了“最后一公里”问题，实现了文献服务的精准化供给。“你选书我买单”由苏州图书馆联合苏州新华书店及实力民营书店共同开展，分线上线下两种方式，线上即由书店提供书单加入网上借阅平台，线下则是在指定书店内挑选参加活动的图书，该项服务旨在方便市民借阅并解决公共图书馆的馆藏建设与读者需求的有效对接问题。“网上借阅社区投递”和“你选书我买单”为读者提供了方便的借阅服务，但在整个服务闭环中存在一个缺口，即服务的受益人群仅限注册读者，未注册的其他市民并没有享受到服务的便利，押金办证成为最后一块绊脚石。信用办证恰好可以弥补这个缺口，借助信用体系实现读者不必到馆就可以享受免押金、免办卡的服务，从“最多跑一次”变成了“一次都不用跑”②。

在信用城市的背景下，苏州图书馆与苏州市信用办公室、芝麻信用合作推出了图书信用借还服务。凡芝麻信用分600分以上或桂花分100分以上的市民，均可享受免押金、免办证的在线借阅服务。信用与借阅结合起来，开拓了借阅的新模式，提升了图书馆的文献服务效能。

---

① 苏州图书馆[EB/OL].[2020—09—30].http://www.szlib.com/

② 幸娅.苏州图书馆网上借阅社区投递服务探析[J].新世纪图书馆,2015,231(11):27-29.

图 2-12　苏州第二图书馆

桂花分是苏州市信用办公室以苏州市人口库为基础，汇集公安、社保、民政、计生等 20 余个部门的基础数据和信用数据，通过大数据分析及模型运算，得出的苏州市民个人信用积分。桂花分个人信用评价体系采用层次分析法，从基础信息、稳定信息、品德信息、资产信息、其他信息五大维度形成个人评分体系，根据户籍、年龄、文化程度、婚姻状况、社保缴纳情况等 22 大类 243 个评分指标项，对个人进行大数据分析，形成个人信用画像。桂花分总分 200 分，其中包括 100 分基础分和 100 分附加分。附加分主要体现市民的品德指标，如市民参加志愿服务等社会公益活动，附加分会得到相应增加。而市民若有失信行为，也会扣除相应的基础分。

市民桂花分在 100 分以上可享受免押金、免办卡的线上借书服务，根据市民桂花分，苏州图书馆提供不同的优惠措施，具体而言，桂花分大于 100 且小于 120 者可办理桂花借阅卡（16 岁以上）和桂花少儿卡（16 岁以下）。桂花借阅卡可借阅 10 本成人图书，借期 30 天，可续借 2 次，每次延期 10 天；桂花少儿卡可借阅 10 本少儿图书，借期 30 天，可续借 2 次，每次延期 10 天。桂花分大于等于 120 者可免押金办理桂花诚信卡。桂花诚信卡可同时借阅 10 本成人图书和 5 本少儿图书，借期 30 天，可续借 2 次，每次延期 10 天。

芝麻信用分在 600 分以上即可享受苏州图书馆免押金免办卡的线上借阅服务，可借阅 10 本成人图书，借期 30 天，可续借 2 次，每次延期 10 天。

苏州图书馆基于信用的网上借阅社区投递系统上线至今已建设完成免费的服务点近 100 个，基本覆盖苏州市姑苏区、高新区、相城区和工业园区。系统上可借图书数量接近 200 万册，读者在线上可以享受到与线下一致的借阅服务。

图 2-13 苏州图书馆信用服务页面

该系统上线以来读者数和借阅量稳步增长，从 2017 年 8 月开始，每天的平均借阅量超过 3000 册，高峰时能达到每天 6000 册以上，平台累计借阅量超过 250 万册。系统现有活跃用户数超过 15 万。系统通过线上线下相结合的方式完成图书借阅，吸引了更多的青年读者前来使用公共图书馆的服务，系统中 62%的用户群体的年龄段是 20~40 岁，40 岁以下超过 80%。系统中活跃的读者中 50%的用户是以前从未到图书馆来借过书的市民，这些市民在图书馆的第一次借书体验是通过基于信用的网上借阅社区投递系统服务来完成的。这项服务吸引了众多潜在读者。

苏州图书馆基于信用的网上借阅社区投递系统上线之后获得了广大市民的一致认可和好评，多次被列为苏州市政府实事工程项目，获得了包括全民阅读活动创新奖、创客天堂移动互联网创新创业大赛最佳生活服务应用奖、第十一届苏州阅读节优秀活动奖、苏州中心城市科学发展创新奖等十多个奖项，为苏州的文化发展事业增添了浓墨重彩的一笔[①]。

3. 合肥市图书馆

合肥市图书馆起源于合肥县立中和图书馆，1958 年正式建制。合肥市图书馆 2005 年与 2009 年两次被文化部评为“一级图书馆”，并先后多次被评为市“文明单位”“先进单位”“双拥先进单位”等称号。2013 年全国第五次公共图书馆评估中，合肥市图书馆以 986 分位列全省第一名，第三次荣获全国一级图书馆[②]称号。

合肥市图书馆是全国较早开展信用借阅服务的公共图书馆之一，信用借阅服务既是解决当前合肥市公共图书馆建设发展不足的有力措施，又为合肥市公共图书馆事业的弯道超越提供了契机。2017 年 8 月，合肥市图书馆和支付宝蚂蚁金服旗下的芝麻信用联手，正式推出了信用服务。合肥市图书馆是全国首批 15 家开通基于芝麻信用服务的公共图书馆之一，同时也是安徽省最早实现与第三方信用机构合作、探索实行信用服务的公共图书馆。

合肥市图书馆提供的信用服务包括图书快递到家服务和投递到柜服务。快递到家服务是合肥市图书馆借助互联网和物联网技术推出的便民服务，每单快递可投递 5 册图书，配送范围包括：合肥市蜀山区、高新区、经开区、包河区、滨湖新区、庐阳区、瑶海区和新站区等。为进一步完善合肥市图书馆信用服务功能，减少读者因借书而支出的快递费用，合肥市图书馆于 2019 年开始打造图书投递到柜服务点，让读者实现“线上借，线下取”的服务功能。

2019 年，合肥市图书馆将信用服务从线上拓展到线下，只要是合肥市图书馆的信用读者，均可通过身份证或电子证享受与合肥市图书馆实体读者证同等的线下服务。读者可通过使用身份证、电子证及面部识别的方式在合肥市图书馆的自助设备上进行图书借阅服务，同时，馆外城市阅读空间自助设备也逐步支持电子证的借阅服务。同年，合肥市图书馆“你选书、我买单”服务也全面支持信用读者，这标志着合肥市图书馆“信用+服务”全面推广和实行[③]。

---

① 徐赛花. 苏州图书馆基于信用的网上借阅社区投递系统[J]. 四川图书馆学报,2019,232(6):82-85.

② 合肥市图书馆[EB/OL].[2020—09—30].http://www.hflib.com.cn/

③ 罗燕. 公共图书馆开展信用服务的实践与对策——以合肥市图书馆为例[J]. 大学图书情报学刊,2020,38(4):110-114.

图 2-14 合肥市图书馆信用服务页面

为了尽量为读者争取利益，合肥市图书馆多次与不同物流公司磋商，最终与中国邮政达成每单 5 元（不计重）的价格，并且通过多种方式与企业合作，开展免读者快递费的活动，已经免去了上万单信用借阅服务的快递费用。

4. 杭州图书馆

杭州图书馆成立于 1958 年 7 月 1 日，是中国最早建立的省级公共图书馆之一，原名杭州市图书馆，1961 年 5 月改为现名，1963 年成立杭州图书馆儿童分馆。杭州图书馆位于杭州市上城区，是浙江省图书馆工作先进集体、浙江省文明图书馆，2018 年 5 月被评定为国家一级图书馆。截至 2018 年 12 月，杭州图书馆建筑面积 5 万平方米，设有 16 个机构部门，馆藏文献 586.3 万册（件）[①]。

鉴于传统押金办证制度的局限性，杭州图书馆一直希望借助一套普及广、社会化的用户体系来替代图书馆已有的用户管理体系，以此来扩大注册读者的数量。2008 年秋杭州图书馆新馆开馆在即，为了吸引更多的市民进入图书馆，杭图与杭

① 杭州图书馆[EB/OL].[2020—09—30].http://www.hzlib.net/

州市市民卡公司沟通，在以社保体系为依托的杭州市市民卡（社会保障卡）上增开图书馆的借阅功能，并以此作为杭州图书馆的借阅凭证。只要持有杭州市户籍或者在杭按时交纳社保的市民都能申请杭州市市民卡（社会保障卡），领取后仅需在杭州图书馆总服务台出示开通即可享有所有资源服务，无须交纳任何形式的工本费、押金。2008 年国庆开馆七天，杭州图书馆日均新增注册读者数 12000 余人，仅新馆开馆 3 个月期间，新增读者近 30 万人，几乎是杭州图书馆过去数十年来读者的 3 倍之多，成果显著。随着杭州市市民卡公司征信系统逐步建立，在 2014 年 4 月 23 日“世界读书日”来临之际，杭州图书馆再次与市民卡公司合作，将图书馆业务系统与市民卡公司管理系统实现对接，其系统内所有市民卡信用悉数导入图书馆业务系统，市民卡（社会保障卡）直接获得杭州地区公共图书馆借阅功能。持卡者在第一次享有图书馆服务时也无须再办理任何形式的开通手续。通过这种方式，杭州图书馆又一次性新增读者 780 余万，截至目前读者数量已突破千万。

在征信体系的保障下，以市民卡（社会保障卡）取代借阅证，同时取消办证押金，这是杭州图书馆开展信用服务的初探。在市民卡社保体系与征信体系的双重保障下，突破办证需交纳押金的限定，并通过第三方体系有效地约束读者在借阅过程中的失信行为。

但是作为城市图书馆，其服务群体主要是本地市民，外来用户需要复杂的证务办理流程才可享有图书馆服务。基于上述原因，杭州图书馆在 2017 年 4 月 23 日与蚂蚁金服联合推出了“信用借还图书”服务。杭州图书馆引入蚂蚁金服旗下的芝麻信用作为图书馆借阅证办理的考核标准，只要持有芝麻信用积分在 600 分（含）以上，根据支付宝的风险考核标准绑定其账号，由于支付宝账号与个人身份证号绑定，而杭州图书馆以身份证号作为个人借阅证号，在绑定账号的同时开通其身份证的借阅功能。如此一来，任何用户都可以随时在线上通过支付宝生活号的 O2O 平台享有网上借阅功能，在线下可以凭借身份证直接到图书馆内享有资源服务。芝麻信用将读者借还记录统一收集在芝麻信用的个人信用档案内，根据信用机制的考核原则每月进行风险评估，评估后的结果综合反映在更新后的芝麻信用总积分中。

图书馆根据每月的信用积分定期对读者的信用行为进行考核与重新评估。同年 9

月，杭州图书馆又将信用办证的风控分值由原来的600分下降至550分。芝麻信用积分550分是支付宝新注册用户的基础分值，这意味着在线上通过信用注册办理借阅证已经以零门槛的方式对所有互联网用户开放了。信用服务一经推出，在5个半月的运营时间内，通过芝麻信用积分激活借阅功能的读者有5.4万余人，在线上通过该方式被借阅的图书数量超过2万余册。新注册读者中，“90后”33490人、“80后”16227人，占以信用积分开通服务读者数的91.88%。此外，开通信用服务读者中接近99%均为非杭州籍用户。此服务的推出，不但使读者量增长、借阅量提升，而且通过引入芝麻信用这种互联网信用第三方，让杭州图书馆的服务能够面向所有互联网用户开放，消除了外来人群办证的门槛，以一种新兴的互联网方式吸纳了更多的青年群体，体现了鲜明的时代特征，同时也为后续跨区域服务、跨人群服务提供了可能性。

图 2-15 杭州图书馆的信用服务页面

在联合芝麻信用开通借阅功能的线上信用服务得到读者的高度接受与认可之后，杭州图书馆继续结合自身服务，以信用为依托推出了一整套从线上到线下的“信用+图书馆”操作模式：免押金办证，任何互联网用户只要其芝麻信用积分达550分即可在支付宝生活号“借书”或“借阅宝”上办理借阅证，开通其账号的借阅功能，同时其身份证也开通借阅功能；关注支付宝生活号“借书”或“借阅宝”，在支付宝的城市服务窗口即可实现图书借阅、查询、还书、续借等服务；通过芝麻信用积分的准入测评开通借阅功能后，无论是图书馆自助设备，或是信用借阅书柜，还是线上 O2O 平台，都可以实现信用图书借还[①]。

5. 重庆图书馆

重庆图书馆是中国大型综合性的公共图书馆，是重庆市主要的文献信息收集交流和服务中心，也是重庆对外文化交流的窗口。重庆图书馆的前身是国民政府为纪念在世界反法西斯战争中做出重大贡献的美国总统罗斯福，于 1947 年设立的“国立罗斯福图书馆”，是当时中国仅有的五个国立图书馆之一。重庆图书馆历经 70 年的建设和发展，现有员工 240 余人，馆藏文献 460 多万册（件），并已形成在国内外都具有影响力的民国时期出版物、古籍线装书、联合国资料三大馆藏特色[②]。

图 2-16 重庆图书馆的信用服务页面

重庆图书馆于 2017 年 11 月 6 日依托移动互联网、微信、支付宝以及便捷的邮政物流系统开发在线借阅程序，开通“网上借阅 重图到家”服务，让读者借还书享受图书快递到家的便捷。

读者通过重庆图书馆官方微信“重图到家”服务或支付宝借书生活号的页面，

① 寿晓辉,叶丹,翁亚珂. 公共图书馆开展信用服务的实践与策略——以杭州图书馆为例[J]. 图书与情报,2017(5):15-19.

② 重庆图书馆[EB/OL].[2020—09—30].http://www.cqlib.com.cn/

凭重庆图书馆借阅证选书、提出借阅请求、支付物流费用，即可享受图书快递到手的服务。读者还书可根据实际情况选择到馆还书、快递还书、还书箱还书三种方式，有效缩短了读者借阅图书所耗费的时间。

目前该服务支持大重庆范围邮政物流服务覆盖区域，全市范围内物流费用为：借书，单个包裹 3 本及 3 本以内 4 元起，多 1 本多 1 元，超过 6 本则分为 2 个包裹；通过程序预约快递上门还书，单个包裹 3 本及 3 本以内 5 元起，多 1 本多 1 元，超过 6 本则分为 2 个包裹。物流运输时效性依据读者所在区域远近有所不同，重庆市主城区内次日即可到达，各区县城区区域 2 日内到达，区县城区以外区域 3 日内送达。

该项服务除支持重庆图书馆持证读者使用外，还支持信用办证。未办理重庆市公共图书馆一卡通读者证的市民，若支付宝芝麻信用分数在 600 分以上，也可通过支付宝信用办证功能办理虚拟读者证，享受在线借阅服务。

6. 温州市图书馆

温州市图书馆系国家地市级一级图书馆，前身籀园图书馆始建于 1919 年 5 月 9 日。2020 年 3 月，经市委机构编制委员会办公室核定，温州市图书馆与温州市少年儿童图书馆整合组建成“温州市图书馆”。现有馆舍面积 42202 平方米，年接待读者近 600 万人次，年外借文献近 500 万册次，是一个集文化、教育、科研、休闲等功能于一体的大型现代化公共图书馆①。

温州市图书馆于 2014 年推出了 24 小时无人值守的场馆形态自助图书馆——“城市书房”。城市书房强调“馆”的概念，以固定馆舍打造多元化的阅读空间，面积一般为 150~300 平方米。室内宽敞明亮通透，注重阅读氛围的营造，装饰风格类似私家书房，强调自由、轻松。读者需要在设于门口的办证设备上办理读者卡，刷卡进入城市书房，在各个设备上完成相应的操作。

---

① 温州市图书馆[EB/OL].[2020—09—30].http://www.wzlib.cn/

图 2-17　温州市瓯海仙岩城市书房

城市书房主要通过改建和共建来解决在城市空间的布局。改建即充分利用原有的老馆舍，按照自助图书馆的理念进行改造。作为首家城市书房，温州市图书馆县前头城市书房位于老城区，原为建于 20 世纪 70 年代的温州市图书馆的老馆舍，是喧闹街区中的一处静地。改造后的馆舍，藏书 4 万册，类别齐全。除了改建外，还有一部分城市书房是合作共建而来。如“梦多多小镇”城市书房位于“梦多多小镇”商城内，是图书馆与商城管理方的合作成果，由商城管理方提供场地，负责日常管理。图书馆提供设备，负责图书更新、设备维护。由于不需要支付场地费，所以城市书房的成本较低，这得益于温州市图书馆多年来对城市书房的品牌建设和推广，以及温州各界对图书馆的支持。

城市书房的缺点主要是单一城市书房的藏书量不够，并不能完全满足读者需求。因此温州市图书馆于 2018 年推出了网络信用借阅服务——“书香门递”。通过此服务，温州市图书馆有望解决城市书房存在的不足，比如后期可以结合快递网络和城市书房，建立更完善的读者阅读服务体系。比如读者在网上选择需要借阅的图书，并选择就近的城市书房后，温州市图书馆通过快递放在相应的城市书房，统一调配以减少成本①。

---

① 鲁方平. 自助图书馆发展模式的比较研究——以温州市图书 ATM 机与“城市书房”的建设为例[J]. 国家图书馆学刊,2017,262(2):65-70.

图 2-18 温州市图书馆信用服务页面

目前“书香门递”服务配送范围为温州地区，并由温州 EMS 公司提供物流配送服务。借阅过程中，读者需使用微信支付相应运费：5 本以内图书，均为 5 元运费，超出 5 本后，每增加 1 本运费相应增加 1 元。阅读完毕后，读者可将书籍还至各县（市、区）图书馆或各城市书房，也可将书籍快递归还至温州图书馆网借中心。除此之外，市图还推出芝麻信用分办借阅卡，只要芝麻信用分在 550 分以上，就能免押金办证、扫码借阅。

7. 西安图书馆

西安图书馆是西安市人民政府兴办的综合性公共图书馆，是面向社会，为广大市民服务的公益性文化基础设施。西安图书馆地处西安市经济技术开发区，总占地面积 3 万平方米，建筑面积 1.5 万平方米，年到馆读者 110 万人次以上，目前拥有各类文献资源 429 万册（件）①。

2018 年 4 月，西安图书馆经过前期综合测试，开始试行芝麻信用借阅服务。西安图书馆以支付宝芝麻信用为第三方平台，凡芝麻信用积分达到 550 分，就能

① 西安图书馆[EB/OL].[2020—09—30].http://www.xalib.org.cn/

通过支付宝扫码借书，还可以足不出户享受在线借书和还书服务。同时，芝麻信用将读者借还记录统一收集在芝麻信用的个人信用档案内，按照芝麻信用的考核原则进行风险评估，评估后的结果综合反应在更新后的芝麻信用总积分中，实现信用动态管理。

西安图书馆信用办证分线下及线上两种。线下办证需要到馆扫描信用借还机上、馆内海报、宣传页上的信用办证二维码，读者通过设定密码、信用授权，支付宝账号与个人身份证号关联绑定，生成该读者“借阅宝”读者证。线上办证，直接进入手机支付宝首页，在搜索栏输入“借阅宝”，进入线上办证界面，同样进行密码设定、信用授权、支付宝账号与个人身份证绑定，就能办理西安图书馆信用读者证，即“借阅宝”读者证。

免押金办证打破了读者与图书馆之间的距离障碍，让更多读者足不出户就能享受图书馆的服务。2019 年前 9 个月西安图书馆共计办理读者证 20158 张，其中信用读者证 12489 张，占比 62%，已超越实体证办证数量。越来越多使用支付宝的读者，再也不用携带读者证，利用手机就能借书。信用办证的快捷、方便，深受读者喜爱，也为西安图书馆带来了更多的读者。

西安图书馆信用借阅分为到馆借阅、手机线上借阅两种方式。到馆借阅，读者只需打开手机支付宝扫一扫信用借还机上的借书二维码，确认免押借用授权，扫码后符合免押借书条件，即可办理借书。若免押借用授权失败，须咨询芝麻信用了解账号详细情况。手机线上借阅打通了支付宝平台线上借还服务，搭建 O2O 信用借还平台，打开芝麻信用就能够直接对图书馆进行选书下单，快递送书到家（或快递柜）服务。信用借阅的便捷吸引了大量读者参与体验。西安图书馆信用读者虽然仅占有效读者的 22.7%，但是在 2019 年前 9 个月的信用外借量占总外借量的 32.64%，信用读者借阅踊跃度远高于使用实体证读者，借阅成效显著。

为确保信用服务健康可持续发展，西安图书馆从两方面管控信用借阅读者失信行为。对于逾期未还图书的读者，一方面，在图书馆管理系统中进行设置，逾期费用超过限额时，读者将无法继续借阅图书；另一方面，芝麻信用会进行借阅行为轨迹追踪，在综合评估逾期情况之后，读者再进行免押借用授权之时，会显示免押授权失败，读者将不能继续借阅图书。

同时西安图书馆提供了一系列延伸服务，读者在支付宝的城市服务界面即可实现查看借书清单、检索图书、预借预约、续借、图书馆活动报名等多元化服务，信用读者还可免费使用图书馆的数字资源。

图 2-19　西安图书馆的信用服务页面

支付宝平台让市民享受到便捷的图书馆服务，也为图书馆提供了充足的潜在用户群。2018 年 4 月 1 日至 2019 年 10 月 22 日，西安图书馆共计办理 28032 张信用读者证。信用读者小到 16 岁，大到 81 岁，主力军是青壮年人，占比高达 97.1%，其中 18~30 岁读者占 59.7%，31~40 岁占 28.8%，41~50 岁占 8.4%。总体来看，信用服务推动了年轻人及社会精英重回公共图书馆服务领域，使得更多的青年人有机会利用图书馆，对这一有生力量的挖掘，让西安图书馆的读者结构更加趋于合理。在性别方面，西安图书馆信用读者中男性读者参与度达到 81%，女性读者参与度 19%，前者信用服务热情远高于后者，在今后的服务工作中要注重针对女性青年读者的宣传推广①。

四、小区域公共图书馆信用服务

小区域公共图书馆信用服务主要包括县级图书馆开展的信用服务，城市市区图书馆开展的信用服务和市图书馆在主城区开展的信用服务。这类信用服务的覆盖范围较为有限，但城市市区图书馆的信用服务范围一般也可以覆盖到主城区。

1. 上海杨浦区图书馆

杨浦区图书馆始建于 1956 年。目前以“一总两分”模式，设有总馆、平凉分馆和少儿分馆，三馆总建筑面积 19830 平方米，累计纸质文献、试听文献、地方文献 132 万册（件），年接待读者 60 余万人次，为国家一级图书馆。

杨浦区图书馆总馆位于杨浦区长海路 366 号，面积 14152 平方米，系由民国时期旧上海市图书馆修缮扩建而成，上海市优秀历史保护建筑。设有文献借阅、数字服务、展览展示、主题活动四大功能区，同时专设“上海近代市政主题馆·杨浦馆”，揭示当代“知识杨浦”、“智慧城区”之于“大上海计划”的传承和发展，彰显百年市政历史的厚重性。通过使用 RFID 自动化管理、3D 导航等现代化技术实现以支持“学习”为中心的综合性空间，展现图书馆在城市更新中的文化空间再造②。

2017 年 8 月，上海杨浦区图书馆与江苏嘉图网络科技有限公司开展合作，推出了网络信用服务——“书界”。目前杨浦区图书馆主要有两种方式进行信用借阅，一种是快递到家，需要收取一定的物流费用；另一种是快递到柜，通过遍布全区的智能信用借阅柜为读者提供服务，并且完全免费。

目前大部分读者选用的方式是通过信用借阅柜的方式，“书界”智能柜与“杨浦书界”APP 相关联。持有上图“一卡通”有效读者证的读者可以凭证件借书，支付宝芝麻信用 600 分以上的用户可以免证免押金借阅。读者前往任意一个自助服务点，点击智能柜的“借书”按钮，根据提示借阅现场图书。也可以在手机

① 公共图书馆信用服务探讨——以西安图书馆为例[J]. 当代图书馆,2020(3).

② 上海杨浦区图书馆[EB/OL].[2020—09—30].http://www.yplib.org.cn/

APP界面上登录，选好自己要的书后，到“我的借书架”页面办理借阅手续，借书成功后会收到短信通知。取书时，选择寄到服务点的读者可凭借短信取书密码，点击智能柜屏幕上的“取书”按钮，输入密码完成取书。每次最多可借10本，一次最长可借56天。

同时杨浦区图书馆还推出了多样化服务，比如在暑假时，“杨浦书界”APP从分类上将少儿图书单独划分出来，方便孩子们快速查找。首页上则设置了适合7~12岁孩子的《小学生暑期阅读书单》和适合13~15岁孩子的《中学生暑期阅读书单》，精挑细选了涵盖人文、历史、科技、童书等类别的热门图书，推荐给中小学生。

图2-20 杨浦区图书馆信用服务页面

2. 昆山市图书馆（县级市图书馆）

昆山图书馆2003年7月奠基建设新馆，是2004年昆山重点实事工程，新馆位于市内黄金地段，是全国县级市最先进的公共图书馆之一，2005年1月28日落成，占地面积12000平方米，建筑面积18600平方米，耗资1亿多元，楼高5层，拥有各级专业技术人员80余人，70%以上工作人员拥有大专以上学历。2018年12月，被中国图书馆学会公布为全民阅读示范基地。2020年9月28日，发起成立并加入“长三角公共图书馆网借图书服务联盟”①。

昆山是苏州市代管的县级市，2019年昆山市图书馆根据“雅韵昆曲书香昆山”文化品牌工作要求，昆山市图书馆开始发展网络信用借阅服务，主要通过实施24小时自助图书馆建设来完善昆山市图书馆的网络信用借阅服务体系，2019

① 昆山市图书馆[EB/OL].[2020—09—30].http://www.51ks.com/

年在高新区紫竹小学设立第一台 24 小时图书借阅柜。截至 2020 年 12 月，昆山市图书馆在全市累计投放 50 台 24 小时图书借阅柜，市民点击屏幕上的借书标志后，点击想借阅的图书所在柜门号，打开支付宝扫一扫或者在感应区刷读者证、市民卡，就可免费借阅图书。

昆山市图书馆对于网络信用借阅的宣传也很重视，新媒体的运用，为阅读品牌打造、全民阅读推广提供了更多可能。2019 年，市图书馆借助微信 H5、微视频、微博直播等移动新媒体，大力宣传全民阅读活动进展和社会效果，激发了市民阅读的兴趣。市图书馆开展的“全城共读 1 小时”活动，通过微信朋友圈进行扩散，活动效果显著。H5“我为昆图代言”活动，累计投票 63204 次，吸引了众多新老读者参与。

图 2-21　昆山市图书馆的信用服务页面

3. 海淀区图书馆

海淀区图书馆的前身是 1917 年京师学务局在海淀西大街建立的西郊阅书报处。海淀区图书馆馆舍总面积 35000 平米，目前拥有馆藏文献总量为 373 万册，年均接待各类型读者100万余人次，年均借阅总量达160万余册次；年均举办公益讲座120余场、培训100余场、展览50余场，其他类型阅读推广活动130余场，各类活动年均10万人次参加[①]。

由海淀区图书馆推出的“信用网借·享借就借”网上借阅服务，在2018年4月23日“世界读书日”开始试运行，这也是海淀区首次推出覆盖全区的网上信用借阅新模式。海淀区图书馆联合支付宝芝麻信用推出“免押金、线上借、送到家”的信用借书模式，打通图书馆阅读的“最后一公里”。

图 2-22 海淀区图书馆信用服务页面

五、其他形式的公共图书馆信用服务案例

1. 晋城市图书馆

晋城市图书馆以数字化建设为重点，以自助化建设为亮点，以地方特色文化建设为特点，既承担面向全体市民服务的公共馆职能，也承担向职业技术学院师

① 海淀区图书馆[EB/OL].[2020—09—30].http://www.hdlib.net/

生教学与科研提供服务的高校馆职能。

晋城市图书馆的读者登记开通借书权限的读者证后，即可享有原始积分 100 分，可借阅 1 册书籍。每借 1 册书籍增加 1 积分，每天最多增加积分不超过 3 分；参加图书馆阅读服务活动并现场有效登记，每次增加 5 分；参加图书馆志愿者服务（不小于 3 小时），每次增加 10 分，每年最高上限 100 分。逾期归还书籍，每 1 册/天，扣 1 分；污损书籍（文献），每 1 册扣 30 分，并须按规定自行购回同版本书籍归还图书馆；丢失书籍（文献），每 1 册扣 50 分，并须按规定自行购回同版本书籍归还图书馆；读者证挂失后重新办理启用，保留原积分值并扣 20 分。总积分达到 200 分和 300 分时，读者可到总服务台提出升级申请，在原有借阅图书册数基础上增加 1 册，总借阅册数上限 3 册。总积分低于 0 分时，系统自动冻结该读者证书籍借阅权限 30 天，30 天后自动增加 10 积分并解除冻结。另外，读者还可通过参加晋城市图书馆志愿者服务，读者活动来争取积分，提前解冻借阅权限。

同时晋城市图书馆还提供了增值服务，包括利用图书馆公众微信服务平台，及时提醒读者还书日期；利用图书馆网站，及时发布图书馆读者活动通知，提醒读者参与各项活动以积累积分。以及每年一至两次免责活动激励读者正常借阅。比如在开馆一周年之际开展了“让图书回家”还书免责活动，规定 2015 年 9 月 15 日至 10 月 1 日期间归还超期图书的读者，均不扣减积分，归还全部超期图书后可继续正常借阅图书；原欠费读者也将免责清零继续正常借阅图书[①]。

2. 厦门市图书馆

厦门市图书馆创办于 1919 年，是厦门市文献存储中心、厦门市古籍保护中心、厦门市公共图书馆服务联合体中心馆。现有文化艺术中心馆区、集美新城馆区和中山图书馆（鼓浪屿分馆）三个馆区，总面积 8.7 万平方米，馆藏文献 400 多万册，电子书刊 536 万册。

2018 年 7 月 5 日，厦门市民个人信用“白鹭分”正式发布，成为全国首批推出市民个人信用分数的城市之一。“白鹭分”是反映厦门常住自然人守法履约状况和社会生活信用水平的公共信用综合评价体系，也是市民信用积分情况的具体数

① 王永革,韩建中. 读者借阅积分信用制有效助推全民阅读——晋城市图书馆服务创新案例[J]. 晋图学刊,2017（3）:25-27.

字体现。“白鹭分”对个人进行大数据分析，形成个人信用“画像”，18周岁以上的厦门户籍人员及厦门市常住人员均可查询自己的白鹭分分值，并用于申请开通各项信用便民应用。

厦门市图书馆在政府大力倡导和践行征信体系建设的背景下，于2018年7月推出“白鹭分”免押金借阅服务。“白鹭分”具体借阅条件如下：600分（含）以上即可享受免押金借阅40册图书（含中外文图书、期刊、光盘）。如长期未归还图书（150天），“白鹭分”运营公司将采取扣减“白鹭分”等惩戒失信行为。厦门市图书馆押金已达数千万元，再加上8个开通“白鹭分”免押金借书服务的联盟馆，押金数额十分可观。而办理“白鹭分”免押金借书需要读者在厦门市未办理借书证或借书证已注销的状态下，查询分数并授权后才能办理，这就要求已办理押金借书证的读者需将原交押金退回才能办理“白鹭分”免押金借书。无论是出于厦门市政府信用体系管理还是将押金还之于民的想法，“白鹭分”免押金借书的形式对增加读者、阅读推广、图书馆建设都具有重要作用。

但这一模式在实践中还存在一定的问题，厦门信息集团大数据运营有限公司称，针对超过150天未归还图书的“白鹭分”读者会电话提醒，若仍未还回，将采取扣减“白鹭分”等失信惩戒，但似乎未对仍未归还图书的情况如何处理做出明确规定。同时厦门信息集团大数据运营有限公司拥有“白鹭分”评估计算、激励惩戒措施的最终解释权，而“白鹭分”免押金办证的业务分布在各个公共图书馆的综合服务台。系统开发和实际应用在不同单位，会出现双方因沟通不畅影响信用办证服务开展的情况。比如“白鹭分”平台有时会因系统繁忙而导致无法查询分数，有时会持续一天左右，运营公司并未及时通知图书馆，继而产生读者当天退完押金，但因系统问题办不成“白鹭分”读者证，又要继续交押金的尴尬局面[①]。

市民个人信用分是由政府正式发布，以政府行政管理过程中及市民城市生活中产生的个人信用数据为依据，为市民信用打分，属于官方数据，数据更为客观。市民个人信用分与市民多方面的社会活动有关，市民可以通过良好的借书记录为

① 周婧.市民个人信用分免押金借书在公共图书馆的应用——以厦门市图书馆为例[J].福建图书馆学刊,2020,3(3):20-25+38.

其在政务办理等活动中提供便利，市民对待市民个人信用分更为谨慎，会更遵守爱护图书、准时归还图书等规定。但市民个人信用分主要针对本市18岁以上的常住居民，未成年人以及非常住居民无法办理。因市民个人信用分运行仍处于初期阶段，相关的规章制度及分数增减明细仍不明确，上分方式有限，分数更新慢，导致未达免押金借书分数的个人不能在短时间内提高信用分。

第三节　信用服务主要特点

一、运营模式灵活化

随着经济社会的快速发展，广大读者的阅读需求日趋品质化，这给公共图书馆的传统服务供给带来了新的挑战，也是推动公共图书馆服务供给的参与主体由单一主体向多主体化发展的动因。信用服务成为公共图书馆的一项重要服务，在服务创设之初便把握公共图书馆发展的趋势，构建服务运营的创新模型，实现信用服务的运营模式灵活化，这主要体现在政府职能转变与社会力量参与两方面。

1. 政府职能转变

在我国，公共图书馆属于文化事业单位，是公共文化服务的中坚力量和公共文化产品与服务的主要生产者，但作为公共文化服务的一种，公共图书馆长期以来处于政府的直接统辖范围内，公共图书馆与政府之间，存在着职能的错位、缺位和越位的问题，也因此导致公共图书馆在开展读者服务时束手束脚，服务效能不高。早在多年前，就有学者指出，公共文化服务体系的建构，既是对我国文化体制改革大背景下公益性文化事业的重新定位与服务制度的重新设计，也是在当今社会国际化、市场化形势下政府文化行政职能转换的必然选择①，而信用服务是典型的政府文化行政职能转换中的服务创新。

信用服务厘清政府与公共图书馆的关系，厘清责任主体与实施主体的关系，

---

① 许建业. 公共文化服务体系建构中的图书馆发展路向——兼论新公共服务理论对图书馆事业改革的启示[J]. 国家图书馆学刊,2006(3):44-48.

为公共图书馆的供给侧改革提供一个创新载体，也为全面深化改革特别是政府放管服务开辟新的路径。传统公共阅读资源是按行政层级配置，县市区与乡镇（街道）之间图书不流通，行政区域之间不交流，但随着“信用+阅读”服务的推广，这种“条块分割”的行政壁垒会被打破，可以实行扁平化的公共文化服务。这有利于打破行政等级的条框，推进政府和文化行政主管部门职能的转变。通过与第三方专业机构合作，以购买服务、服务外包方式代替传统公共阅读政府供给，现在由政府承担的部分行政管理职能由公共图书馆承担，从而推进单一的“办文化”向“管文化”转变①。政府层面的转变是实现公共图书馆服务效益的推动力之一，因此，信用服务的运营管理得以将业务建设作为中心，为更好地服务读者而做好资源配置与内容创新。

2. 社会力量参与

社会力量通常指政府及文化事业单位之外的个人和组织，社会力量参与提供公共服务已屡见不鲜。对于公共图书馆来说，借助社会力量参与服务模式创新是实现效益最大化的有效途径。目前，社会力量参与图书馆建设的主要模式有独立创建、慈善捐赠、志愿服务、合同外包等几种类型②，而信用服务则是合同外包的深化，合作方与图书馆共同参与服务的日常运营。这一方面回应了《中华人民共和国公共文化服务保障法》和《中华人民共和国公共图书馆法》的社会化要求，在积极调动社会力量、吸引社会资本投入公共图书馆服务建设的同时，也为社会力量参与其他公共图书馆服务甚至公共文化领域提供新的渠道；另一方面通过整合社会力量，进一步推进公共文化服务的社会化、专业化发展。公共图书馆可以跟专业机构服务互补、用户共有、资源共享、平台共建，共同构建城乡的公共文化空间③。社会力量的参与在公共图书馆服务创新的过程中提供技术、资源、创意等助力，是公共图书馆提高服务效能、控制建设和运营成本的重要力量。

信用服务将“信用”理念和实践引入图书馆以信用完善管理，代替押金、赔付，不仅利于重构公共图书馆管理方式，重建图书馆与读者关系，重塑图书馆服务流程，而且通过“信用”来连接多个图书馆的借阅系统，也将推动不同图书馆

---

① 褚树青,宋红霞. 公共图书馆信用服务的价值解读[J]. 图书馆研究与工作,2018(4):17-20.

② 邓银花. 社会力量参与图书馆建设的缘由、模式和激励[J]. 图书馆杂志,2014(2):14-19.

③ 褚树青,宋红霞. 公共图书馆信用服务的价值解读[J]. 图书馆研究与工作,2018(4):17-20.

之间优质资源共享。[①]同时，信用服务通过吸引社会力量广泛参与，直接促进公共图书馆信用服务水平的提高，为用户提供更精准、更专业、更便捷的公共文化服务。可以说，信用服务是公共图书馆探索社会力量参与服务建设和管理的成功尝试，紧跟新环境下的政策导向，充分挖掘服务创新的外源性动力。

二、服务供给便捷化

当今社会，人们的阅读习惯和阅读理念都发生了很大变化，科技的发展也让阅读途径日益多样化，公共图书馆应当适应事变，积极应用技术手段创新服务模式，提高服务效率。信用服务借助互联网、大数据等现代信息技术，以及蓬勃发展的物流行业，将高效便捷打造成为服务推广的亮眼标签。

1. 提高公共图书馆服务效率

信用与信任是互为效用与基础的关系，信用是现代社会更加制度化的一种信任模式，任何交易都需要最低程度的信任。由信任扩展而成的信用有助于维护社会稳定、推动经济可持续增长和提高资源配置效率[②]。公共图书馆服务效能提升的主要表现，反映在公共图书馆的设施、资源和服务与读者需求的有效对接上。从指标上来看，公共图书馆的借阅量、读者到馆次数、活动参与率等是量化服务效能的测度。信用服务依托我国移动互联网技术的高度普及和广泛应用，开通了诸多创新服务，如免办卡借阅服务。信用服务以“信用”代替传统的读者证，构建了图书馆与读者的新型关系，这是一种相互信任、相互支持的良心关系，主观上有助于增强读者对图书馆的情感认同，客观上将线下的填表办证程序转化为线上的“一键开通”，在一定程度上将办证口岸前置到线上平台，吸附了将手机作为日常社交工具的广大用户。

从实践效果来看，“信用+阅读”吸引了更多潜在读者，变现实读者、无效读者为有效读者，让更多的青年人参与阅读，完善了阅读群体结构，使公共图书馆的整体服务效能得到提升。此外，采用扫码借书、赔付控制等技术手段，实实在在的便利读者，提升公共图书馆的服务效率，也符合智慧图书馆的发展趋势。信用服务不仅是公共图书馆提高服务效益的优选项，其高效性也是服务的主要特征。

① 褚树青,宋红霞. 公共图书馆信用服务的价值解读[J]. 图书馆研究与工作,2018(4):17-20.

② 段蓓虹. 公共图书馆信用服务研究进展与展望[J]. 图书馆,2019(8):59-63.

2. 降低读者使用门槛

虽然当今社会正健步进入移动互联网时代，但我们的图书馆服务似乎还停留在传统时代，因为我们的服务对象还是实体读者。同时，从公共图书馆的服务现状来看，主要服务对象是老年人群体和未成年人群体，并没有覆盖全社会所有群体，尤其是对公共图书馆发展具有积极作用的青壮年群体和社会精英群体。这些群体我们大致知道在哪儿（如写字楼），但去图书馆的时间成本和不佳的服务体验限制了他们与图书馆的接触，成了公共图书馆急需吸引而又无从下手的潜在读者。向他们提供“均等化、标准化”的公共图书馆服务，事关《中华人民共和国公共文化服务保障法》的落实，自然就是所有公共图书馆需要考虑和解决的问题。

公共图书馆信用服务，则为这个问题的解决提供了一个非常好的思路。“免押金、免办卡、免上线、送上门”，“网上下单，快递到家”，用信用来代替读者证，既削平了图书馆的门槛，也与这部分群体日常消费习惯进一步接近，使得这部分群体在享受图书馆服务时更加便利、更有获得感和尊严，也使得他们炫耀式文化消费（不用办证、不交押金、网上点击、快递上门）的心理得到满足，从而使得他们必然成为图书馆的稳定读者，进而系统、批量地开发出潜在读者，强化图书馆的办馆基础和图书馆的存在价值。以杭州图书馆为代表的信用服务，还可以惠及临时路过或短期停留的普通百姓，使流动群体也能够享受到真实的图书馆服务，享受到阅读的乐趣，这种创新的价值就更加突显，可扩展性与全国推广的意义就更大[①]。

三、合作边界开放化

信用服务的显著优势在于突破自建型信用服务模式下“本馆信用值只对本馆有效”的信息壁垒，所能开展的对外合作形式有了更多的可能，平台和联盟将是信用服务发展的直接催化剂，也增强公共图书馆服务的普适性。

1. 多主体信用平台

张燕青[②]依照信用数据来源将公共图书馆读者信用管理模式分为 3 类：借助第三方征信平台的读者信用管理模式、自建征信平台的读者信用管理模式、第三

① 徐建华. 公共图书馆信用服务:从社会信用体系建设到虚拟读者开发[J]. 图书与情报,2017(5):7-8.

② 张燕青. 公共图书馆读者信用管理模式及案例分析[J]. 图书馆论坛,2017(3):123-127.

方与自建相结合的读者信用管理模式。如果从第三方征信平台的选择上看，首先要满足公开、公正、公平的基本原则，其次兼备较大社会影响力和较低运营成本两方面条件。借助第三方征信平台的好处在于，不仅可以借助平台的影响力和技术能力强化公共图书馆信用服务，也促进读者信用意识的培养，推动我国信用社会的建成。目前，该模式实现馆际资源共享，推动公共图书馆在区域内以及区域间资源共享的工作实践，也为公共图书馆完善用户信用服务体系探索出新的模式，发展出送书上门、配送到柜等多种借助第三方信用平台实现借阅的服务。

此外，值得一提的是，第三方征信平台除了常见的如芝麻信用等互联网信用平台，不少公共图书馆还与当地的信用管理中心合作，通过城市居民信用分来对读者提供借阅服务，以便更好地对读者的借阅行为进行管理，如宁波图书馆的“天一约书”服务与宁波市政府相关部门合作，宁波市民可以通过“天一分”使用信用服务。政府信用平台的市民个人信用分是由政府正式发布，以政府行政管理过程中及市民城市生活中产生的个人信用数据为依据，为市民信用打分，属于官方数据数据更为客观。市民个人信用分与市民多方面的社会活动有关，市民可以通过良好的借书记录为其在政务办理等活动中提供便利，市民对待市民个人信用分更为谨慎，会严格遵守爱护图书、准时归还图书等规定①。

2. 跨区域服务联盟

跨省范围的公共图书馆信用服务主要指公共图书馆不再拘泥于所在的城市，而是将信用服务扩展到更大的范围，以覆盖范围由大到小分类，分为全国、城市圈、省级、市级、小区域。前两者已超出现行行政区域划分，属于大型阅读联盟范畴，但目前仅有浙江图书馆将信用服务覆盖到全国，浙江图书馆是浙江省首个将芝麻信用应用到服务中的图书馆。2018 年 4 月，浙江图书馆联合全省公共图书馆推出“浙江省公共图书馆信用服务平台”，并开通“信阅”平台，绑定了信用借阅证的用户都可以通过官网、微信公众号和支付宝小应用选择满意的图书，即可享受到送书上门的服务。

城市圈主要指长三角公共图书馆网借服务联盟。为全面提升区域公共文化服

① 周婧. 市民个人信用分免押金借书在公共图书馆的应用——以厦门市图书馆为例[J]. 福建图书馆学刊,2020(3):20-25,38.

务水平，上海图书馆（上海科学技术情报研究所）、南京图书馆、浙江图书馆和安徽省图书馆在 2020 年 5 月向长三角区域三省一市的公共图书馆发出“城市阅读一卡通”倡议书。倡议书号召在保证各公共图书馆现行流通政策自主权的前提下，鼓励各馆探索信用免押金办证，在区域内已开通信用免押金借阅服务的基础上，深化信用服务，如线上“你选书我买单”个性化服务。

跨区域服务联盟发挥信用服务无边界、无时限、无用户差别的优势，发挥信用服务的流量优势和规模效应，发挥信用服务模式可复制优势。这既是信用服务发展的内在要求，也是社会公共文化服务均等化体系发展的客观要求。

第三章　宁波图书馆信用服务体系建设概况

对历史文化名城宁波而言，书香是必不可少的城市味道。这是一座有着爱书、读书基因的城市。近年来，宁波市持续开展“书香宁波”全民阅读活动，爱书、读书、藏书的良好传统得以继承，而宁波市公共图书馆积极探索创新服务模式，拓展服务空间，形成了全覆盖的总分馆体系，将阅读服务推广到城市的各个角落。这些都为信用服务在宁波生根发芽提供了历史养分与现实土壤。

2017 年 11 月，宁波图书馆推出“天一约书”信用服务，并不断优化服务模式，提高读者满意度，成为公共图书馆向便利化、智慧化、人性化、特色化发展的又一尝试。3 年多来，宁波图书馆信用服务体系建设取得了良好的成效，将“信用”与“阅读”相结合，有力地推动了公共阅读的均等化，影响跨越国门。

本章于书香宁波的城市文化处着眼，回顾了（宁波市公共图书馆信用服务体系）建设的背景、发展阶段和取得的成效，对（宁波市公共图书馆信用服务体系）建设的基本情况进行了梳理和总体介绍。

第一节 宁波图书馆信用服务体系建设的背景

一、“书藏古今 港通天下”的宁波

宁波，简称“甬”，浙江省副省级市、计划单列市，地处中国华东地区、东南沿海，大陆海岸线中段，是中国大运河南端出海口，天然良港众多，其中，宁波舟山港年货物吞吐量位居全球第一，集装箱量位居世界前三，是一个集内河港、河口港和海港于一体的多功能、综合性的现代化深水大港。作为“海上丝绸之路”东方始发港，宁波是典型的江南水乡兼海港城市，经国务院批复确定的中国东南沿海重要的港口城市、长江三角洲南翼经济中心、根据第七次人口普查数据，截至 2020 年 11 月 1 日，宁波市常住人口为 9404283 人。

宁波是国家历史文化名城：夏代时名为“鄞”，春秋时处越国境地；秦时属会稽郡；唐时称明州，长庆元年（821 年），州治迁到三江口并筑内城，标志着宁波建城之始；明洪武十四年（1381 年），取“海定则波宁”之义改称宁波。

从宁波机场向市区方向行进，一路上就会看到“书藏古今，港通天下”的字样，这是宁波的城市形象口号，把书作为城市形象口号，宁波是第一个。这是一座有着爱书、读书基因的历史文化名城，从宋朝至民国时期就有藏书楼 100 余家，天一阁更是中国藏书读书文化的典范。

二、“书香之城”建设

近年来，宁波市持续开展“书香宁波”全民阅读活动，爱书、读书、藏书的良好传统得以继承。

2016 年，“书香之城”建设纳入宁波市“十三五”规划。2018 年，由市委宣传部牵头，联合各部门开展《宁波市全民阅读促进条例》（下文或简称《条例》）立法调研和起草工作。2019 年 10 月，宁波市人大常委会表决通过《条例（草案）》。2020 年 4 月 1 日，《条例》正式颁布。《条例》的制定和施行，填补了宁波市全民阅读领域的立法空白，宁波也成为浙江第一个以立法形式促进全民阅读的城市。

2020 年 3 月，为贯彻落实中央关于“兴文化”的内在要求、贯彻落实《关于加快推进全民阅读建设书香浙江的意见》（浙委办发〔2017〕61 号），中共宁波市委办公厅、宁波市人民政府办公厅印发了《“书香宁波 2020”建设计划》《“影视宁波 2020”建设计划》《“音乐宁波 2020”建设计划》《“创意宁波 2020”建设计划》的通知，推进文化强市建设、推动文化大发展大繁荣，通过建设“书香宁波”“影视宁波”“音乐宁波”“创意宁波”，塑造“文化宁波”。

其中，“书香宁波 2020”建设计划以习近平新时代中国特色社会主义思想为指导，以“政府主导，社会参与；科学引导，优化内容；整合资源，扬长补短；分类服务，保障重点”为发展原则，以培育全民阅读社会氛围和时代风尚为主要方向，以提高全市居民综合阅读率为基本目标，争取到 2020 年，全市读书服务设施均衡完善，出版发行行业加快发展，读书品牌各具特色，主要阅读指标位于全省前列。以设施和品牌建设、机制和模式创新为重点抓手，大力推进“书香之城”建设①。

“书香宁波”建设已成为推动宁波品质发展的新品牌。通过政府主导、群众主体、社会参与等，全市上下组织开展主题鲜明、内容丰富、形式多样的阅读活动，图书品种结构不断优化，以文化人，以文润城，“崇文尚读、书香浓厚”的良好社会风尚蔚然形成。进入新时代，宁波市把握阅读发展新趋势、顺应阅读新习惯，利用新技术、新媒体完善和提升阅读服务；以“图书 + 网络”新模式，开辟网络图书馆、移动图书馆、电视图书馆、悦读书亭、阅读地图等数字阅读服务平台。在城市主要的广场、超市、学校、社区、地铁站等公共场所同步推出阅读新服务，建设融电子阅读窗和“读好书”移动图书馆“悦读书亭”，向公众免费提供数万种电子书和数百种报纸供阅读下载，实现公共阅读在不同环境下的全覆盖②。

公共图书馆在“书香宁波 2020”建设计划中发挥其引领和纽带作用，包括加大公共阅读服务网络建设力度和打造多元阅读品牌、加强图书馆总分馆制建设、

① 文创港.“书香宁波 2020”建设计划[EB/OL].[2021—08—05].http://nb.zdool.com/show.aspx?id=1031&cid=54.

② 邓晓东.“书香宁波”:城市发展新品牌[J]. 新阅读,2020(7):9-10.

提升村（社区）公共阅读设施质量、促进公共阅读资源全域流通、推进公共空间“+图书馆”等公共阅读服务，等等。

值得特别指出的是，“书香宁波 2020”建设计划中，提出要设立自助图书馆、电子阅读栏（屏）、图书信用借还服务点等公共阅读设施，并确立了到 2020 年，全市图书信用借还服务点达到 20 个以上的目标，这些都为宁波公共图书馆信用体系的建设提供了助力。

三、宁波市公共图书馆服务体系建设

1. 四级公共图书馆总分馆体系

近年来，宁波市积极构建市、区、乡镇（街道）、社区（村）层层联动的公共图书馆总分馆服务体系。以市级公共图书馆（宁波图书馆）为中心馆，各县市区图书馆为所在区域的总馆，以建设乡镇（街道）分馆为主要抓手，构建遍及城乡的服务网络。扩大公共图书馆的服务范围，全面推进公共电子阅览室建设和“城市书房”“农家书屋”“移动图书馆”建设，将基层图书馆建设向社区、村一级推进，把优质的文化资源和服务送到每一个需要的读者身边，扩大了公共文化服务半径，有效延长了服务“手臂”。到 2020 年底，全市共建有市级图书馆 1 家，区（县、市）级图书馆 10 家，乡镇（街道）图书馆 154 家，全市主要街区已初步构建“城市书房”网点，2400 多个行政村全部建成农家书屋，实现市域范围内所有乡镇（街道）的全覆盖。

作为宁波地区的中心馆，宁波图书馆是全市公共图书馆服务网络的业务指导中心、文献保障中心、技术支持中心、专业培训中心和信息服务中心，主要统筹建立统一的技术平台、检索平台，实行统一的业务自动化系统，为县级总分馆建设提供理念创新、业务指导、人员培训、技术支持与技术安全保障等。同时，建设全地区共享的网络数字服务平台，推进数字资源地区全覆盖。

县（市）区公共图书馆是域内总分馆服务体系的业务总馆，承担对乡（镇）街道分馆的业务规划、资源建设、工作指导，以及管理、人员培训、监督和评估考核等职能。

乡（镇）街道分馆主要负责日常的开放管理、读者服务、阅读推广。

2. 通借通还、共建共享的服务体系

“一卡通”通借通还。2008 年起，宁波图书馆统一牵头实施，全市各区（县、市）级公共图书馆都加入了“Interlib 图书馆集群管理系统”实现了“一馆办证，多馆借书；一馆借书，多馆还书”的“一卡通”服务模式。读者凭借阅卡可以享受全市 1000 多万纸质书刊的通借通还。在实现了市、区（县、市）两级公共图书馆的“一卡通”后，全市公共图书馆把“一卡通”工程的服务功能逐渐向乡镇、街道拓展，尽可能地缩小文化服务上的城乡差别，加快构建城乡一体化的公共服务体系，至 2020 年底已经实现了全市乡镇、街道的“一卡通”工程全覆盖，同时“一卡通”工程也在有条件的社区（村）和企业基层图书馆（室）延伸拓展。通过覆盖全市、遍布城乡的公共图书馆服务网络，市民可以在身边享受到宁波公共图书馆提供的一体化、均等化、公益性的服务，共享全市图书资源。同时，还可以通过统一的图书馆系统，统一服务标准，并对各基层公共图书馆的开放情况、运行效率、服务效益进行有效监督，确保城乡一体化服务网络建设切实有效长期运行。

数字资源网络共享。“一卡通”实现后，宁波图书馆还充分利用更为广泛的“线上图书资源”，开通了网络图书馆，标志着宁波“24 小时图书馆”时代来临。任何一位持有宁波图书馆借书卡的读者均可以通过互联网无障碍获得 10000 种以上的期刊、210 万种电子图书、80 万种以上的硕士博士论文及 60 万种以上的会议论文全文，被称为市民的“网上书房”。“宁波网络图书馆”和“一卡通”两大工程功能相互补充、设施相互支撑、作用相辅相成，“1+1>2”的效果得到了最好的体现。无论身在何处，读者都能通过“网络图书馆”享受到高效、便捷、无差异的公共图书馆网络服务。

文化品牌共建。每年，宁波图书馆牵头组织，举办未成年人读书节、全民阅读节、宁波读书周、绘本故事讲读大赛等活动，上下联动，市图书馆统一组织，各县市区结合地方特色积极参与，共建宁波文化品牌。在讲座、展览资源方面，发挥中心馆的优势，实现全大市联盟，举办巡展巡讲等活动，为县市区馆提供支持。

这个全面覆盖、共建共享的公共图书馆服务体系是宁波图书馆信用服务体系

工作全大市覆盖和全域推进的重要基础。

第二节 宁波图书馆信用服务建设的发展历程

一、准备阶段

2014年，国务院印发《社会信用体系建设规划纲要（2014—2020年）》《纲要》指出加快社会信用体系建设是加强和创新社会治理的重要手段，对增强社会成员诚信意识，营造优良信用环境，提升国家整体竞争力，促进社会发展与文明进步具有重要意义。同时，提出要推进公共文化领域的信用建设。这为社会信用体系的发展提供了重要的政策环境，也为公共图书馆的发展带来了新的契机。信息时代，如何利用互联网的新技术，把公共图书馆的服务和信用体系建设融合起来，提升公共图书馆服务的质量和效能，助推社会信用体系的建设，是公共图书馆从业者值得思考的问题。在这一时代背景下，宁波图书馆结合本地实际，于2017年11月推出了“天一约书”服务。

1. 品牌命名，打造专属标签

一个服务品牌的名字不仅需要直观、朗朗上口，还要体现特色、有创新性，承载现有的服务理念并能包容服务的成长空间。宁波图书馆信用服务启动之初，其他开展类似服务的图书馆已经有了相应的品牌名称，如温州图书馆的“书香门递”、南京图书馆的“书服到家”。宁波图书馆为扩大前期影响力，并与其他图书馆有所区别，在全市发布征名活动，从中筛选读者建议、发布征名投票，最终选择了“天一约书”为品牌名称。“天一”承袭自宁波图书馆的“天一”系列品牌，“约书”点明了预约借书的服务内容。随后确定了“手指点点 邮书到家”的品牌口号，突出线上和物流特征，加深品牌特色。

图 3-1　宁波图书馆“天一约书”

2. 追踪热点，打造闭架书库

公共图书馆的普通借阅一般采用开架书库，优点是读者直接接触文献，但也容易造成书籍乱架、错位，增加图书破损与丢失率。“天一约书”采用闭架书库，即所有藏书封闭式管理，读者不直接接触藏书，由工作人员根据读者需求在架上取书，读者还书时再由工作人员将书归架。同时，“天一约书”在闭架书库中导入智能书架模式，为书库每个书架粘贴层架标签，通过 RFID 技术设备完成书架与图书的一一对应，确保书库内每种图书的位置和可借数量精确无误，提升读者借阅时的服务体验。2017 年成立初期，“天一约书”依托亚马逊、当当等各大热门网上书店的畅销书榜单采购书籍 5000 册，保证首批网借书籍都是全新购入，且每种书有 2 至 5 本的复本。此后每月，“天一约书”都根据读者需求与网借馆藏结构充实书库，提高书籍的吸引力和流通率。截至 2020 年，书库中图书超过 38000 册。

3. 多点入口，助推全民阅读

“天一约书”作为宁波图书馆的信用服务项目，上线时即推出两大信用体系入口。一是以宁波市公共图书馆借书证为依托，以微信小程序和微信公众号 H5 页面为入口，拥有借书证的读者进入界面后，输入证号和密码，即可登陆账号进行操作；二是以芝麻信用分为依托，以支付宝小程序和支付宝生活号为入口，芝麻信用分达到 550 分的新读者可获得系统自动生成的虚拟借书证，登陆后即可进行操作。接入信用体系后，读者逾期或丢失图书均会对个人信用分造成影响，在一定程度上避免了国有资产的流失。借助第三方信用平台，免除押金，使每个市民都可成为图书馆有效读者，“零门槛”享受图书馆丰富的文献资源。它以高效、便捷、个性、时尚的特点，吸引了大量潜在的读者，推进了全民阅读，促进了公共文化服务的均等化。

二、初探阶段

2017 年 11 月，宁波图书馆“天一约书”服务推出，在之后的两年内，宁波图书馆通过建设社区服务点、拓展轨道交通服务网络，以及增强与读者的双向互动，加快升级公共文化创新内容，不断探索信用服务的宁波模式。

1. 联合社区，打通公共文化服务“最后一公里”

2018 年 3 月，“天一约书”在甬江街道湖西社区设立全市首个信用借还社区服务点。社区服务点的居民只要进入支付宝的芝麻信用首页，点击“图书”，选择宁波图书馆进行借书，将自助取书点选择为甬江街道湖西社区后，“天一约书”的工作人员就会把书送到湖西社区，再由网格长配送到居民手中。如果居民“约”不到自己所喜欢的书籍，也可以将书单告知网格长，社区会及时与市图书馆取得联系，等图书一到，网格长便会第一时间将书籍送到居民手中。此举在为居民提供便捷约书服务的同时，增加了与居民的互动，延伸了社区网格服务的内容和范围，取得了良好的社会效益，是推进基层社会服务管理的有益探索。

2. 进军地铁，拓展服务网络

2018 年 12 月，“天一约书”信用借阅柜正式落户宁波轨道交通，这也是宁波图书馆在馆外投放的第一台信用借阅柜。信用借阅柜依托“天一约书”项目，将线上服务落地到线下自助终端平台，读者一方面可以在线上借阅想要的图书，线下通过物流免费配送，享受自助取书、还书等服务，另一方面也可以通过支付宝平台（芝麻信用 550 分以上者）实现在柜上实时的图书借还，无需押金，无需办卡，选择喜欢的图书，扫码就能带走。活动当月，鼓楼站信用借阅柜的借还量达到了 2498 册次，居全国 250 余台信用柜单台借阅量榜首。认真阅读成了甬城地铁内一道独特的风景线。

2019 年 7 月，3 号线开通的同时，“天一约书”在轨道交通各线路沿线和转乘站增设了4台约书柜，初步形成书香地铁网络。10月31日，“到图书馆去”阅读主题地铁专列开通，专列中的一节为“天一约书”主题车厢。通过开展“盖章信用借阅柜 打卡甬图专列”、Lucky Book幸运图书抽选等“书香地铁”系列阅读推广活动，把阅读文化同城市出行相结合，使得公共图书馆高效便捷的服务随着地铁的拓展不断延伸。

3. 双向互动，提升读者黏性

2018年4月13日，“天一约书”发布线上书友会招募公告，通过赠送免邮券、线上互动、线下书友会等活动，吸引读者入群。书友群汇聚了众多职业不同、背景不同的爱书之人，每月开展主题阅读推广活动，共同畅谈对书的体会和感受，分享读书的快乐和感动。2019年4月，邀请北京大学西葡语系副教授、著名译者范晔老师做客“天一约书”线下书友会，与宁波读者近距离对谈。截至2020年，书友会微信群已开通3群，活跃人数超过1600人。此外，“天一约书”团队还结合社会热点，开展每周一期的“主题阅读推荐”活动，推荐“天一约书”书库中的好书、新书。可以说，“天一约书”服务的宣传推广周周有热点、月月有活动，线上线下结合，高频次、多角度、全方位地提升了品牌的辐射力和影响力。

三、扩展阶段

2019年11月，在“天一约书”开通两周年之际，宁波图书馆对“天一约书”服务进行全面升级。

1. 快递覆盖全市，扩大服务半径

2017年11月“天一约书”服务上线时，快递服务只覆盖鄞州、江北、海曙三区读者。2019年11月，为响应读者需求，扩大服务半径，“天一约书”将快递送书、预约上门还书服务扩大到了全宁波大市范围。快递服务费不按距离，而是按书籍数量收取。无论是在余姚的四明山区，还是在象山的海岛上，只要成为“天一约书”的信用读者，只需负担低于市价的快递费用，就可在家中预约借书和还书。

同时，为更好地服务区县（市）“天一约书”读者，宁波图书馆联合全市10个区县（市）图书馆开通人工还书点。读者不必前往远距离的信用借阅柜，只需到各公共图书馆服务台，即可归还“天一约书”书籍，在提升读者体验的同时，保证了书籍的流转率。

截至 2020 年，全市“天一约书”的信用借阅服务点达到 31 个。其中信用借阅柜 19 台，分布于各区县（市）的社区、图书馆、地铁站、商场等人流密集场所；人工服务点 12 个，位于各区县（市）图书馆和社区内。

图 3-2 “天一约书”荐书界面

2. 优化资源渠道，增加线上荐书

2019 年 11 月，“天一约书”平台增加了读者荐书功能，与宁波图书馆“你选书 我买单”活动融合，将读者需求直接接入采购目标。读者只需进入“天一约书”支付宝或微信小程序，点击个人操作界面内“我的荐书”，填写相关信息提交，在管理员审核通过后，收到短信通知，即荐书成功。荐书功能使读者可以在手机终端随时随地提交自己的书单，充实“天一约书”书库，更好地满足读者个性化、多元化的阅读需求，实现公共图书馆文献服务的精准化供给，让更多的读者能够享受阅读乐趣。2021 年，“荐书”模块优化升级，读者可实时查看荐书情况，一旦荐书通过，该书籍的采购、上架信息都会第一时间推送给读者，极大地提升了荐书体验。

2020 年 11 月，“天一约书”推出“你约我买”服务，这是宁波图书馆与宁波新华书店合作的又一个线上选书平台。读者通过小程序进入“你约我买”详情页，页面所见即为新华书店网上书城的库存图书。读者选择心仪图书后，由宁波图书馆采购，并将其编目、入库，最终通过物流配送到读者手中。“你约我买”与原先的“线上荐书”相比，将新华书店确定到库的书籍直接接入读者搜索界面，由新华书店直接发货给读者，省去中间环节，提升了书籍采购精准度。

3. 管理信用数据，提升服务效能

2019 年 11 月，“天一约书”平台正式上线积分商城功能，开通积分制，鼓励读者通过连续签到、借阅、还书、报名活动、参与志愿服务等行为获取积分。

宁波图书馆信用服务以积分的方式实现对读者信用数据的管理。读者的信用行为直接转化为积分，并纳入读者的整体图书馆使用行为评估之中。当前信用行为可以获得积分，如图书借阅每册+5 分，参与活动依据活动设置的积分值进行累计；同时也可以实现负积分，即消耗积分的功能，如借阅到柜不取书、报名活动未参加，等等，都会扣除相应的积分。

积分积攒到一定数量，可以在积分商城中兑换礼物。初期上线的有积分兑换免邮券、积分兑换图书，以礼品的形式奖励读者的守信行为。

主项	子项	积分	规则
积分获得			
日常行为	每日签到	+5	每日签到一次得5积分
	连续签到3天	+15	每日签到得5积分外额外获得10积分
	连续签到7天及以上	+35	每日签到得5积分外额外获得30积分
图书借阅	图书借阅	+5	借阅每册+5分，每天上限30分，每月上限120分
参与活动	志愿者	另设	参加志愿者的奖励积分（由具体活动设置积分值）
	参与活动	另设	参与活动奖励积分（由具体活动设置积分值）
积分消耗			
主项	子项	积分	规则
扣除类目	借阅到柜不取书	-2	借书投递到柜后3天未取，书籍被自动回收每本扣除2分
	报名活动未参加	-10	报名后未参加活动扣10分（积分满100分以上方可参加活动）

图 3-3 “天一约书”积分规则

2020 年 4 月，“天一信用分”正式上线。这是“天一约书”在支付宝与微信借阅端之后推出的第三个在线借书平台，以“天一分”的形式免押金借书。天一信用分在 600 分以上的市民，在甬派天一分图书馆信用借书平台可以免办证、免押金，与其他“天一约书”借阅平台一样，“手指点点，邮书到家”。甬派客户端是宁波日报报业集团重点打造的移动新媒体，于 2015 年 7 月 8 日上线，是宁波具有影响力的主流新媒体。随着“信用宁波”建设的持续推进，宁波市公共图书馆进入免押金办证时代，读者的个人信用替代押金，成为公共信用信息数据平台中的无形资产。“天一信用分”就是读者个人信用的直观体现。这极大地改善了公共图书馆的“一馆多证”现象，进一步降低借阅门槛，推动全民阅读。

图 3-4　“天一约书”积分兑换界面

四、新冠肺炎疫情时期

2020 年，新冠肺炎疫情突发，公共图书馆作为人群高度聚集又相对封闭的公共场所，是疫情高风险地，各项服务因此难以开展。宁波图书馆信用服务“天一约书”依托云端软件和无接触投递的信用借阅柜，替代了疫情期间公共图书馆的普通外借服务，并持续在后疫情时代成为图书馆服务的重要组成部分。

1. 疫情期间的重要替代

亥鼠之交，年味正浓，一场突如其来的新型冠状病毒肺炎疫情却在全国蔓延，各省市纷纷启动重大突发公共卫生事件一级响应。2020 年 1 月 23 日，浙江省决定启动重大公共卫生突发事件一级响应后，宁波图书馆随即成立疫情防控工作领导小组，制定《宁波图书馆关于疫情防控闭馆期间的工作安排》，决定于1月24日正式闭馆。

2020年1月24日至2020年3月22日，宁波图书馆于疫情期间执行严格的闭馆政策，暂停到馆读者服务（包括自助图书馆、分馆）和各项活动，各项公共文化服务被迫由线下转为线上。

2月末，宁波市疫情有所缓解，“天一约书”迅速完成了智能柜的清理、消毒和整理工作，为恢复投递到柜服务做准备。

3月2日起，“天一约书”恢复投递到柜服务。在对书库、书本等全方位消毒的基础上，开展无接触投递到柜的借阅服务。读者从微信或支付宝端借书下单后，工作人员找出被借阅的图书投递到指定借阅柜，读者凭短信密码取书。

3月10日起，“天一约书”恢复快递到家和上门取书服务。依靠持续运转的网借中心、良性支持的物流系统，“天一约书”坚持服务不打烊，全程无接触，降低了疫情传播风险，受到读者热烈欢迎。疫情期间，新增用户近5000名，借阅图书9万余册。

图3-5 宁波图书馆在疫情期间开展信用借阅服务

2. 后疫情时期的重要补充

2020年4月，欧洲图书情报与文献协会管理局（EBLIDA）发布了《欧洲图书馆后疫情时代预案—— 一项正在进行的工作（草案）》报告，指出后疫情时代的五个新常态：社交距离带来深远影响，一个处处融入保持两米接触距离理念的图书馆；技术正在以新的方式改变并塑造图书馆；不明确的经费境况，重新审视图书馆预算构成；中央和地方层面的图书馆管理更加重要；密切关注气候变化带来的机遇和威胁。后疫情时代，到馆读者可能有所减少、大型阅读推广活动风险较大、民众居家时间多但获取文献难度大，公共图书馆必将使用更多技术手段多元化支撑公共文化服务。

“天一约书”几乎满足后疫情时期开展图书馆服务的全部要求：无接触投递保证了安全的社交距离，良性支持的物流系统能保证读者阅读不中断；虚拟云端的软件服务以技术手段重塑了人们使用图书馆的习惯；24 小时实时借还的信用借阅柜避免了图书馆开放的不确定性，为图书馆管理带来便利。“天一约书”这种 O2O 模式的信用服务必将成为后疫情时期公共图书馆公共文化服务的重要补充。

第三节　宁波图书馆信用体系建设的社会成效

一、宁波图书馆信用体系建设得到各方关注

“天一约书”服务打破了传统图书馆时间、空间和身份的限制，以信用体系为依托，开拓“图书馆+互联网 O2O 平台+物流”的服务模式，实现了公共图书馆文献服务的精准化供给，满足了读者个性化、多元化阅读需求，为图书馆服务注入了新的活力。截至 2020 年 12 月，累计借还量已达 47.2 万册次。超过 3.9 万名读者成为平台用户，享受到信用时代“手指点点，邮书到家”的轻松借阅新模式。

2018 年 6 月 7 日，《人民日报》以“你网上借书 我快递送达 宁波市图书馆突破传统服务模式，开展信用借书”为题，详细介绍了“天一约书”的操作方法和服务成效。10 月 25 日，《人民日报》再次深度报道了宁波图书馆“天一约书”的做法和经验，肯定了其在利用先进科技手段、创新公共文化服务以及推进基层社会治理方面的有益探索。

“搜狐文化”、“中国图书馆网”、《宁波日报》、《宁波晚报》、“甬派”、“新浪宁

波”、“凤凰宁波”等媒体均对“天一约书”服务进行了广泛报道。宁波电视台《看看看》《来发讲啥西》等栏目也多次对“天一约书”进行专题采访，介绍“天一约书”快递到家、地铁取书、服务范围扩大等内容。

2018 年，“天一约书”案例在全国首届图书馆新媒体创新服务案例评选活动中被评为最富于启发性的新媒体创新服务案例。2019 年，“天一约书”案例在中国图书馆学会举办的全国第二届公共图书馆创新创意征集推广活动中被评为一等案例。2019 年，“天一约书”团队被评为浙江省文化创新团队，“天一约书”团队带头人、宁波图书馆馆长徐益波被评为浙江省文化和旅游厅优秀专家。

2020 年，“天一约书”项目在国际图书馆协会联合会（IFLA）举办的国际营销奖中入选为十个最富创意项目。

二、IFLA 国际营销奖：Dating a Book in 24 Hours

国际图书馆协会联合会（简称“国际图联”，International Federation of Library Associations and Institutions——IFLA）成立于 1927 年，是世界图书馆界最具权威、最有影响的非政府的专业性国际组织。IFLA 国际营销奖自 2002 年设立，目的是对在上一年度内富有创意并以结果为导向的图书馆市场营销项目及其机构进行奖励和表彰，鼓励图书馆业界进行市场营销，并为全球图书馆提供分享营销经验和专业知识的良机。

奖项申请按照提交项目在研究和规划阶段所提出的营销战略方法、营销挑战的解决方案的独创性、公众的关注度和对图书馆的支持潜力以及实施效果等方面进行评价。项目的规模或是资源利用的多寡，在评选中并不是重点。根据项目为图书馆业界带来的创新营销方面的贡献，最终选择三名获奖者。目前，已连续举办 17 届，每年都会收到来自世界各地数十个国家的上百件项目参赛。

2020 年 7 月 22 日，国际图联公布了当年的获奖名单，宁波图书馆“天一约书”项目被评为 10 个最富创意的项目之一。

本届图书馆营销奖与 Press Reader 合作，在全球广泛征集案例，收到了来自中国、美国、俄罗斯、新加坡、德国、法国等 29 个国家提交的营销项目。最终，宁波图书馆“天一约书”项目凭借原创性和创新性脱颖而出，成功入围前十名。

这是宁波图书馆获得的第一个有影响力的国际奖项，体现出宁波图书馆信用服务“天一约书”的创意和创新，证明了宁波图书馆信用服务“天一约书”在推动宁波市全民阅读上的重要价值。

图 3-6 2020 年 IFLA 国际营销奖宁波图书馆 Dating a Book in 24 Hours（天一约书）项目口号

1. 申报背景

自 2012 年清华大学图书馆的视频短剧“爱上图书馆”项目首次获得国际营销奖以来，越来越多的中国图书馆开始增强营销理念，报名参加 IFLA 国际营销奖并获奖。“天一约书”项目开展近三年，已积累了一定项目成果，宁波图书馆最终确定，选择原创性和创新性兼具的“天一约书”项目去争取奖项。

2. 前期准备

IFLA 营销奖与以往国内的奖项评比不同，不但申报材料需要全英文填写，而且要求从营销角度思考图书馆服务，将图书情报术语转换为公共管理术语，重新梳理项目目标、优势及完成情况。

组建营销奖申报项目组。吸纳有海外学习背景、擅长英语的馆员加入申报团队，将原先的“天一约书”项目组扩展为营销奖申报项目组，建立微信群，明确项目组各成员负责事项，着手翻译 IFLA 官方网站上历年的征集信息和获奖案例介绍，进行项目申报准备。

召开专家现场会。邀请图书馆界专家和获得过 IFLA 营销奖的馆员老师前来宁波图书馆，分享申报注意事项。本次现场会邀请到了南开大学徐建华、上海图书馆徐强、广州图书馆刘双喜、杭州图书馆阮立、辽宁省图书馆胡海燕、厦门大学图书馆杨薇等多位专家学者为“天一约书”项目出谋划策。

筹备宣传片。根据现场会专家们的建议，重新制作了一版“天一约书”项目介绍视频，时常为 100 秒左右，点明项目的目标用户、营销预期及营销内容，辅以清晰故事线及全英文字幕，使项目成果更符合营销奖的申报要求。

3. 申报过程

2019 年 12 月 18 日，国际图联发布了 2020 年图书馆营销奖征集信息，提交截止日期为 2020 年 2 月 7 日，后因全球新冠疫情将截止日期延期为 2020 年 3 月 13 日。申报过程正值新冠肺炎疫情在中国的爆发期，项目组成员虽居家隔离，仍各自坚守岗位、通力合作，最终顺利完成了申报材料的提交。

明确营销目标。将项目最突出的三个特点——随时、随地、无门槛——融入营销目标，将其概括为打破时间限制、打破空间限制和打破身份限制，并在 250 个英文字符内将其表述完成。最终表述为：一，通过线上下单，物流送书，破除时间空间限制，让忙碌的人更加便捷地进行阅读；二，免除押金，消除壁垒，让所有用户更加便捷地获取图书资源，助推全民阅读；三，量化的信用借阅指标影响用户行为，帮助信用社会形成。

明确目标用户。将项目主要用户描述为 20~40 岁之间有阅读需求但因为工作繁忙等原因无法经常来到图书馆的人群。并通过实际用户数据，如 30~40 岁的用户占 42%、20~30 岁的用户占 33%，得出实际用户人群画像符合预期的结论。

明确“4P 营销”策略内容。“4P 营销”包括项目介绍、项目成本、营销工具和营销地点，是营销学的一个专有概念。“天一约书”作为公共文化服务项目，需要对照营销学理论，将服务内容嵌套其中，同时突出基础服务的免费性质。

4. 申报启示

本届国际营销奖除“天一约书”外，佛山图书馆的邻里图书馆项目也获得了第一名的好成绩。比较邻里图书馆和“天一约书”项目后发现，国际营销奖在评选获奖案例时有一定原则，这为我们今后的工作带来以下启示：

用户需求至上。用户需求永远是公共图书馆提供服务时考虑的优先项，要设计一款针对用户需求的服务，真正激发用户兴趣。对于在宁波居住的有阅读需求但因为工作繁忙等原因无法经常来到图书馆的人群来说，“天一约书”将“用户走进图书馆”的传统借阅模式，转变为“图书馆走向用户”的新借阅模式，极大地提升了用户体验；对喜爱小众书籍却苦于图书馆没有馆藏的读者，或是想要获取最新出版图书的第一手信息的读者来说，“天一约书”提供线上荐书平台。只要符合采购要求，“天一约书”就可以为读者在新华书店网上书城采购该书，并在书籍上架后提示该读者，丰富了馆藏的同时，也真正实现了“为人找书”。

强调独特优势。服务的不可替代性有助于延长服务的生命周期，做到“人无我有，人有我优”。与传统图书馆的服务需要读者办理借阅证、并在开放时间内亲自前往图书馆相比，“天一约书”项目利用互联网技术和物流资源，为用户提供在线选书、24 小时全城快递借还的“网购式”服务体验，打破了传统的身份、时间、空间限制，改变了公共图书馆的传统形象；与其他公共图书馆的网借服务相比，“天一约书”与轨道交通紧密合作，将馆外信用借阅柜选址在地铁线路的换乘站和人流量集中的大站，极大地缩小了读者的借还半径，提升了书籍流通率。

突出普适性。营销奖对项目成本的要求使得项目必须具有普适性。信用时代，社会信用体系建设不断完善，“天一约书”得以借助越来越多的第三方信用平台，免除押金，使更多市民成为图书馆有效读者，“零门槛”享受图书馆丰富的文献资源。后疫情时代，“无接触”成为疫情防控必备条件，“天一约书”在保留信用借阅柜的无接触投递基础上，对书库、书本进行全方位消毒，降低了疫情传播风险，体现出独特的服务价值。

Our top three winners are:

1. Foshan Library (China): N-Library to Forge a Closer Community of a Shared Future
http://www.fslib.com.cn/special_category/6

2. Greater Victoria Public Library (Canada): Change Your Mind
https://www.change-your-mind.ca/

3. Murcia Regional Library (Spain): Viven en la BRMU/They Live in BRMU
https://www.instagram.com/brmuoficial/

In addition to the top three winners, the next seven organizations and their marketing campaigns are recognized for their innovative and creative approaches to marketing (in alphabetical order):

Helsinki City Library (Finland): Instead of Owning
https://kulke.emmi.fi/l/wcD9xmg8gH8S

Library Aid Africa (Nigeria): #libraryselfie2019
https://www.goethe.de/ins/ng/en/m/kul/mag/21732383.html

National Library Board Singapore (Singapore): A Cuppa Read: Grow with Every Read
https://www.nationalreadingmovement.sg/

Nekrasov Central Library, Moscow (Russia): Electro Lectorium
http://electro.nekrasovka.ru/courses

Ningbo Library (China): Dating a Book in 24 Hours
https://www.nblib.cn/col/col4270/

State Public Scientific Technological Library the Siberian Branch of Russian Academy of Sciences (SPSTL SB RAS) (Russia): Intercultural Dialog at the Megapolis Library

http://www.spsl.nsc.ru/

Wuhan University Library (China): Messenger of Books and Dreams
http://www.lib.whu.edu.cn/web/index.asp?obj_id=877

图 3-7 2020 年 IFLA 国际营销奖获奖名单，宁波图书馆 Dating a Book in 24 Hours（天一约书）项目名列第八

三、其他荣誉

1. 上海市图书馆学会第一届图书馆新媒体创新服务案例评选最富有启发性案例奖

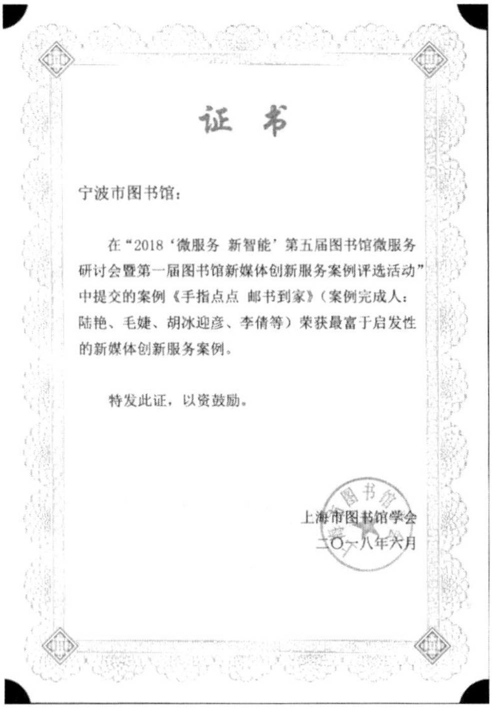

证　书

宁波市图书馆：

在“2018‘微服务 新智能’第五届图书馆微服务研讨会暨第一届图书馆新媒体创新服务案例评选活动”中提交的案例《手指点点 邮书到家》（案例完成人：陆艳、毛婕、胡冰迎彦、李倩等）荣获最富于启发性的新媒体创新服务案例。

特发此证，以资鼓励。

上海市图书馆学会

二〇一八年六月

2. 2019 年“浙江省文化和旅游创新团队”

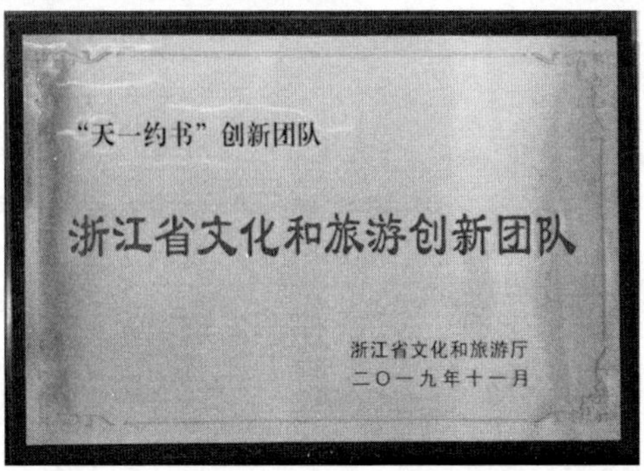

3. 第二届中国公共图书馆创新创意大赛一等案例

中国图书馆学会文件

中图学字〔2019〕78号

中国图书馆学会公共图书馆分会关于公布第二届公共图书馆创新创意征集推广活动研议入选名单的通知

附件 1

一等案例入选名单

（排名不分先后）

案例/方案名称	申报单位	主要参与人
锦州市图书馆微信专栏《诗说锦州》	锦州市图书馆	郭翎燕
"天一约书"信用借阅服务创新案例	宁波市图书馆	徐益波、陆艳、毛婕、李倩、胡冰迎彦

第四章　宁波图书馆信用服务的具体实践

本章介绍宁波图书馆信用服务的服务框架、服务模式、服务标准化流程及布点情况，并对信用服务的宣传模式做了介绍，对宁波图书馆信用服务的实践探索进行了具体和全面的分析，以期能够为其他地区图书馆的信用服务实践提供参考和有益经验。

第一节　宁波图书馆信用服务框架

公共图书馆信用服务是图书馆与互联网融合发展形成的产物，目标是借助相关信用平台的大数据对读者信用情况进行评估，为符合条件的用户提供相应的服务。

宁波图书馆通过搭建信用服务平台支撑其信用服务的落地与实践。宁波图书馆信用服务平台共由三部分构成，即信用服务统一入口、信用同步记录以及物流和各馆延伸服务。

一、信用服务统一入口

信用服务统一入口由宁波图书馆负责，包括从自有生活号（网站、APP、微信公众号等）联合第三方（支付宝借书生活号）等进行入口建设。

宁波图书馆信用服务的落地主要依托其信用服务入口建设，而信用服务入口主要依靠 24 小时（24H）信用借阅柜的铺设，最终形成以市馆为主导，多方参与，覆盖市、镇（区）、村（社区）三级的宁波公共图书馆信用服务网络格局，主要包括市中心馆、镇（区）分馆、自助点，以及便利市民办事的宁波市政府行政服务中心、各镇（区）办事处、人流量大和需求集中的特殊区域（旅游点、重点中小学与幼儿园、车站、码头等），尽最大可能让市民享受全方位、相对高密度的公共图书馆服务。

二、读者信用服务管理平台

信用服务需建设或引入专业的读者管理平台，记录读者信用行为，并与芝麻信用形成同步记录，实现读者信用服务行为向信用制约的转化。

宁波图书馆通过接入第三方信用机制——芝麻信用，利用第三方平台支付宝借书生活号、自有生活号的线上信用接入方式和线下借阅的信用接入方式进行服务。未办理读者证的市民，可凭个人支付宝芝麻信用积分生成虚拟读者证，在市级和各区县（市）公共图书馆、24H 信用借阅柜实地借阅图书。24H 信用借阅柜省去了读者去传统图书馆借书需要办证、交押金、查书等流程，读者只需打开手机支付宝，如果芝麻信用分大于或等于 550 分，即可扫描书柜上的二维码，生成电子自助借书证，免押金、不办证，像自动售货机一样便利地从借书柜里免费借走图书。读者可以自由安排借书还书时间，借阅的图书还可在任一信用借阅柜归还；同时也可凭借读者证号登录官方网站、微信号、APP 或第三方平台借书生活号（宁波图书馆）远程借书，通过自提或物流形式获得想要的图书。

选择接入芝麻信用这一第三方信用机制的原因，一是由于其具有广泛的实名用户，包括许多在传统征信平台没有信贷记录的人群，也开始有了属于自己的信用评价。二是由于当前公共图书馆信用服务普遍选择接入芝麻信用机制，应用相对成熟，经验更丰富，相对于其他征信机制，具有较强的优势。此外，以 550 分作为读者信用授权的门槛分也有其内在合理性。理论上，用户的支付宝开通了芝麻信用，就有 550 分的信用基础分，只要没有重大违约事件，就不会低于这个分数。因此 550 分实际上是一个基础门槛，能够充分体现公共图书馆信用服务“平等、开放、共享”的服务理念。同时，也扩大了潜在读者的挖掘范围。

三、各馆延伸服务

各馆延伸服务前期主要通过 EMS 物流和各类服务入口两方面结合实现。物流是送书到家的必要手段。前期选取与 EMS 合作，一是由于 EMS 本身的服务质量较有保障，尤其是运输速度，同城一般 48 小时内可送达。其次，EMS 作为国有邮政速递物流企业，拥有最广泛的物流网点和最发达的物流体系。这是宁波市公共图书馆信用服务实现全覆盖的重要保障。第三，EMS 物流监管更为严格，拥有最高级别的监管网络，可随时获取物流信息，如果出现超期、丢件等情况，EMS 内部也有相应的惩罚机制。物流费用（借书、还书）一般由读者支付。如上海陆家嘴图书馆在规定的区域内借还图书，需付 3 元；杭州图书馆规定 1—3 次内付 3 元，每增加 1 次加 1 元；合肥图书馆周日实行 5 元 1 单，第三方代收后再与 EMS 进行沟通。

延伸服务的另一构成则是区县（市）馆、自助服务点、其他重点区域（政府办事中心、旅游点、车站、地铁站、商城）等信用服务入口，保障信用服务的覆盖面与畅通度。

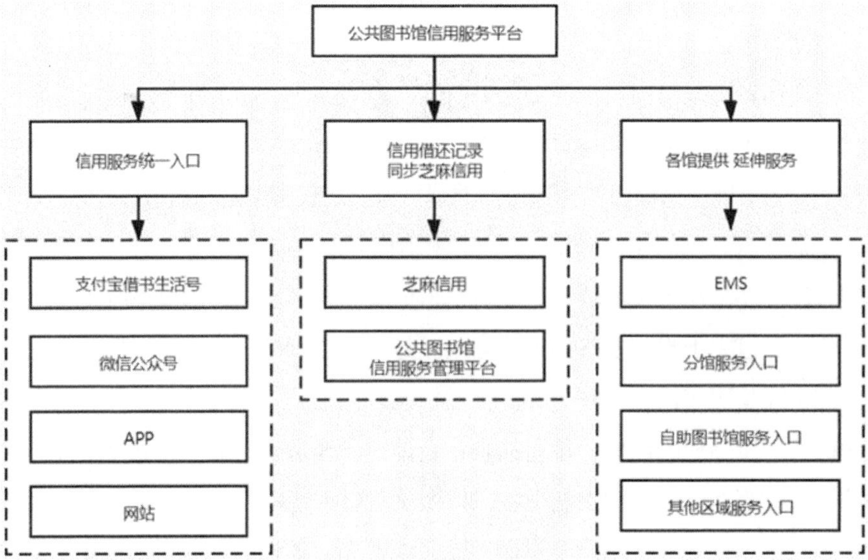

图 4-1 宁波图书馆信用服务框架

第二节 宁波图书馆信用服务借还流程

当前，天一约书支持四种借还接入方式，包括微信借还、支付宝借还、甬派APP 借还和信用借阅柜借还。

一、微信借还流程

适用人群：持有宁波市公共图书馆读者证、并使用微信 APP 的读者。

借书步骤：打开微信→扫描小程序进入“天一约书”→绑定读者证→点击“直接借阅”→或选择“自助点”→借书成功；或点击“上门地址”→添加地址→进行结算→借书成功。

还书步骤：打开微信→扫描小程序进入“天一约书”→点击“我的”→点击

“预约还书”→填写取件地址，支付快递费，等待快递员上门取件→还书成功；或前往任意自助点，在信用借阅柜上扫描条形码→还书成功。

图 4-2　宁波图书馆“天一约书”微信小程序二维码

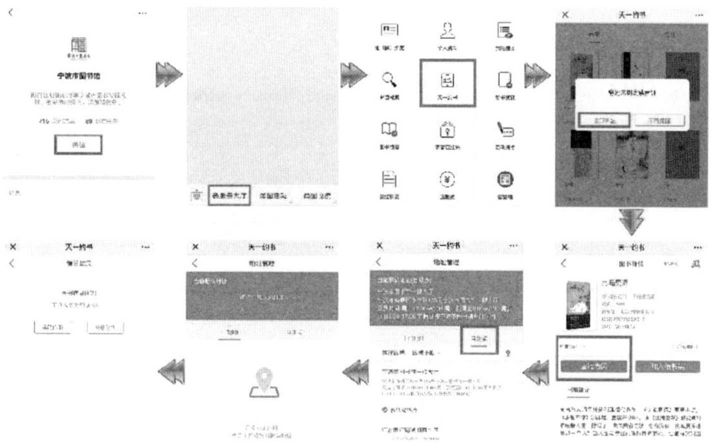

图 4-3　“天一约书”微信借书流程

二、支付宝借还流程

适用人群：支付宝 APP 注册用户并且芝麻信用分达到 550 分以上的读者。

借书步骤：打开支付宝→扫描小程序进入“天一约书”→绑定读者证→点击“直接借阅”→或选择“自助点”→借书成功；或点击“上门地址”→添加地址→进行结算→借书成功。

还书步骤：打开支付定→扫描小程序进入“天一约书”→点击“我的”→点击“预约还书”→填写取件地址，支付快递费，等待快递员上门取件→还书成功；或前往任意自助点，在信用借阅柜上扫描条形码→还书成功。

用支付宝扫一扫，进入小程序

图 4-4 宁波图书馆“天一约书”支付宝小程序二维码

图 4-5 “天一约书”支付宝借书流程

三、甬派 APP 借还流程

2020 年 3 月 31 日，宁波图书馆联合甬派，推出“天一信用分”免押借书入口，这是“天一约书”继支付宝与微信借阅端之后推出的第三个在线借书平台。以“天一分”的形式免押借书，让市民有了更多的借书渠道，扎实推进宁波市全民阅读活动。只要天一信用分在 600 分以上的市民，在甬派 APP 上找到入口，即可免办证、免押金，与其他“天一约书”借阅平台一样，“手指点点，邮书到家”。

借书步骤：打开“天一信用分”频道→点击宁波图书馆图标，上拉菜单，进入信用借书平台→绑定读者证→在搜索框中搜索想借的书或在图书列表中选择图书→点击“直接借阅”→或选择“自助点”→借书成功；或点击“上门地址”→添加地址→进行结算→借书成功。

图 4-6 “天一约书”甬派借书流程

四、信用借阅柜借还流程

适用人群：生活圈离信用借阅柜较近的读者，支付宝 APP 注册用户并且芝麻信用分达到 550 分以上。

借阅步骤：点击屏幕借书→选择图书→打开支付宝扫描屏幕二维码→柜门弹开→借书成功。

取书步骤：点击屏幕取书→输入取书码→柜门弹开→取书成功。请注意，超过三天未取书，取书码将失效，图书将被自动收回。

还书步骤：点击屏幕还书→将图书条码对准扫描口→柜门弹开→将书放入→还书成功。

以上所有借阅途径，还需遵循以下规则：“天一约书”图书，自下单日起开始计算借期，借阅期限为 30 天，可续借 1 次，续借时间 30 天。读者需根据实际借还时间续借/归还图书。举例说明，读者下单日是 11 月 2 日，借书日期从 11 月 2

日开始计算，如果读者不选择续借图书，则还书时间为 12 月 2 日。读者需预留快递运回时间，确保在 12 月 2 日之前还回图书。

读者需自行支付快递费用，3 本以内费用 4 元，每多一本增加 1 元，借阅上限为读者当前可借阅数。由于每个包裹上限 5 本，如借阅 6 本图书，则需支付 6+4=10 元。读者也可自行选择快递公司寄回，但不支持货到付款。

“天一约书”图书逾期未还，须缴清逾期费（每日 0.1 元/册）并归还图书后才能继续借书。

其他借阅规则与《宁波市公共图书馆借阅卡规则》一致。

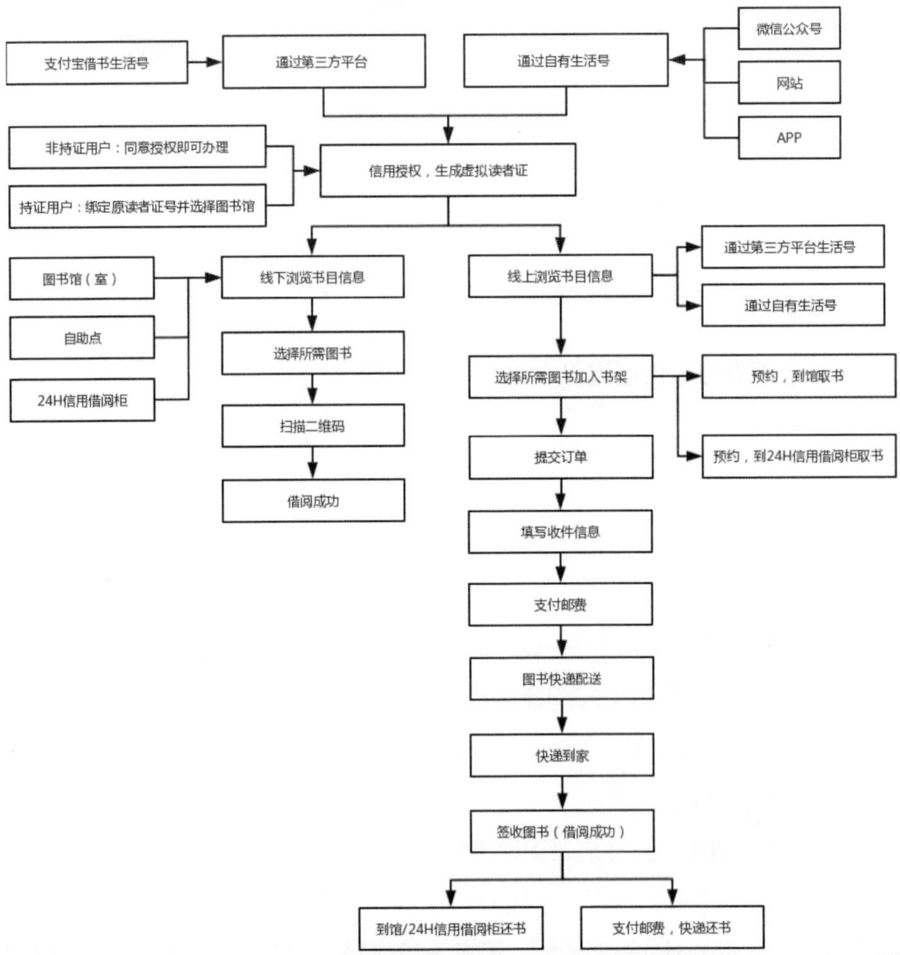

图 4-7 宁波图书馆“天一约书”全平台借还流程

第三节 宁波图书馆“天一约书”信用服务的主要模式

“天一约书”的核心是网借中心平台。网借中心平台的系统功能模块包括：信用借阅中心平台、积分管理系统、物流管理平台、运营支撑系统、在线支付系统、监控系统、数据交换中心。网借中心平台能够与图创 Interlib 系统对接，实现全市网借数据同步和共享；与支付宝芝麻信用对接，提供信用服务；与物流系统对接，提供送书服务；支持对接馆内数字、电子资源，在平台内进行发布展示。

“天一约书”的重要实现载体是信用借阅柜。信用借阅柜指的是可以对接网借系统、支付宝平台的 120 门至 480 门分格式立柜，包含主机、触屏屏幕、扫描口和异常还书箱，主要有借、还、取、查四大功能。同时还支持预约图书的投递、存放、上架、下架，可以用支付宝、取书码、扫二维码等方式开箱、取书、还书，支持现场图书自助借还，支持屏幕信息展示、操作。

目前“天一约书”信用服务主要有三种模式，依托信用借阅柜和人工的就近投递，依托物流系统的送书上门，以及读者自行在信用借阅柜上进行操作的柜上借还。

一、就近投递

“天一约书”团队的专职投递员负责将读者下单的书籍就近投递至信用借阅柜。读者在线上检索挑选喜欢的图书并提出借阅请求，网借中心平台接到借阅请求后，在闭架书库内找到书籍，重新登记书籍状态，将书籍分拣打包，按投递点分类，留待投递员收取。投递员根据订单情况和排班情况，确定当天的投递路线，收取各投递点书籍，前往信用借阅柜进行批量投递。

包裹投递完成后，读者会收到短信及系统内短消息，提示书籍已投递至信用借阅柜。读者需自行前往各信用借阅柜，凭借信息中的六位数字取书码，或在柜上扫描支付宝二维码，来打开柜门，获取书籍。若超过三天未取，将会通知读者书已收回。

就近投递模式还包含了特殊的社区服务点，如湖西信用借还社区服务点。社区服务点的居民同样在“天一约书”平台下单，并在自助取书点中选择湖西社区，投递员就会把书送到社区，再由社区工作人员把书送到居民手中。

二、送书上门

通过“微信”和“支付宝”两大平台，读者可通过绑定原有借阅证或者生成新的虚拟借阅证，成为宁波图书馆的信用用户，并通过这两大平台进入“天一约书”服务，在线上检索挑选喜欢的图书并提出借阅申请。网借中心平台在接到申请后，要经历找书、登记、打包、分类等一系列与就近投递相同的步骤，再加上打印快递面单，留待与物流公司对账。“天一约书”送书上门的物流服务最初由EMS提供，后改为京东物流提供，物流公司负责从闭架书库取书，并将快递通过物流系统配送至读者指定的地点。

还书时除前往信用借阅柜和人工还书点外，读者还可在系统中选择“预约还书”，由物流系统匹配好快递员和取书时间后，读者在线支付物流费用，快递员上门取书，将书籍配送至闭架书库，真正做到家与图书馆零距离。

三、柜上借还

柜上借还为读者自助行为，读者需自行前往各信用借阅柜，在柜上进行各项操作。信用借阅柜主视图上方为“天一约书”宣传片，循环演示在微信、支付宝平台如何成为“天一约书”读者，获取信用服务。下方为四个可操作选项，分别是借书、取书、还书、查询。读者可在柜上完成取走预约图书、归还已借图书、查看并借阅柜上剩余可借图书、查询个人借阅情况等多项操作。柜上配有两个摄像头，监督读者借还行为。

图 4-8　宁波图书馆“天一约书”信用借阅柜

四、三种模式评价

就近投递、送书上门、柜上借还三种服务模式各有所长，从服务质量、读者成本、图书馆成本三个层面来进行分析比较，情况如表 5-1 所示。

表 4-1　三种模式分析比较

模式	服务质量	读者成本	图书馆成本
就近投递	24 小时移动端界面软件服务； 按需投递，满足读者多样化需求； 取书时间受投递员工作效率影响； 无需预留时间，即到即还。	需前往具体地点，花费一定时间和交通费用。	需配备至少 2 名网借中心工作人员和 2 名投递员； 需配备信用借阅柜，支付柜子的租赁、水电、软件等费用。
送书上门	提供全天 24 小时移动端界面的软件服务； 按需投递，满足读者多样化需求； 取书、还书时间均受物流工作效率影响； 需提前预留物流时间，以防书籍逾期。	取书、还书无需出门； 取书、还书均需支付快递费。	需配备至少 2 名网借中心工作人员； 需和物流公司合作，支付一定比例的补贴费用。

续表

	服务质量	读者成本	图书馆成本
柜上借还	不受投递员、物流影响，随时借还； 只能在柜上选择，书籍种类受限较大，不能完全满足借阅需求； 无需预留时间，即到即还；	需前往具体地点，花费一定时间和交通费用。	需配备至少2名网借中心工作人员和2名投递员； 需配备信用借阅柜，支付柜子的租赁、水电、软件等费用。

从上表对比可以看出，三种服务模式下，图书馆成本基本都围绕硬件、软件、人员，相差不大。服务质量主要考量三种模式所能获取的图书范围，读者借书、还书的便利程度，以及是否容易产生不必要的逾期费用。因此按服务质量从高到低排序，就近投递>送书上门>柜上借还。读者成本主要分为价格成本、时间成本，按读者成本从高到低排序，则送书上门>就近投递=柜上借还。

结合“天一约书”后台数据可见，就近投递模式下，可以实现线下图书的实时借还，这种便捷高效的借阅方式受到大量读者的欢迎，选择这种服务模式的读者已超过60%。

第四节　宁波图书馆信用服务布柜情况

一、社区中的信用借阅服务点

2018年3月，“天一约书”团队联合湖西社区成立了首个信用借阅社区服务点。在信用借阅社区服务点，“天一约书”团队与社区工作人员合作，在图书送到社区后，由社区网格长代替快递员的角色，上门送书、取书，实现约书上门。这种信用借阅的社区服务模式，在为居民提供便捷约书服务的同时增加了社工与居民的双向互动，使得读者和图书、居民和社区的联系更加紧密，成为社区基层治理的润滑剂，破解了基层社会治理中的一个难题，在实践过程中受到社区干部和居民的欢迎，属全国首创[①]。

① 毛婕.公共图书馆跨界融合的宁波实践[J].图书馆研究与工作,2020(8):61-65.

图 4-9　“天一约书 湖西书虫”湖西社区信用借阅服务点成立仪式

二、地铁中的书香网络

随着城市轨道交通的不断发展，高效、便捷、受外部条件影响小的地铁已经成为越来越多市民的出行首选方式。

2018 年 12 月 1 日，宁波图书馆与宁波轨道交通合作把“天一约书”信用借阅柜搬进了轨道交通 1 号线和 2 号线的转乘站——鼓楼站。这是宁波图书馆在馆外投放的第一台信用借阅柜。进驻当月，该台信用借阅柜的图书借阅量就位居全国 200 多台借阅柜之首。

图 4-10 宁波图书馆地铁鼓楼站信用借阅柜

2019 年 2 月，为感谢宁波轨道交通对宁波图书馆“天一约书”特色便民服务项目的大力支持，宁波图书馆特意向宁波轨道交通寄去了一封感谢信，这也为后来宁波图书馆“天一约书”项目与宁波轨道交通的持续深度合作奠定了良好的基础。

宁波市图书馆

感谢信

宁波市轨道交通集团有限公司：

为拓展公共文化服务，在全市范围内推广便捷借阅模式，宁波市图书馆于 2017 年推出“天一约书”特色便民服务项目，即通过智能借阅柜的形式打造一座小型图书馆，实现公共图书馆文献服务的精准化供给，满足读者个性化、多元化阅读需求。

项目推出后得到了贵司的大力支持，在对口部门的协调下图书馆第一个馆外借阅柜于 2018 年 12 月 1 日在鼓楼站南站厅客厅正式启用。大数据显示，当月自助借书 1039 册、还书 935 册、预借图书 537 册，目前月均借还量超过 2000 册，在全国 200 多台借阅柜中位居第一，实因收获了宁波市民的广泛好评，也给乘客带来了便捷服务。

在此，我们表示衷心地感谢，感谢贵司在合作期间的全力支持，我们愿一如既往与轨道交通加强联系，在阅读推广、自助便民服务等领域进行更广泛的合作，为共同繁荣宁波文化，传播宁波文明，推广书香宁波，宣传绿色出行上并肩携手，合作共赢！

宁波市图书馆

2019 年 2 月 22 日

图 4-11 宁波市图书馆致宁波市轨道交通集团有限公司感谢信

2019 年 6 月，宁波轨道交通 3 号线开通时，宁波图书馆“天一约书”团队又在地铁沿线和转乘站增设了 4 台信用借阅柜，形成地铁里的书香网络，大大方便读者的日常借还。[①]

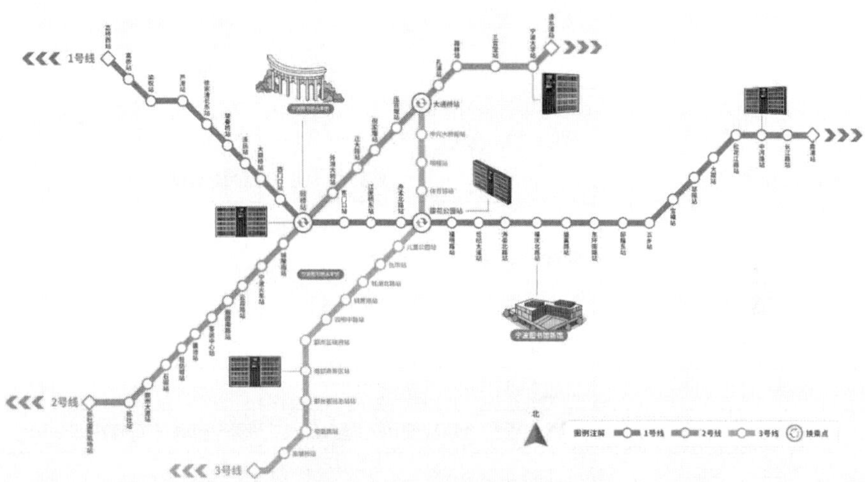

图 4-12　宁波图书馆信用服务书香地铁网络

三、遍布全市的信用服务网络

为进一步提升信用服务的便利性，宁波图书馆在 10 个区县（市）图书馆设立人工还书点，包括海曙区图书馆、江北区图书馆、镇海区图书馆、北仑区图书馆、鄞州区图书馆、奉化区图书馆、余姚市图书馆、慈溪市图书馆、宁海县图书馆、象山县图书馆。此外，为便利少儿图书的归还，还在鄞州少年儿童图书馆设立了一处还书点。

2019 年，“天一约书”服务上线两周年之际，广受好评的宁波图书馆信用服务将服务范围从鄞州、江北、海曙三区扩大到全大市范围，在北仑、象山、余姚、奉化、慈溪、宁海等地也设立了信用借阅柜。原先已开展信用服务的三区，也在相对偏僻的区域设置了信用借阅柜，如海曙区在集士港镇文体中心增设了一台信用借阅柜，大大拓宽了信用服务网络。“天一约书”自助借还点分布见表 5-2。

① 毛婕. 文旅融合新样本信用借阅新模式[N]. 新华书目报,2019-12-27(13).

表 4-2 “天一约书”自助借还点分布

序号	自助借还点	自助借还点地址	借还时间
1	宁波图书馆新馆	宁波市鄞州区宁穿路 2100 号（地铁 1 号线福庆北路站 D 出口旁）一楼自助图书馆内	周一 13：00—21：00，周二至周五 9：00—21：00 节假日以实际开放时间为准，疫情期间需预约入馆
2	宁波图书馆永丰馆	宁波市海曙区永丰路 135 号宁波图书馆永丰馆一楼大厅	周一 13：00—21：00，周二至周五 9：00—21：00 节假日以实际开放时间为准，疫情期间需预约入馆
3	轨道交通鼓楼站	轨道交通 1、2 号线鼓楼站 A 口甬城惠客厅	周一至周日 7：00—22：30
4	轨道交通宁波大学站	轨道交通 2 号线宁波大学站 B 口	周一至周日 7：00—22：30
5	轨道交通南部商务区站	轨道交通 3 号线南部商务区站 A 口	周一至周日 7：00—22：30
6	轨道交通中河路站	轨道交通 1 号线中河路站 B 口	周一至周日 7：00—22：30
7	轨道交通樱花公园站	轨道交通 1、3 号线樱花公园站 E 口	周一至周日 7：00—22：30
8	北岸·星街坊音乐广场	江北区北岸财富中心 93 号 711 便利店后门	周一至周日 7：00—22：30
9	万丰社区	江北区甬江街道戚家育路与湾头路交叉口	周一至周日 6：00—23：00
10	宁波博物院	鄞州区首南中路 1000 号宁波博物院一楼夹层	周二至周日 9：00—16：00
11	集士港文体中心	海曙区菖蒲路 171 号集士港文体中心一楼	周一至周日 7：00—22：00
12	海曙外国语学校	海曙区悠云路 409 号海曙外国语学校西门	周一至周日 6：00—23：00
13	北仑图书馆新馆	北仑区中河南路 288 号（中河路与庐山路交叉口）北仑图书馆新馆门口	周一至周日 7：30—21：30
14	灵峰社区	北仑区大碶街道卧虎山路 28 号	周一至周日 0：00—24：00
15	博地影秀城	北仑区宝山路 1229 号博地影秀城 G 栋	周一至周日 0：00—24：00
16	奉化图书馆新馆	奉化区大成路与桥西岸路交界处（体育馆对岸	周一至周日 7：00—21：30
17	宁大科技园图书馆	慈溪市白沙路街道文蔚路宁波大学科学 技术学院图书馆一楼	周一至周日 8：00—21：00

续表

序号	自助借还点	自助借还点地址	借还时间
18	象山文化活动中心	象山县新华路 279 号象山文化活动中心二楼大厅剧场旁	周一至周日 7：00—21：30
19	余姚银泰城	余姚市新建北路 217 号余姚银泰城一楼（招商中心对面）	周一至周日 7：00—21：30
20	宁海西子国际广场	宁海县桃源中路 168 号西子国际 1 号楼南大门右手休息区	周一至周日 0：00—24：00
21	湖西社区（仅服务本社区居民）	江北区外滩街道清江路 66 号名门府南门	周一至周日 8：30—11：30 13：30—16：30

第五节 宁波图书馆信用服务的宣传推广

“天一约书”项目从策划阶段起，始终注重项目品牌的宣传和推广，坚持个性化的推广活动和宣传模式，打造“天一约书”独有的品牌形象，线上线下多渠道提升“天一约书”的影响力。

2019 年，“天一约书”走进“两会”现场、宁波美好生活节、浙江书展“书香宁波馆”展厅等地，现场展示信用借阅柜、推广服务、发放免邮券，推介活动效果良好。“天一约书”线上推广活动借助新媒体渠道，开展多元营销，迎合读者取向，充分调动阅读热情，定期发布“好书推荐”微信推文，推荐“天一约书”书库中的好书、新书。此外，“天一约书”还开发了系列特色活动，实现线上线下联动，受到读者的热烈欢迎。

可以说，“天一约书”项目的宣传推广周周有热点、月月有活动，线上线下结合，高频次、多角度、全方位地提升了品牌的影响力。

一、线下推广足迹

为推进书香之城建设，扩大“天一约书”服务影响力，“天一约书”紧跟宣传节点，定制线下阅读推广活动。

2018年“4·23世界读书日”当天，“天一约书”在市行政服务中心知新书吧开展线下阅读推广活动。宁波图书馆工作人员在现场通过海报展示、宣传资料配送和现场演示等手段，向读者介绍了“天一约书”服务的操作流程，并重点介绍“一读为快”活动和书友会招募工作。

图4-13 宁波图书馆在市行政服务中心开展线下“天一约书”信用借阅推广活动

2018年8月下旬，“天一约书”开展“天一约书·缘来书里”七夕主题活动。该活动以我国传统七夕节为切入点，采用线上线下联动推广的方式，吸引读者体验“天一约书”服务。活动当天，宁波图书馆永丰馆一楼服务大厅“天一约书”智能借书柜前人头攒动，众多读者通过智能柜扫码借书，好评如潮。每位在现场体验借书的读者，都收到精美玫瑰花一朵，此外“天一约书”服务团队还为第77位现场借书读者送出手捧花一束。值得一提的是，有些读者冒雨来到智能借书柜现场，并非仅仅为了领取玫瑰花，而是来表示支持“天一约书”这款超级便民的服务，同时想和体贴周到的工作人员见见面。

2019 年 4 月 27 至 28 日，作为第 24 届“世界读书日”系列活动之一，宁波图书馆参与宁波晚报 2019 美好生活节，在宁波文化广场科技探索中心临时放置一台信用借阅柜，进一步提高“天一约书”社会认知度。当天，信用借阅柜吸引众多现场观众围观，经过工作人员介绍，不少人当即在支付宝和微信端试用了天一约书。清晰的流程、简单的操作、丰富的藏书让试用的读者赞不绝口，纷纷表示还会继续使用这项新服务。

图 4-14 “天一约书”项目在美好生活节现场进行展示

2019 年 4 月 20 日晚，北京大学西葡语系副教授、著名译者范晔老师应邀做客首期“天一约书·线下书友会”，与宁波读者近距离对谈，共同探讨迷人的西语诗歌和文学。在短短的一个半小时里，范晔老师讲述了西语拉美文学的发展脉络，介绍拉美文学不同于“魔幻现实主义”的现状，更谈及阅读和翻译科塔萨尔时惊为天人却又无比契合的感受。

图 4-15 范晔老师的现场分享

图 4-16 “到图书馆去”地铁专列“天一约书”车厢

2019 年 10 月，宁波图书馆“到图书馆去”阅读主题地铁专列开通，专列中开辟了“天一约书”主题车厢，并开展“盖章信用借阅柜，打卡甬图专列”活动。此外，还开展 Lucky Book 幸运图书抽选等“书香地铁”系列阅读推广活动。把阅读文化同城市出行相结合，公共图书馆高效便捷的服务随着地铁线的拓展不断延伸。[1]

2020年底起，宁波图书馆又开展新增借阅柜和“天一约书”项目的线下宣传推广工作。至2021年上半年，在日湖、星街坊广场、宁波博物馆、高新区第一幼儿园等地开展线下推广活动十余场，增强品牌的知晓度和影响力。

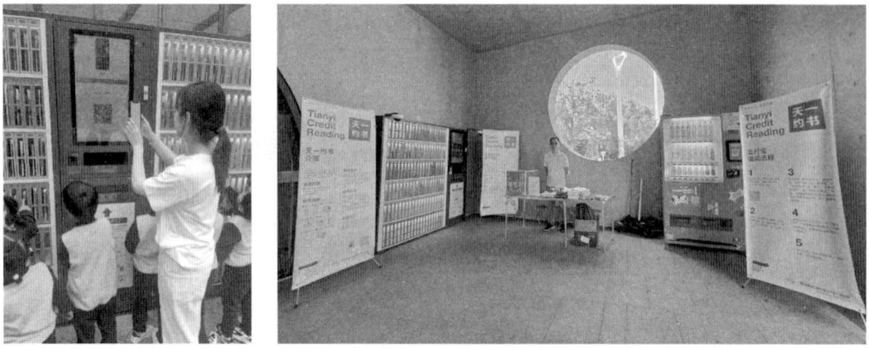

图 4-17　“天一约书”项目开展线下推广活动

二、线上特色活动

1. 好书推荐

“天一约书·好书推荐”由“天一约书”项目团队原创，通过微信公众号（微信公众号：宁波图书馆）、微博（微博名：宁波图书馆）、网站等途径向读者推荐书库里的好书、新书，并附上二维码便于读者及时借书，至今已推出100余期，累计浏览量超过40万次。

① 毛婕. 公共图书馆跨界融合的宁波实践[N]. 图书馆研究与工作,2020(8):61-65.

如果你爱上了某个星球的一朵花。那么，只要在夜晚仰望星空，就会觉得漫天的繁星就像一朵朵盛开的花。

《小王子》

作者：[法]安托万·德·圣埃克苏佩里 著

出版社：天津人民出版社

出版时间：2013年01月

ISBN：9787201077642

分类号：I565.88

简介：这是一本足以让人永葆童心的不朽经典，它犹如透亮的镜子，照出了荒唐的成人世界。提醒我们每一个人，只有爱，才是最高的哲学，才是我们活下去的唯一理由。

图 4-18 “天一约书”好书推荐项目

2. 藏书票

藏书票收集活动是“天一约书”特色活动的“经典款”。一张为藏书而设计的小版画，可用来贴在书籍的扉页上作为独特标记，这种独具意蕴、设计精美的藏书票在读者群体中受到热捧，并在此基础上延伸出多个主题，如节气主题、传统节日主题、“厉害了，我的国”新中国成立 70 周年献礼主题等。2020 年，推出鼠年定制藏书票系列，每月一张，请专业插画师为“天一约书”设计，每月 1—5 日限量发放。年底，还邀请集齐 12 张藏书票的书友们和鼠年藏书票绘制者插画师共聚，分享设计、收藏和阅读的乐趣。

图 4-19　天一约书节气系列藏书票（部分）

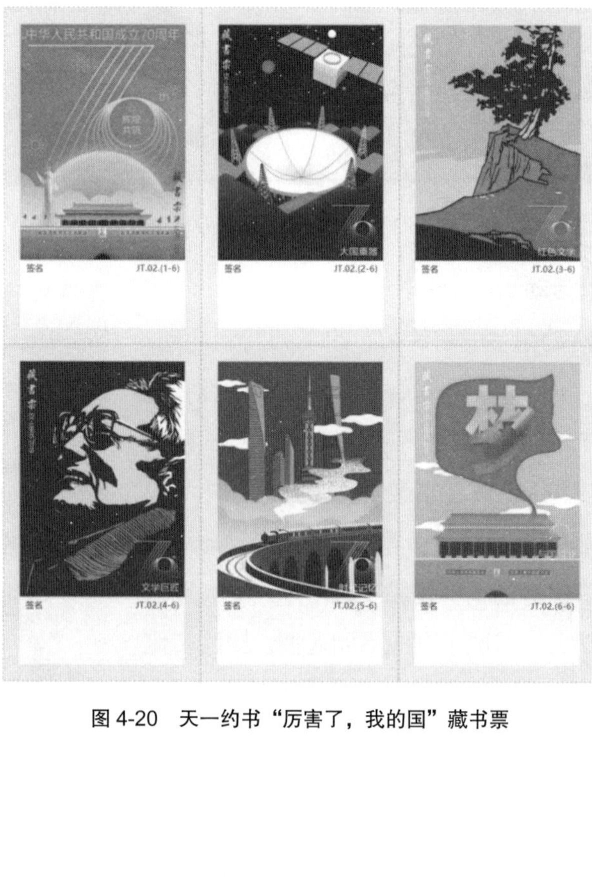

图 4-20　天一约书“厉害了，我的国”藏书票

图 4-21 天一约书鼠年定制藏书票

3. 阅读有礼活动

阅读有礼活动是“天一约书”的系列营销活动，结合当下热点、新兴玩法，制定好玩有趣的运营活动：借阅排行榜、节日专宠、邀请有礼、“答题阅世界 争当读书王”、阅读组团、“青春不散场，你欠自己一场毕业旅行”、“阅读返航计划”，等等。读者积极参与活动借阅图书，可以获得各式小礼品。这种方式极大地激发了读者阅读动力，养成了在线借阅习惯，最终转化为借阅量，并增强“天一约书”读者群体粘性。

图 4-22 天一约书阅读返航计划海报

第五章　宁波图书馆信用服务建设总结

近年来，国家加快推进社会信用体系建设，社会信用体系顶层设计进一步完善。信用法规制度建设有序推进，社会信用方面立法列入全国人大常委会立法计划，已有近 30 部法律和 30 多部行政法规明确了信用条款。

经过三年多的建设，宁波图书馆的信用服务也已呈良性发展趋势。“信用+阅读”不仅回应了当下人们对信用社会建设的一种渴望，是公众素质文化服务在图书馆领域的具体推广，也是贯彻落实《公共文化服务保障法》和《公共图书馆法》的生动实践，是实现公共文化服务均等化的有效路径。

本章总结了三年多来宁波图书馆信用服务的一些经验，提供了读者服务过程中统计的部分数据，并对信用服务的价值做了初步的思考和总结。

第一节 宁波图书馆信用服务建设经验总结

一、注重创新

宁波图书馆“天一约书”在一般的公共图书馆信用服务模式基础上，实现了很多创新性的突破。

一方面，是服务模式的创新。很多公共图书馆在开展信用服务时，通常采用物流送书到家和信用借阅柜取书模式。前者是1对1服务模式，读者可使用个人账号在微信公众号或支付宝端选书下单，通过信用服务物流系统接收图书，满足读者个性化的需求。后者则是通过信用借阅柜实现对读者的开放式服务，能够同时满足不同读者的多样化需求。读者既可以当场选书，也可选择网上下单后再在信用借阅柜上取。宁波图书馆开创性地构建了社区网格化服务模式，通过与社区联合，把书送到社区，经社区网格员把书送到读者手中，以减少读者的时间成本和出行成本，并推动了社区交流和文化传递。

另一方面，是服务网络的创新。2017年11月，宁波图书馆开始开展信用服务，创建“天一约书”服务品牌；2018年12月，“天一约书”信用借阅柜入驻鼓楼站甬城惠客厅，把宁波图书馆信用服务带入地铁；2019年6月，“天一约书”信用借阅柜在地铁内数量增至6台，宁波地铁1、2、3号线内均有“天一约书”信用借阅柜的身影，逐渐形成宁波图书馆信用服务书香地铁服务网络。未来，随着宁波地铁线路的进一步开通，宁波图书馆事业的进一步发展，宁波图书馆书香地铁服务网络还将进一步完善。

二、注重融合

宁波图书馆信用服务发展的另一个重要因素在于注重融合。

首先，是与宁波公共图书馆总分馆制度的融合。宁波市共10个区县（市），156个乡（镇）街道，区区有图书馆，镇镇有服务站。宁波图书馆信用服务在海曙、江北、鄞州三区开展较为成熟之后，迅速将之与总分馆制度相结合，充分发挥宁波图书馆的中心引领作用。宁波图书馆不仅在区内设置信用借阅柜，还在每个区县图书馆都设立人工还书点，充分利用区县图书馆的力量。

其次，是与城市信用体系的融合。宁波图书馆信用服务在与商业信用机构合作的同时，还与宁波市信用体系相结合，用户依靠“天一分”也可以使用宁波图书馆信用服务，双管齐下，并不依赖单一信用体系。

再次，是与宁波图书馆其他服务品牌的融合。“天一约书”并不是孤立的服务品牌，在推广与发展的过程中，经常与馆内其他服务品牌相合作，实现规模效应。

三、注重推广

宁波图书馆“天一约书”自开展以来，一直注重对于服务品牌的宣传与推广，成立了专门的“天一约书”工作团队，负责该项目的运营。坚持线上线下推广活动相融合，线上好书推荐、“用一本书告白”阅读打卡、线下书友会、藏书票收集等阅读活动络绎不绝。

2019 年 10 月，宁波首个“书香宁波日”，宁波图书馆推出“到图书馆去”地铁专列，6 节车厢分别以天一约书、少儿亲子、甬图活动、好书推荐、甬图文创、数字资源为主题。简洁明快的色彩、可爱的卡通人物，加上热门图书推荐、免费扫码阅读、免费下载论文等实用性极强的功能应用，读者只要动动手指，就可体验到宁波图书馆便捷贴心的各类服务。

四、立足用户需求

天一约书上线以来，一直坚持以用户为中心，以读者需求为导向。其中在最重要的典藏建设方面，“天一约书”依托各大网上书店的畅销书榜单进行采购，包括少儿和成人各类图书，并对书库实行动态管理，通过用户后台主动反馈和问卷调查两大方式及时了解用户需求、获得用户体验反馈，根据实际情况及时补充和调整图书种类和数量，更好地满足用户的阅读需求。此外，项目团队建立“‘天一约书’书友会”，已有书友 1700 余人，读者表现活跃，与工作人员形成良好沟通机制，正面效益显著。

图 5-1 宁波图书馆“天一约书”用户问卷调查海报

第二节 宁波图书馆信用服务读者借阅特征

一、总体情况

“天一约书”服务自 2017 年 11 月开启，2018 年新增用户超过 1 万人，图书流通量近 8 万册次。2019 年，天一约书新绑定读者达 1.45 万人，信用读者达 1.2 万人，借还图书 15.7 万册次。截至 2020 年 12 月，累计借还量已达 47.2 万册次。超 3.9 万名读者成为平台新用户，享受到信用时代“手指点点，邮书到家”的轻松借阅新模式。

1. 用户年龄分布

数据显示，“天一约书”的用户主要为出生于 20 世纪 80 年代和 90 年代的群体，占总人数的四分之三。细分来看，“80 后”为 43%，“90 后”为 32%，“70 后”为 16%，“00 后”为 5%，此外可发现 90 年代出生的群体的阅读需求较为旺盛，60 年代及以前出生的群体对于信用服务的利用率则较低。这与郑卫光等人的研究结论是一致的[①]。

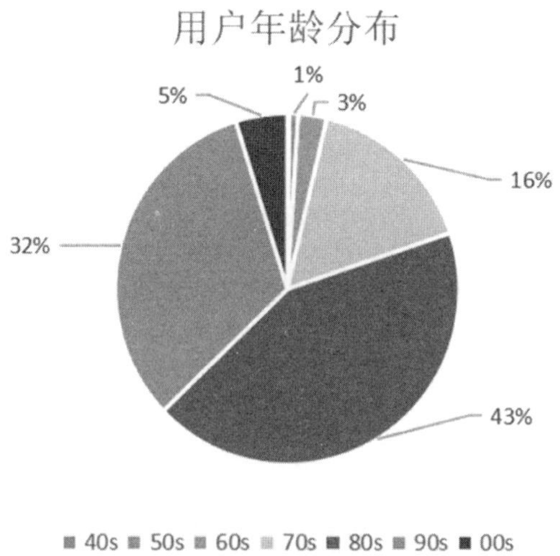

图 5-2　宁波图书馆“天一约书”服务用户年龄分布图

2. 用户性别分布

从性别比例看，女性占全体读者的比例为 59%，而男性占 41%。结合借阅数据与日常实践来看，女性读者群体除了借阅成人书籍之外，少儿书籍的借阅也占较大比例。

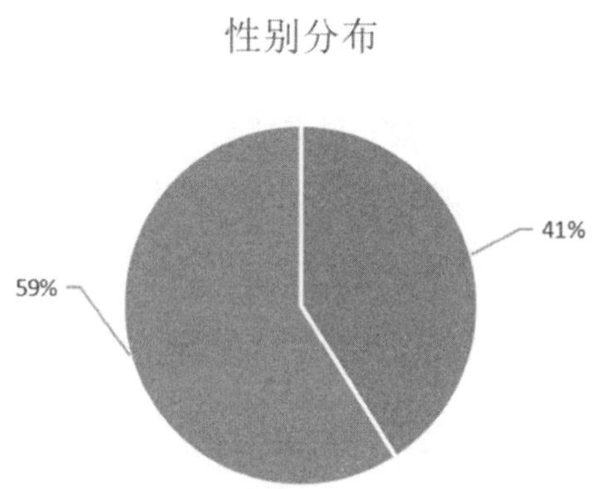

图 5-3　宁波图书馆“天一约书”服务用户性别分布图

① 郑卫光,徐建华,楼芳娟. 芝麻信用读者阅读需求分析[J]. 图书馆论坛,2018,38(9):8-13.

3. 送书上门用户地区分布

根据图 5-4 可以发现送书上门的用户主要分布于鄞州区、海曙区、江北区这三区。主要原因在于此三区信用服务上线早，知名度较其他新上线地区高，影响大，使用的人数也多，且中心城区人口密度大，读者相对较多。

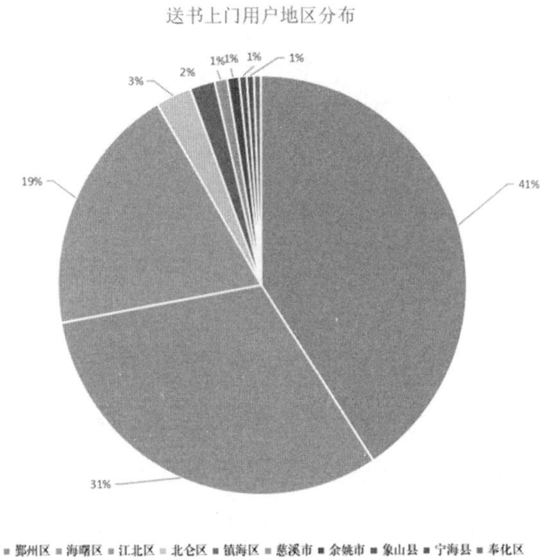

图 5-4　宁波图书馆“天一约书”服务送书上门用户地区分布图

二、图书借阅特征

最受读者喜爱的图书类型，首先是文学类，其次是社科类，再次是经济、技术类。在成人类书籍的借阅榜中，TOP10 均为文学类书籍，这也直观反映了文学类书籍的高借阅率。此外，路遥的《平凡的世界》，东野圭吾的《假面饭店》《谁杀了她》，二混子的《半小时漫画中国史》等书籍都达到了百次以上的借阅量，十分受到读者欢迎。

在最受“天一约书”读者欢迎的几位作家中，东野圭吾是当之无愧的“超级IP”，其《恶意》《拉普拉斯的魔女》等五部作品进入借阅榜单 TOP10。

同时，热门的社会话题、影视作品、综艺节目等，也为“天一约书”增加了借阅流量，比如《房思琪的初恋乐园》、《芳华》（同名电影）、《月亮与六便士》

（综艺节目“一本好书”）、《朗读者》（同名综艺节目）、《人工智能》（#最热门的职业#）。同时，喜爱借阅经典的读者也不占少数，《浮生六记》《基督山伯爵》《我们仨》《活着》等图书亦在借阅榜单之列。

表 5-1　宁波图书馆“天一约书”2018 年度借阅榜单（前 10 位）

排名	书名	著者	出版社
1	平凡的世界	路遥	北京十月文艺出版社
2	追风筝的人	[美]卡勒德·胡塞尼	上海人民出版社
3	圣女的救济	[日]东野圭吾	南海出版公司
4	恶意	[日]东野圭吾	南海出版公司
5	活着	余华	作家出版社
6	拉普拉斯的魔女	[日]东野圭吾	北京联合出版公司
7	沉睡的人鱼之家	[日]东野圭吾	南海出版公司
8	房思琪的初恋乐园	[日]东野圭吾	北京联合出版公司
9	孤独是生命的礼物	余光中，林清玄等	北京联合出版公司
10	历史其实很有趣儿·中国卷	卫鸿宇主编	北京联合出版公司

表 5-2　宁波图书馆“天一约书”2019 年度借阅榜单（前 10 位）

排名	书名	著者	出版社
1	平凡的世界	路遥	北京十月文艺出版社
2	假面饭店	[日]东野圭吾	南海出版公司
3	半小时漫画中国史	二混子	江苏凤凰文艺出版社
4	目送	龙应台	广西师范大学出版社
5	谁杀了她	[日]东野圭吾	南海出版公司
6	孩子你慢慢来	龙应台	广西师范大学出版社
7	恶意	[日]东野圭吾	南海出版公司
8	嫌疑人 X 的献身	[日]东野圭吾	南海出版公司
9	孤独是生命的礼物	余光中，林清玄等	长江文艺出版社
10	圣女的救济	[日]东野圭吾	南海出版公司

表 5-3　宁波图书馆“天一约书”2017—2020 年度综合借阅榜单（前 10 位）

序号	书籍名称	著者	出版社
1	平凡的世界	路遥	北京十月文艺出版社
2	历史其实很有趣儿·中国卷	卫鸿宇主编	北京联合出版公司
3	爷爷一定有办法	[加]菲比吉尔曼	明天出版社
4	人类简史	[法]贝特朗·菲舒	中信出版社
5	活了 100 万次的猫	[日]佐野洋子	接力出版社
6	月亮的味道	[波兰]麦克·格雷涅茨	二十一世纪出版社
7	嫌疑人 X 的献身	[日]东野圭吾	南海出版公司
8	孩子你慢慢来	龙应台	广西师范大学出版社
9	蚯蚓的日记	文/[美]朵琳·克罗宁 图/[美]哈利·布里斯	明天出版社
10	100 层的房子	[日]岩井俊雄	北京科学技术出版社

第三节　宁波图书馆信用服务的价值总结

一、宁波图书馆信用服务对读者的价值

1. 提升图书馆服务利用的可及性与便利性

公共图书馆信用服务的实施，最重要的是更好实现读者对图书馆资源与服务的利用。通过信用服务，部分原先没有时间和能力利用图书馆资源与服务的潜在用户，有了新颖便捷的途径，这也拓宽了图书馆利用的渠道。

首先，对于部分没有借阅证的读者来说，通过信用积分办理虚拟读者证，就可以直接使用宁波图书馆信用服务，免去了亲自去图书馆办理读者证的麻烦。再者，信用服务通过信用的制约，改变了以往押金制约的方式，降低了经济成本。最后，信用借阅的物流方式缩短了读者和图书馆资源与服务的距离。信用借阅柜的铺设使得图书流通更加畅捷，上下班途中、出行路上，都可以实现图书的借还。通过送书上门，更可以实现图书馆与家无缝对接，极大地降低了图书馆使用的时

间、空间以及经济等方面的成本，提升图书馆服务的可及性与利用的便利性。

推出“你约我买”服务。读者在线上挑选心仪的图书后，由宁波图书馆采购此书，并通过物流送到读者手中。

2020 年，宁波图书馆信用服务升级，推出“你选我买”服务。读者在线上挑选心仪的图书后，由宁波图书馆采购此书，并通过物流送别读者手中。今后，随着信用服务的发展，宁波图书馆对于读者的服务会进一步提升，实现个性化、定制化服务，提升用户体验。

2. 丰富个人生活，实现个体发展

信用服务通过更便捷、更高效的方式让人与图书相连、与图书馆相连、与文化相连，丰富个人的文化生活，以文化人、以文育人，提升素养，实现个体发展，这种阅读的能量可以通过个人进一步向家庭、社区传递，提升服务品牌的影响力，客观上促进全民阅读。

3. 唤醒和提升个人的信用意识

信用服务将原有的押金制约转换成信用制约，把读者对于图书馆资源与服务的利用建立在信用机制之上，对其信用产生了具体的要求，从而唤醒和提升读者的信用意识。若读者自身有信用缺失的情况，就不能享受图书馆的信用服务。而社会信用体系的建设要求居民维持良好的信用，读者也因此会更加注重维护自身的信用，避免因不当使用公共图书馆的信用服务造成更广泛的不利影响，这反过来也有益于公共图书馆的信用服务。

二、宁波图书馆信用服务对公共图书馆的价值

1. 促进公共图书馆服务模式的集成和创新

自李克强总理在政府工作报告中宣布实施“互联网+”行动计划以来，我国许多行业呈现出快速与互联网深度融合的良好态势。公共图书馆信用服务，便是公共图书馆与以移动支付技术、大数据征信技术为代表的新技术的融合产物。将这些技术的高效、快速、精准优势加以转化利用，与公共图书馆相关业务进行对接与融合，实现公共图书馆服务模式的集成与创新[①]。

① 李明. 我国公共图书馆信用服务研究[D]. 上海:华东师范大学,2019.

集成，主要体现在跨部门、跨业务、跨领域的沟通与合作。公共图书馆有自身的工作流程和规章制度，新的时代背景下，这些流程制度需要以更加人性化、智能化的形式与读者对接。公共图书馆信用服务体系中，配送书库的建设需要与文献资源采购、编目等工作环节进行对接；而总分馆体系的不断发展，又需要这些文献资源实现数据流上的汇聚与打通，是一个跨部门的整体系统。对于读者来说，这套系统是其享受顺畅服务的基础，用户通过图书推荐的方式以更信息化的形式参与到公共图书馆所提供的服务当中，是对图书馆与读者关系的革新，也是对图书馆服务流程的重塑。它改进了押金制度、到馆借阅等旧服务模式带来的弊端，是一种全新的集成式创新。

2. 提升和改善公共图书馆的服务效益

公共图书馆信用服务的意义价值还在于提升服务效率，降低服务成本。读者借助信用服务，足不出户在手机上即可完成浏览、借阅等操作，书籍配送上门，全程无需到馆，免去了缴纳押金、办理借阅证等环节，将传统借阅时往返图书馆所耗费的安全、交通、人力等隐性成本计算在内，信用服务对于读者使用体验的提升具有重要推动作用。考虑到目前总分馆体系内，有的文献资源收藏量较少，或所处的分馆地理位置比较偏僻，信用服务从根本上解决了因地理空间限制给读者借阅带来的各种不便，是公共图书馆服务效能提升的体现。

公共图书馆也从信用服务中获得了良好的社会效益。宁波图书馆将信用服务的芝麻信用分门槛设置为 550 分，有芝麻信用分的用户，基本都可以享受到信用服务的便利，这对于公共图书馆挖掘全社会潜在读者人群、实现文献资源的广泛高效利用具有重要意义。更多的读者意味着更多的文献资源需求，倒逼图书馆之间实现文献资源共建共享，解决图书馆之间长期存在的封闭、孤立、低效问题。

同时，公共图书馆通过大数据分析，可以实现对读者阅读喜好的定位，从而设计阅读推荐系统，为读者推荐更多符合其阅读兴趣的图书，以海量文献资源供给来创造读者需求，实现了图书馆服务的智能化、人性化和高效化。有利于提升公共图书馆的服务效能，实现公共图书馆的社会责任与历史使命。

3. 促进公共图书馆服务均等化

均等性是公共文化服务体系的基本属性和核心特点。信用服务将“信用”与

“阅读”相连，有力地推进了公共阅读的均等化，对于公共文化服务体系均等化目标的实现具有重要的意义[①]。公共图书馆信用服务体现了“以人为中心”的图书馆服务理念、“公共、公开、共享”的图书馆精神和思想，符合国家《公共图书馆法》关于“平等、开放、共享”的服务原则，符合联合国教科文组织《公共图书馆宣言》(1994)中“公共图书馆的服务以平等利用为基础，不分年龄、种族、性别、宗教信仰、国籍、语言或社会地位，向所有的人提供服务”的要求，是对公共图书馆人文精神的丰富与发展。

信用服务对公共阅读均等化的促进，主要表现在两个方面，即服务人群的均等化和服务区域的均等化。

1）促进服务人群的均等化

信用服务促进了服务人群的均等化，它以新颖、时尚、便利的服务特色，成系列、成批量开发出隐性读者群体，优化了图书馆读者结构，吸引了一批原来不是读者的用户成为了图书馆的读者。从存量层面看，服务人群的均等化既包括城市中的青壮年群体，也惠及农村地区的广大人口。

首先，对公共图书馆发展具有积极作用的青壮年群体和社会精英群体，因到馆借阅的时间成本和受限的服务体验阻碍了他们与图书馆的深层接触，使之成为图书馆急需吸引又无从下手的潜在读者 。信用服务依托互联网平台，以信用代替办理借书证，简化了传统服务相对繁杂的手续，通过提供更好的体验、更低的门槛来吸引青壮年群体积极利用图书馆的服务。这一创新举措恰好契合了青壮年群体的生活方式、生活习惯与生活偏好，使更多的年轻人能够“走入”公共图书馆，“走入”到公共文化设施中。已有统计数据显示，“天一约书”的用户主要集中在“80后”、“90后”，占总人数的四分之三。可以说，信用服务为公共文化服务惠及青壮年群体搭建和提供了一个很好的平台和路径，为公共图书馆解决这一长期面临的困扰提供了新的思路。

其次，免除办证押金，体现户籍平等。办证押金一直是困扰众多公共图书馆的“老大难”问题。为了防止国家财产流失，押金的存在有其必要性。但是，由于事业单位较为复杂的财政制度，押金导致了一些图书馆在资金管理上的混乱，

① 褚树青,宋红霞. 公共图书馆的价值解读[J]. 图书馆研究与工作,2018(4):17-20.

再加之某些用户的不理解，甚至会造成图书馆员和读者之间在收押金、退押金等问题上的矛盾[①]。为此，部分公共图书馆开始尝试推进免押金服务，最主要的方式是与当地政府公共信用信息服务中心合作，将借阅证与城市市民卡结合。这样的方式较之押金办证有先进性，但并没有完全解决问题。首先，并非所有城市都建立了相对完善的公共信用信息系统，并发行了办理个人社会事务、享受公共服务的市民卡，因此，不具备大面积复制的可能；其次，更为重要的是，类似的平台都是区域性的，和户籍制度联系在一起，随着城市间人口流动得越来越频繁，造成了公共图书馆在服务过程中对所谓本地人和外地人的区别对待，形成了新的不平等。信用服务可以在一定程度上解决这一问题。以芝麻信用为代表的第三方信用服务机构跨越了区域的限制，任何用户只要达到图书馆认可的信用等级，即可享有图书馆服务，不但免去了押金带给图书馆和用户的不便，也实现了公共图书馆服务中的户籍平等，让所有人包括流动人口都可以平等无差别地享有公共文化服务的福利[②]。

再次，在我国广大农村地区依然存在着由于图书陈旧、借阅不方便等因素导致的图书借阅率低的问题。信用服务通过技术的叠加，将线上选书与线下物流配送相结合，使农村地区的居民无须再往返公共图书馆，通过“线上点单，线下配送”的方式就可阅读到优质的图书资源，让传统图书借阅从“跑一次”变为“跑零次”，即使是偏远地区的居民，也可足不出户尽享读书的乐趣。这种通过信用实现线上借还的方式，也有效盘活了图书馆的资源存量，提高了图书资源的利用率。

2）促进服务区域的均等化

信用服务不仅促进了服务人群的均等化，还促进了服务区域的均等化。从宁波市来看，宁波图书馆信用服务是对宁波图书馆空间的延伸与拓展。宁波图书馆信用服务通过送书到家，通过在社区、地铁、公共场所铺设 24H 自助借阅柜，极大地缩短了读者利用公共图书馆资源与服务的距离，提升了公共图书馆服务使用的可及性，尤其是对于公共图书馆服务建设相对不充分的偏远地区来说，实现了资源的共建共享。

---

① 吴建中. 以信用打造图书馆与读者之间的新型关系[J]. 图书与情报,2017(5):5.

② 褚树青,屠淑敏. 公共图书馆信用服务的缘起、价值与创新意义[J]. 图书馆学刊,2018,40(1):3-7.

从浙江省来看，当前省域范围内公共图书馆服务体系建设所体现出的成效仍然局限在区域内的资源共建共享，不同区域之间由于地理位置的区隔等尚未形成紧密的联系，信息孤岛问题依然存在。信用服务通过引入第三方机构破除了使用区域的限制，为消除信息孤岛造成的借阅障碍，推进公共图书馆以信用为依托、以跨城市的通借通还服务为基础、建立跨省及跨地区的图书馆信用联盟提供了可能性。

2018 年“4・23 世界读书日”，在浙江图书馆举办的 2018“图书馆之夜”启动仪式上，浙江省公共图书馆信用服务平台的正式开通。浙江图书馆联合全省 11 家市级图书馆和 3 家少儿馆，以信用为手段推动全省免证、免押金借阅图书，并以此为基础，共同构建以按需采购（也称“信阅”）、快递借还和通借通还为核心的文献流通共享体系，一个共建、共用、开放、共享的无边界图书馆信用服务联合体正在浙江全省范围内逐渐形成[①]。

从 4 月 23 日起，浙江省公共图书馆即统一以信用分 550 分作为起步分，并推行统一的身份认证方式，只要芝麻信用分达到 550 分，就能成为全省任何公共图书馆的用户，全省任何公共图书馆的用户只要凭身份证就能在任何图书馆享受同等的图书馆服务。这个信用服务平台还将开通以信用为手段、以用户需求为导向、供需无缝对接的全省“信阅”服务，任何人可开通任意图书馆的信用服务，全省任何图书馆的读者均可在“信阅”平台选书，快递配送至读者指定的省内地址，45 天内就近归还至全省任何公共图书馆，书可留在当地图书馆继续流通。通过这样的新书流通共享机制，既满足了读者的个性化阅读需求，又节省了读者归还图书的物流成本，并且实现公共图书馆资源的共存、共建、共管、共享，最终建成一个平等、开放、合作、共享的公共图书馆共同体。宁波图书馆也加入到全省的这个公共图书馆共同体中。

4. 推动实现阅读平台的普遍化与标准化

信用服务在促进公共阅读均等化的同时，还在一定程度上解决了阅读平台的统一和推广问题，这对于开展公共文化服务、推动全民阅读和建设书香宁波、书

---

① 浙江人读书新福利!凭芝麻信用分全省图书馆随你借[EB/OL].[2021—05—18].http://zj.zjol.com.cn/news.html?id=923169

香浙江、书香中国具有重要的价值。因为如果各个文化机构自己搭建平台，加剧成本支出的同时，势必还会面临标准的制定、统一及落实推广等问题。但如前所述，以往由于地理区划等因素的限制，国内还未能建成一个统一的公共信用平台，图书馆领域也还没有形成统一的读者信用平台。

宁波图书馆信用服务依托第三方信用平台，成功搭建了一个可复制、易推广的平台。“可复制、易推广”主要体现在三个方面。首先，信用服务创造性地将“信用”与“图书馆”相连，只要用户的芝麻信用积分在550分及以上，即可免押金免借书证借还图书。读者无须亲自到馆，通过线上借阅、线下物流配送的方式，就能阅读到心仪的图书。与传统的借阅服务相比，模式简单容易复制，具有较强的可操作性。其次，共享经济下发展起来的第三方信用服务机构都是全国性的，没有使用区域的限制，具备在所有城市公共图书馆推广的可能性。如果各地的公共图书馆都能使用同一个信用平台开展服务，不同图书馆的馆藏资源完全可以借助这一平台打通。最后，信用服务综合了移动端和互联网的优势，基于第三方信用平台，更加便利了读者对公共图书馆文献资源的利用。当然，信用服务作为一项公共图书馆与商业机构联合推出的服务，必然存在一定的风险，但不能据此“因噎废食”，毕竟风险可以经由措施加以管控。总体而言，公共图书馆的信用服务，开创了互联网、大数据应用于公共图书馆服务的新形式，搭建了新的公共图书馆服务线上线下相结合的信息平台，从而有效解决了阅读平台的搭建、统一和推广问题，推动实现公共图书馆阅读平台的普遍化与标准化。

5. 扩大公共图书馆服务的社会力量参与

社会力量介入到公共图书馆服务中具有十分重要的意义。观察任何一项图书馆创新服务的成功之处，基本上都离不开社会力量的参与合作。

信用服务作为公共图书馆的一项创新尝试，它的实践也离不开社会力量的参与，至少需要依托稳定的运行系统及高效的物流配送。宁波图书馆与芝麻信用合作推出的“天一约书”信用服务实践，一方面回应了《公共文化服务保障法》和《公共图书馆法》的社会化要求，在积极调动社会力量、吸引社会资本投入公共图书馆服务建设的同时，也为社会力量参与其他公共图书馆服务甚至公共文化领域提供了新的渠道。另一方面，通过整合社会力量，进一步推进了公共文化服务的社会化、专业化发展。

第三方信用平台和公共图书馆的合作，体现了公共文化服务领域“政府主导、社会参与”的一种新气象。公共图书馆可以跟专业机构服务互补，用户共有，资源共享，平台共建，共同构建城乡的公共文化空间[①]。

在信用服务社会参与的过程中，要避免两个问题，一是去专业化，另一个就是政府甩包袱[②]。宁波图书馆信用服务在与芝麻信用合作的过程之中，坚持自建服务团队，以图书馆专业化服务为主导，社会参与力量围绕着图书馆专业化运作而行动，使图书馆信用服务不再仅仅表现为信用的商业化社会特性，而呈现出图书馆的专业化服务和文化元素，直接给用户带来便利。信用服务将“信用”的理念和实践引入图书馆，以信用完善管理，代替押金、赔付，不仅利于重构图书馆管理方式，重建图书馆与读者的关系，重塑图书馆服务流程，而且通过“信用”来联结多个图书馆的借阅系统，也将推动不同图书馆之间的优质资源共享。信用服务通过吸引社会力量的广泛参与，也直接促进了公共图书馆信用服务水平的提高，为用户提供更精准、更专业、更便捷的公共文化服务。

6. 打破信息孤岛

共享经济下发展起来的第三方信用服务机构具有全域性特征，没有使用区域的限制，具备在所有区域推广的可能性。信用服务是对公共图书馆馆际互借的完善和拓展，从另一个角度实现全社会的资源共享，使全国公共图书馆之间的资源共建共享成为可能。如果各地的公共图书馆都能使用同一个信用平台开展服务，不同图书馆的馆藏资源完全可以借助这一平台打通，通过“信用”建立起服务联盟，对于公众而言，每一个图书馆都是没有“边界”的，每一位用户都可以最大限度地使用图书馆的资源。一个共存、共建、共管，开放、共享、共用的无边界图书馆服务体系将逐步建立[③]。

除此之外，信用服务还是一个创新生态系统，具备可扩展性。比如，可以不断接纳新的图书馆系统接入，不断丰富服务数据，不断扩大跨城市随借随还的范围；从线上服务发展到线下服务，借鉴互联网商业的“新零售”模式，以信用为

---

① 阮可. “信用+阅读”:图书馆服务创新的浙江样本[N]. 新华书目报,2019-03-08(10).

② 张广钦. 公共图书馆信用服务的支撑、前提、效能与未来[J]. 图书与情报,2017(5):10-14.

③ 褚树青,屠淑敏. 公共图书馆信用服务的缘起、价值与创新意义[J]. 图书馆学刊,2018,40(1):3-7.

基础打造24小时无人自助图书馆；接受个人藏书的加入，从公共图书馆发展到个人图书馆，帮助个人图书更好地流转，打造以“信用”为基础的阅读分享平台，最终实现知识的流转等。虽然这些目前只停留在设想阶段，但都具备未来发展的可能性。可以说，信用服务为公共图书馆事业的发展打开了新的想象力，是可以改变公共图书馆服务生态的具有可持续发展能力的创新。

7. 公共图书馆人文精神的丰富和发展

公共图书馆信用服务不仅是一项技术上的创新，从人文角度，也是一场对公共图书馆人文精神丰富与发展的变革。公共图书馆是人民的大学，承担了社会教育的职能，是对社会全体公民知识自由的一种保障制度。但是现实中不少图书馆对于自身价值的认知比较保守，仅仅停留在保存文献资源上，仿佛把文献资源收藏于书库、将其束之高阁作为自身存在的意义。这样保守的“自我意识”在这个知识快速传播、共享观念蓬勃发展的时代，无疑是落后的，也不利于体现公共图书馆自身对促进全体社会成员知识进步的推动作用。公共、公开、共享是公共图书馆精神的诠释。公共图书馆信用服务，实现了公共图书馆的免押金进入，近乎消除了社会各界的入馆门槛；其创新性的书籍配送模式又为时间敏感人群提供了借阅图书的新方式；总分馆制度又为信用数据的流动提供了平台，代表着我国公共图书馆正在突破传统的“保存文献资源”的观念，逐渐走向“全民知识共享”的理念，体现了我国公共图书馆与时俱进的服务胸怀。这不仅体现了我国公共图书馆人对公共图书馆精神的坚守，更是对公共图书馆时代精神的发展与创新。此外，在我国社会诚信体系建设的大背景下，公共图书馆信用服务展现了鲜明的时代特征，其背后的立意已经从单纯的公共图书馆服务创新，上升到了构建诚信社会、实现人民对美好生活的向往的时代主题，是我国公共图书馆精神及全体公共图书馆人与社会主流价值体系的一次有机对接[①]。

三、宁波图书馆信用服务对社会的价值

公共图书馆信用服务对于整个社会具有文化引领作用，它的意义是高于商业性引领的。

---

① 李明. 我国公共图书馆信用服务研究[D]. 上海:华东师范大学,2019.

这个过程也相当于与在众多图书馆用户中传播、推广和普及了“信用有价、信用是金”的诚信理念，形成人人都可以感知并且可以管理的信用体系，是对诚信理念在服务中的具象化，有助于诚信理念的传播、推广和普及，有助于培育用户的信用意识，有助于推进信用社会建设。

信用服务客观上宣传和普及了社会信用知识，弘扬了诚信文化，营造了诚信的舆论环境和社会氛围，提升了全社会的信用意识，创新和丰富了公民道德和社会诚信建设。“图书馆+信用”构建和完善了公共图书馆读者信用管理体系，充分发挥图书馆大数据的价值，并将之置于社会文化信用体系建设当中，积极参与，为社会信用体系的建设做出独特贡献。

随着全社会信用体系的建立，尤其是公共服务领域社会信用体系的发展，图书馆信用体系与社会其他信用体系连接，这就使得“图书馆+信用”不仅仅是图书馆事业的创新，而是将公共图书馆服务立足于整个社会的发展、整个国家的进步这一高度，把公共图书馆的发展置于实现中华民族伟大复兴的层面，是图书馆界将行业发展融于社会发展的积极体现，充分反映了公共图书馆事业的人文关怀，是公共图书馆人文精神对接主流价值体系以凝聚社会共识的一次尝试。

“信用+阅读”的意义已经超越阅读本身，超越图书馆服务，一定程度上推进了供给侧结构性改革在公共文化服务领域的深化，为整个公民道德和社会诚信体系建设做出了有效探索。在“互联网+”环境下，对图书馆绩效的衡量，更多应是看其调动资源的能力而非拥有资源的数量，使用往往比拥有重要，分享往往比使用重要，通过分享让更多阅读群体充分享用图书馆资源。“信用+阅读”不仅进一步释放出对用户诚信、文明素养的充分信任，还构建了一个完全开放共享的公共图书馆服务网络，通过联合，以更强大的行业力量来服务社会①。我们相信，随着“信用+阅读”服务的逐步推广和学界的积极探索，各地将逐渐建立起具有中国特色的图书馆信用体系，把读者、公共图书馆、社会机构紧密地联结在一起，不断推进中国公共图书馆走入新时代，带来新气象，牵引新作为②。

① 褚树青.图书馆+信用:公共图书馆的发展愿景[J].图书与情报,2017(5):6-7.

② 阮可.“信用+阅读”:图书作服务创新的浙江样本[N].新华书目报,2019-03-08(10).

四、后疫情时期公共图书馆信用服务的价值再判断

每次重大危机或灾害都将给社会公众和行业组织带来思维变革和结构重组，公共图书馆也概莫能外。对读者而言，此次新冠肺炎疫情使其学习方式、阅读习惯发生变化；对公共图书馆而言，疫情导致图书馆空间关闭，众多功能被迫暂停，传统的图书流通方式遭到阻隔，使得信用服务这一新生事物迸发了令人惊异的能量。

第一，“天一约书”在疫情期间不停止服务、疫情后迅速恢复正常运营的表现，使其便利性和稳定性得到肯定，“天一约书”的无接触投递到柜服务是常规图书流通方式难以比拟的。第二，疫情期间，其他服务尤其是传统流通服务的暂停，使得“天一约书”在这一阶段的知名度大大提升。疫情期间两个月间新增近 5000 名读者，进一步扩大信用借阅读者群体，培养了部分读者信用借阅的习惯；借阅图书 9 万余册，人均借书约 3 册，极大地提升了读者对于“天一约书”的依赖。第三，由于线上书友会、微信交流群以及好书推荐活动的存在，“天一约书”的线上宣传推广活动更加活跃，也为后疫情时期服务奠定了基础。最后，疫情期间对于“天一约书”来说，也是总结、沉淀的一个机会，帮助“天一约书”团队、宁波图书馆更好地认识到自己的价值，也使得服务能够更贴合用户的需求。

随着疫情防控进入常态化，传统图书馆服务时刻面临停滞甚至中断的挑战。以“信用评价”“无接触”与“自主选择”等为核心竞争力的信用借阅服务，将在后疫情时期保持稳定的发展势头，并倒逼公共图书馆服务转型、促进用户端理念更新。在“数字中国”建设的大背景下，在疫情常态化防控的大环境中，以宁波图书馆“天一约书”为代表的信用服务模式无疑会越来越受到人们的关注和欢迎，也给未来公共图书馆的飞跃变革提供了无限可能性。

第六章　宁波图书馆信用服务未来展望

经过近四年的实践探索，宁波图书馆的信用服务已经形成了一套较为完善的体系，也取得了一定的成果和荣誉。但信用服务的潜力还没有被完全开发，需要我们从各方面去完善信用服务模式和提升信用服务质量。

本章对宁波图书馆的信用服务未来进行了展望，明确了宁波图书馆信用服务发展方向。并提出了一些适合宁波市及宁波图书馆实际情况的发展策略。

第一节 宁波图书馆信用服务未来发展方向

一、联盟化

近年来，宁波通过开展各种形式的阅读活动，精心打造“书香之城”。如宁波图书馆围绕“全民阅读”这一主题，结合地域文化特点，在全市上下组织开展了内容丰富、形式多样的“全民阅读”活动。由于公共图书馆资源、力量有限，而宁波市社会阅读团体、实体书店、民间阅读场所拥有着各自的优势，因此，宁波图书馆认识到依靠社会力量进行阅读推广的重要性，逐渐增强了与社会团体的合作，以期搭建一个资源共享、优势互补的平台，依靠全社会共同参与来推动“全民阅读”，进一步推动阅读推广活动向深度、广度发展，进而推动“书香之城”建设。在此背景下，2016 年，宁波阅读联盟在宁波图书馆的牵头下成立，成员包括 19 家社会阅读团体、12 家亲子绘本馆、19 家实体书店和 11 家公共图书馆。这是我市整合社会优质阅读资源、促进“全民阅读”的积极探索。

成立宁波阅读联盟的目的是促进“全民阅读”，具体而言：一是建立阅读的公共分享平台并提供阅读交流分享场所；二是推出“阅读推广人”培育行动，建立“阅读推广人”培训、论证制度；三是提供特色定制服务，解读政策，提供决策参考咨询，指导和引导联盟成员开展个性化阅读活动，培育市民阅读兴趣；四是推动相关政策制定，争取政府部门扶持，为培育阅读团体、有效开展“全民阅读”推广活动营造良好环境；五是发挥联盟的桥梁纽带作用，定期组织联盟成员开展阅读推广经验交流座谈、参观考察学习等交流活动；六是组织开展“全民阅读”推广活动。

宁波阅读联盟成立两年来，各成员单位积极合作，通过开展一系列阅读活动，影响和组织广大群众参与到“全民阅读”活动中来，共筑书香城市文脉。2016 年，宁波图书馆与联盟成员单位天一青年读书会合作，完成《宁波阅读地图（手绘版）》的绘制，勾勒全市阅读设施和资源，首批面向公众免费发送 2 万份。2016

年“宁波读书周”期间，联盟与实体书店和社会阅读团体等合作共同策划推出“城市书单”，突出大众阅读、城市阅读、流行阅读并举等元素，既有反映宁波城市文化特色的图书，又有国内外优秀书籍，引导市民读好书，精读书。2016年“世界读书日”期间，宁波阅读联盟举行宁波读书人分享大会、“书香宁波·人文之旅”专题活动、“地铁阅读”“悦读分享会”等一系列阅读活动，影响和组织周边的人参与到“全民阅读”活动中来。2017年“世界读书日”期间，与联盟成员单位联合推出“领读者”活动，在全市范围内征集到百名优秀“领读者”。这些“领读者”在2017年的宁波市“全民阅读”系列活动中，带领市民朗读经典作品，包括到图书馆、书店、读书会等平台朗读，引领“全民阅读”。在“2017宁波读书周”期间，宁波阅读联盟积极承办“2017阅读马拉松”活动。本次活动全市联动，在同一天同一时间段，全市15个活动点同步开展，共同带动“全民阅读”热潮。除了宁波图书馆，其他宁波阅读联盟成员单位也积极参与，各区县（市）10个公共图书馆，天一书房、甬上枫林晚·由学书舍、甬上枫林晚联谊店、十里红妆书店等实体书店联动举行了“阅读马拉松”活动，全大市将近400名读者参与了这场大型的阅读活动，共读一本书，重温纸质书阅读，享受了一段完整的阅读时光。2018年“世界读书日”期间，联盟成员单位推出70余项阅读推广活动，其中由宁波阅读联盟指导、读书人俱乐部举办的宁波“全民阅读”“百人百场”公益活动在4月23日“世界读书日”当天启动。来自各行各业爱好阅读的群众组成八个队伍共同推广，为“全民阅读”助力。此次活动充分发挥了民间读书组织的优势，带动了甬城“全民阅读”的风潮。可见，联盟成员单位参与“全民阅读”的触角已延伸至各类阅读推广活动中，特别是“世界读书日”“宁波读书周”等大型活动，都可见他们的身影①。

建立阅读联盟是一项新举措，是宁波市文化事业发展中的新鲜事物，开展联盟活动，做好联盟工作，需要在实践中勇于创新、不断探索。宁波图书馆作为联盟发起单位，一直积极承担起统筹指导、组织策划联盟活动的责任，与联盟成员单位协调沟通；充分发挥联盟的纽带作用，与联盟成员单位团结协作、群策群力、凝心聚气，为推动联盟发展做出积极贡献。

---

① 刘燕.“阅读联盟”助建“书香宁波”[J].宁波通讯,2019(3):64-65.

至今，在宁波市公共图书馆服务体系的基础上，运用第三方信用机制，使得以宁波图书馆为代表的公共图书馆、宁波阅读联盟其他成员以及读者三大利益相关者之间能够建立起多重信任关系，再通过社区服务网络、地铁服务网络等服务网络的延伸与支撑，形成了具有特色与代表性的书香宁波——宁波公共图书馆信用服务网络。

二、标准化

走联盟之路，才能在打通全国业务网的基础上更方便地让用户使用信用服务。既然要开展联盟化运作，那么就需要标准化的操作流程与技术参数，通过标准化，使整个信用服务的过程、操作、服务、技术要求等都统一起来，保证信用服务在更广泛的范围内团队作业。所以说，如果图书馆信用服务要想更加成熟、广泛地开展起来，就必须要走联盟化与标准化的发展之路。依靠单个馆构建信用体系，其覆盖人群不广，权威性不高，推广性不强，并非推进图书馆信用服务的最佳选择。实践经验表明，统一图书馆信用制度建设的标准，让更多的图书馆加入进来，逐步建立图书馆间的信用共建共享机制才是长久之计。

图书馆建立的信用体系不应是一个内部评分，而应是一个普适性的标准，然而一套标准要做到准确性、可解释性和稳定性却很不容易，因此任何一套标准都不一定能确保其他图书馆都认同和推广，同时也很难在图书馆以外的领域产生影响。而依托成熟的第三方信用机制却不一样。第三方信用机制能增加信用体系的公信力，加大失信成本的威慑力度，更好地帮助图书馆建立完善自己的信用体系，同时惠泽社会。支付宝旗下的芝麻信用，它在全国拥有3亿用户，覆盖全国318个城市，在各个城市拥有广泛的用户基础。宁波图书馆的“天一约书”服务依托芝麻信用积分的准入测评为读者开通无证借阅，实现免押金免办证无现金服务，使公共图书馆业务打破空间地域的限制，无论外地人、本地人，线上还是到馆，只要有信用积分。经验表明，图书馆只有与这样完备的“互联网”或者“本地化”信用体系相结合，才能有效地将用户、图书馆以及其他社会领域紧密联系在一起，对于在全国范围内推行信用制度，构建一个诚信、和谐、统一的图书馆信用体系，才具有推广的现实性和可行性[①]。

三、个性化与社会化

根据读者的信用等级确定其所能接受的图书馆的服务水平和层次是图书馆开展个性化分级读者服务以及保证服务质量的一条有效途径。其做法是以用户信用数据库为基础，通过建立一套评分体系来开展分级的读者服务。

宁波图书馆在 2.0 升级阶段，对于读者信用数据也进行了初步分析与利用，但还处于初级阶段。国内已有一些图书馆开始尝试利用读者信用数据，如杭州图书馆“信用借还”服务利用芝麻信用积分的同时实现了采集读者基本信息、读者借阅信息、读者处罚信息等基本功能（包括读者逾期次数、图书损毁处罚记录等），核准读者的借阅权限和加强风险控制。它详细区分处罚信息，不同程度的违约行为将扣除相应的信用积分，最后将读者借还记录统一收集在芝麻信用的个人信用档案内，根据读者使用图书馆产生的行为，每月进行评估，通过系统的评分系统自动赋予积分值，返回到读者的信用账户中，更新芝麻信用积分。当积分达到相应等级，便为读者提供分级式服务，或奖励提高其图书借阅册数、种类、期限等，或赋予其在图书馆的优先利用权，最后系统能够综合分析评估出读者的信用程度，而信用积分的减少将影响其使用公共图书馆的权利。

公共图书馆信用服务社会化是指公共图书馆信用服务与社会信用体系相连接，实现读者信用影响个人信用，读者信用向个人信用的融合。从而实现读者信用影响个人对其他社会公共资源（如个人信贷、租房、共享单车等）的权利。通过这种方式最终让信用成为人们自我约束、遵守社会既定规则的一条准则，并以此来保障图书馆资源的完整性、提高其利用率，加强用户的信用意识，发挥公共图书馆的社会教育职能。目前，芝麻信用的“信用+”服务已经在 37 个行业落地，相信未来公共图书馆的信用积分将进一步对读者生活的方方面面产生信用余波和共振，信用积分高便能享受免押金借雨伞、借充电宝、借玩具、信用出行、信用住宿等便利，信用在使读者切身感受到生活的便捷和美好的同时，也会让更多人更自觉诚信。

---

① 亢琦,李扬扬. 手机自助图书馆流通服务在国内图书馆的实践进展[J]. 高校图书馆工作,2019(5).

第二节 宁波图书馆信用服务提升对策

在党的十九大，习近平主席提出："我国社会主要矛盾已经转化为人民日益增长的美好生活需要和不平衡不充分的发展之间的矛盾。"保障人民的基本文化权益、促进文化大发展大繁荣，坚持普惠性、保基本、均等化、可持续方向，提高公共服务共建能力和共享水平是图书馆义不容辞的责任。特别是在《公共图书馆法》和《公共文化服务保障法》两法的保障下，图书馆事业发展的形势大好。

一、推动宁波图书馆信用服务标准化、一体化建设

图书馆是国家重要的文化与教育机构，在保存民族文化遗产、传播信息与知识、实施国民终身教育、提高国民整体素质，促进国家文化、教育、科技事业的发展乃至提升国家综合竞争力等方面发挥着越来越重要的作用。对图书馆实行法治化、标准化的管理，一直是图书馆界追求的目标。宁波图书馆信用服务要想获得进一步发展，需要推动宁波图书馆信用服务标准化、一体化建设。

首先，应继续推动《书香宁波 2020 建设》以及各项相关政策的制定与实施，以实现信用服务的可持续性发展，满足公众对知识、信息及相关文化活动的需求，实现与保障公众的基本文化权益，构建覆盖城乡的公共图书馆信用服务体系，促进社会物质文明和精神文明建设。将公共图书馆各项工作纳入法制轨道，从根本上协调公共图书馆事业发展的内外环境及运作机制。

其次，完善宁波地区公共图书馆服务体系的建设。推进公共图书馆总分馆制建设，建立以宁波图书馆为中心馆，各区图书馆为总馆，街道综合文化站为分馆，社区综合文化服务中心为服务点的总分馆体系，推进全市公共文化服务区域联动，共建共享，实现地区图书馆整体化发展。进一步完善公共图书馆服务标准，形成全市一体化的公共图书馆信用服务机制。

此外，还应进一步加大全市公共图书馆"一区一特色"的建设。各区馆在与总馆保持管理和服务一体化的基础上，求同存异，突出各区馆特色，走具有本馆

特色的信用服务发展道路。

二、与传统到馆借书互为补充，强化基础服务与品牌优势

宁波图书馆信用服务应进一步完善服务网络，完善信用借阅柜在农村等偏远地区的布局，实现信用服务与资源向基层倾斜，包括进一步提升已实现的市、区二级借还和流通的水平和能力，实现服务点进一步向社区、街道、大型企事业、机关延伸，构建城乡一体化的那边图书馆信用服务网络，使公共服务、公共资源下沉，努力大同文化惠民的“最后一公里”。

进一步打造“天一约书”服务品牌，深化服务效能，为读者提供更加规范化、人性化的服务，增强对图书馆利用的意识与兴趣，包括不断加大“天一约书”服务的线上线下阅读推广活动的力度，创新“天一约书”的线上服务内容与服务形式，凸显品牌的优势与特色，整体布局，合理定位，提供阶梯式的多方位的文化品牌服务。

三、深化“信用+图书馆服务”的社区模式

“天一约书”“信用+图书馆服务”在为居民提供便捷服务的同时，也破解了基层社会治理中的一个难题，是社会信用体系建设助推基层社会治理的一个创新实践，属全国首创。建议进一步深化这种“信用+图书馆服务”的模式，在更多的社区试验、推广这种模式。通过创建一批社会信用建设示范社区、设立信用借还社区服务点等方式，鼓励更多的社区和图书馆合作，把信用惠民创新应用带到更多的社区，设立信用借还社区服务点等方式，鼓励更多的社区和图书馆合作，把信用惠民创新应用带到更多的社区。

四、实现“信用+图书馆服务”的高校公共馆联动

近年来，在合作、开放、共享的大背景下，高校图书馆不断开放馆藏资源，在图书馆资源的开放利用、共建共享方面取得了不少突破。“信用+图书馆服务”这种便捷、时尚的服务模式也符合当代年轻人，特别是大学生的消费使用习惯。因此，可以考虑通过高校图书馆和公共图书馆的联动，搭建统一的平台，实现公共图书馆和高校图书馆的资源共建共享。既让高校学生可以享受到公共图书馆的

文化资源，也让高校图书馆的丰富馆藏通过“信用+图书馆服务”模式满足更多读者的需求，更好地为当地的经济社会发展和文化发展服务。

五、与社会力量合作，拓展宁波图书馆信用服务建设

2007年10月，中国图书馆学会组织召开第二届“百县馆长论坛”会议，对“社会力量参与图书馆建设”主题进行讨论，认为社会力量也是支撑图书馆建设事业发展的重要力量，这一认识越来越受到图书馆学界和社会学界的重视。2008年10月，中国图书馆学会正式颁布了《图书馆服务宣言》，指出图书馆愿与一切关心图书馆事业的组织和个人真诚合作；图书馆欢迎社会各界通过资助、捐赠、媒体宣传、志愿者活动等各种方式，参与图书馆建设。2013年，党的十八届三中全会发布《中共中央关于全面深化改革若干重大问题的决定》，指出要构建现代公共文化服务体系，推动公共文化服务社会化发展，鼓励社会力量、社会资本参与公共文化服务体系建设。2015年，国务院办公厅转发《关于做好政府向社会力量购买公共文化服务工作的意见》，为顺利推动我国政府向社会力量购买公共文化服务创造了良好的政策环境。由此，关于“社会力量参与公共图书馆建设”的问题得到了政府部门、图书馆学界、图书馆业界的普遍关注和重视，并为其顺利开展提供了政策支持、理论支撑和实践探索①。

六、融合现有社会服务，整合社会优势资源

公共图书馆是构建公共文化体系的重要组成部分，它不仅是公共文化资源的交流和供应平台，也是广大市民在生活、工作之外的“第三空间”。因此，公共图书馆在坚持政府主导和公共财政支撑的同时，更要融合现有的社会力量所开办的公共文化服务的服务形式和内容，充分利用社会资源，创新图书馆服务，增强“天一约书”信用服务发展动力。广泛建立“天一约书”活动品牌的服务与宣传渠道。通过媒体平台进一步开发建设“天一约书”系列精品栏目；通过网站、APP、微博、微信等网络平台扩宽活动品牌服务与宣传渠道。不断完善宁波图书馆信用服务体系。

宁波图书馆信用服务还应该积极融入“书香宁波”“信用宁波”之中，培育城

---

① 马祥涛,王威.关于“社会力量参与公共图书馆建设”的思考[J].新世纪图书馆,2016(3):73-77.

市阅读氛围，培养全民良好的阅读习惯。积极推动政府将信用作为履行公共文化服务职责、提供公共文化服务产品的重要抓手，为信用服务提供导向、政策和资金等支持，保障活动的常态化和规模化。

此外，为青少年、弱势群体提供专项服务。制定中、长期青少年信用服务推广计划，针对不同年龄阶段的未成年人设计符合年龄心理的阅读推广活动。为老年人、残障人士等特殊群体创造便捷的阅读环境，提供更加人性化的服务方式。根据务工人员的需求及阅读特点，提高阅读技能，激发阅读学习兴趣。

除了与现有社会服务的融合，更为重要的是，需要融合全市公共图书馆服务体系的内容，促进全市公共图书馆形成合力，扩大宁波市公共图书馆服务的社会效益。

公共图书馆服务的融合，不仅展现了宁波市各馆的特色，吸引读者的参与，更为重要的是扩大了宁波市公共图书馆服务体系的社会影响力，推动越来越多的公众关注公共图书馆的服务，并参与公共图书馆的服务中来，实现了图书馆的社会价值。

七、加强“信用+图书馆服务”的信息安全保障

在公共图书馆和第三方信用体系合作过程中，存在着读者信息等安全保障问题。为了促进“信用+图书馆服务”的进一步发展和提升，建议由地方政府通过政策、法规等形式加强对信用信息的安全监督职能，对接市民征信系统，建立信用读者黑名单制度，加强风险管控。研究建立读者信用信息数据库，设立信用分级管理或积分制度，建立奖惩制度，不同信用积分，享受不同权益。保障“信用+图书馆服务”健康有序推进，促进社会信用体系建设的发展①。

八、加强对外交流与合作，扩大社会影响力

首先，宁波图书馆应继续加强与国家图书馆、国内先进的省市级图书馆及十五城市公共图书馆的沟通合作。积极参加中国图书馆年会及展览会、十五城市公共图书馆工作研讨会及各类业界研讨会，与国内同行保持紧密的联系与合作，互相交流学习，提高馆内员工的业务水平。

① 楼芳娟,张幼君,郑卫光. 芝麻信用借书面临的问题及其对策[J]. 图书馆论坛,2018(9):14-16.

其次，宁波图书馆应加强与国际图书馆界的交流与合作，推动宁波地区文化“走出去”，包括积极参与国际图书馆界的文化交流与合作，与国际友好城市图书馆建立合作关系，选派业务骨干出国进行短期业务培训，探索馆际岗位交流机制，开展讲座、展览交流活动等。2020年7月，宁波图书馆“天一约书”项目（dating a book in 24 hours）入选国际图联国际营销奖前十，宁波图书馆应借这次机会，把宁波图书馆信用服务走出去，积极推动宁波图书馆信用服务的国际化发展。

此外，宁波图书馆信用服务还应拓展与其他机构的合作，努力实现跨界合作、资源共享联动，加快构建全社会现代公共文化服务体系。通过与博物馆、档案馆、展览馆、出版社、书店、轨道交通、新闻媒体等社会资源的交流与合作，相互借力，加强社会互动，让市民共享资源，营造良好的公共关系，推动事业发展。

九、“文化+旅游”，融合“诗与远方”

中国共产党十九届三中全会组建了文化和旅游部，审议通过了《中共中央关于深化党和国家机构改革的决定》和《深化党和国家机构改革方案》。2018年3月13日，国务院有关负责人在第十三届全国人民代表大会第一次会议上所作的《关于国务院机构改革方案的说明》中指出：“组建文化和旅游部。为增强和彰显文化自信，统筹文化事业、文化产业发展和旅游资源开发，提高国家文化软实力和中华文化影响力，推动文化事业、文化产业和旅游业融合发展，方案提出，将文化部、国家旅游局的职责整合，组建文化和旅游部，作为国务院组成部门。……不再保留文化部、国家旅游局。”2018年3月17日，第十三届全国人民代表大会第一次会议通过了关于国务院机构改革方案的决定。2018年3月20日，文化和旅游部干部大会在京召开，会上宣布了中央关于文化和旅游部领导班子任命的决定。2018年4月8日上午，新组建的文化和旅游部正式挂牌。至此，国务院关于组建文化和旅游部的机构改革举措正式落地，“诗与远方”的新一轮统筹发展正式启动前行，也为新时代公共图书馆与旅游深度融合发展创造了文化管理的全新体制环境，公共图书馆与旅游深度融合逐渐摆上议事日程。

旅游与文化联姻，发展旅游文化和文化旅游是旅游业不断发展，旅游者消费理念不断成熟，审美情趣不断深化的必然趋势。挖掘文化内涵，提高文化品位，以满足旅游者的文化需求，促进旅游的文化沟通，创造和传播旅游文化品牌，是新时期旅游业进一步发展的重要方向，公共图书馆作为文化资源的集散地，对于挖掘旅游景区（点）的文化内涵，提升旅游产品的文化品位，彰显旅游文化品牌具有不容忽视的重要作用。各级公共图书馆在推动当地的旅游产业、发展旅游经济的各种合力中占有重要的一席之地。

公共图书馆服务与旅游融合是一个颇具发展潜力和广阔前景的新领域。首先，文化旅游的发展趋势需要公共图书馆的全面介入和参与。文化旅游是以历史文化资源为中心，经过市场运营，形成的一种旅游形式，文化旅游运行的价值在于将优越的文化资源转化为旅游的产品优势和市场优势，成为具有鲜明个性文化特质的文化品牌。文化旅游是寻求人、环境、文化三者最佳结合的方式，要求突出特色、展示个性。文化个性越鲜明、项目特色越突出，文化含量就越大，品位越高，就越能吸引游客。全国各地的不少文化资源是旅游精品、极品、孤品，有着极大的吸引力。中华大地悠久的历史文化积淀，需要调动生动的形式去揭示各个区域所蕴涵的悠久历史与厚重文化，复苏其中的历史氛围，带动一个个旅游的热点，传承和发展当地的历史文化。

其次，文化与旅游的内在联系要求公共图书馆参与旅游文化建设。文化和旅游有着内在的有机联系，如果没有文化的推动，也就没有旅游业的发展；同时，旅游业的发展，能够突出当地的多元文化形象，成为推动文化产业发展的引擎。文化和旅游相辅相成、相得益彰。文化为内涵，旅游是形式，让游客在旅游中，领悟到旅游资源中深层次的文化内涵，感受异地异族独有的文化气息，开阔视野、增长知识、陶冶情操，能够促使旅游走向高雅、走向现代。以文化作为感染力，支撑旅游、充实旅游，能够使旅游增加文化的厚重感和迷人色彩。

此外，公共图书馆参与旅游文化建设也是自身发展与未来定位的需要。随着社会的发展、时代的进步，各级公共图书馆都面临着如何发展，尤其是如何与时俱进，在新形势下充分发挥各种资源优势，拓展服务功能，为社会提供更好的服务，从而“有为有位”，巩固自身地位等迫切的问题。就目前而言，把握发展文化旅游的有利时机，进一步加强为旅游文化建设服务的深度和力度，以良好的服务效果，培养公众对公共图书馆的信任，扩大图书馆在全社会的影响和声誉，让政府及时了解图书馆对社会的贡献和成就，争取获得良好评价和支持，从而使政府增加兴办公共图书馆的经费投入，为公共图书馆的生存和发展争取良好的政策环境、法律保障和财政支持。

综观国内外图书馆的发展历程，文旅融合已经有了一些实践探索和理论思考。大英图书馆的前身为1753年在伦敦建立的大英博物馆，而博物馆正是旅游业发展的重要吸引物之一；2002年落成的埃及亚历山大图书馆得到了全球许多国家的共同合作，其建筑外观高雅优美的倾斜圆面向全世界演绎了古埃及的太阳神文化，该馆自落成以来，旅游参观者如云，图书馆为此专门在超大多层的空间中设立了一个由玻璃围幕组成的高位观景台，既方便游客欣赏图书馆大厅的全景和导游的讲解，又能避免对读者的干扰；2005年落成的新加坡国家图书馆新馆也从多个层面向人们诠释了"诗与远方"的融合。在16层的建筑中，在第5层和第10层的外台设计有数百平米的绿化庭院；在第16层专门设计有饮食休闲观光区，读者和旅游者可以在此喝咖啡，鸟瞰新加坡全景。

进入21世纪以来，我国公共图书馆在文旅深度融合方面开展了诸多探索，提供了各具特点的实践案例。浙江省丽水地区的图书馆人勇于创新实践，在2015年前后开始规划并实施将书吧嵌入民宿、融入景点、走向街头，让书香散布在无数的民宿之中，成为丽水最优雅的文化风景。天津市滨海新区图书馆坐落在滨海文化中心东侧，建筑面积3.3万平方米，每天开馆11小时，全年无闭馆日。该馆自2017年10月1日对外开放以来，努力满足人民群众对文化的新需求，积极探索文旅深度融合方式，成为中国当代图书馆最具世界影响力的高颜值文化地标①。

宁波图书馆与旅游融合已有先例，宁波图书馆新馆宁波图书馆新馆以其周边优越的自然环境、精美独特的造型迅速成为"新晋网红"，自身成为旅游景点。

2016年4月23日，宁波图书馆和宁波市旅游局合作，在南塘老街宁波城市旅游形象推广中心内专门设置了特色主题阅读分馆——"人文地理馆"，馆藏包括世界地理、中外文学、风土人情、游记散文等人文地理主题的特色书刊3000册，同时，馆内还配有自助借还机和计算机，并实现和全市公共图书馆的"一卡通"

① 王世伟. 关于公共图书馆文旅深度融合的思考[J/OL]. 图书馆,2019(2):1-6[2019-05-09]. http://kns.cnki.net/kcms/detail/43.1031.G2.20190218.1707.002.html.

通借通还服务，方便宁波市民和景区旅客利用相关服务。在实现服务宁波市民的同时，人文地理馆深深契合南塘老街的旅游属性，充分发挥了对宁波旅游宣传作用，实现“图书馆+景区”融合模式。

宁波图书馆信用服务与旅游结合也有先例，那就是宁波图书馆信用服务的书香地铁网络，公共交通设施是旅游服务基础设施的重要组成部分，宁波图书馆信用服务与宁波轨道交通的合作也是文旅融合的重要表现。

今后，进一步深化“图书馆+信用+景区”、“图书馆+信用+特色小镇”、“图书馆+信用+酒店”、“图书馆+信用+交通”和开发“图书馆+信用+？”等公共图书馆信用服务与旅游模式，是宁波图书馆信用服务发展的重要方向。

第七章　公共图书馆信用服务发展趋势

公共图书馆信用服务自2015年开始步入正轨，发展至今已将近6年。在各馆的实践和探索中，逐渐发现了当下信用服务存在的一些问题，比如与第三方信用平台合作的安全性，覆盖范围的局限性、文献资源库不足和宣传力度较差等问题。但这些问题的发现正是信用服务更好发展的基础，只有正视这些问题，并且通过合理有效的方法去修正才能使公共图书馆信用服务发挥其应有的价值。

本章通过对文献的研究和实践的总结，提出了公共图书馆信用服务的发展趋势，希望能对当前开展信用服务的公共图书馆提供有价值的参考和建议。

第一节　制定标准，建设信用服务规范体系

一、建立行业统一的信用服务标准

当前图书馆信用服务体系构建的主要任务是设立统一的图书馆信用服务标准。目前，关于公共图书馆信用服务标准体系的研究仍处于起步阶段，还没建立起通用的信用服务标准[①]，缺乏对于各类违反信用的行为和惩罚手段系统的理论指导标准。不论以读者积分为基础的信用服务还是以第三方征信平台为基础的信用服务，公共图书馆都面临着建立信用服务标准这一问题。没有信用服务标准体系，公共图书馆信用建设就很难形成规模与体系。

因此，公共图书馆界需要建立统一的信用服务行业标准来指导公共图书馆的建设。统一的信用服务标准应该是根据图书馆内部的运行机制和实际效果，通过公共图书馆、高校图书馆、企业图书馆等各类服务主体共同商议和计划后制定的关于图书馆有效管理的标准，包括用户信用准入标准、信用等级标准、信用反馈标准。统一用户信用准入标准就是确定用户免押金进入图书馆的实际信用指标或数据；信用等级标准就是对用户的实际信用进行等级评估，确定图书馆提供的实际等级服务；信用反馈标准是指针对图书破损、毁坏或逾期等行为建立的信用扣除标准。建立统一的信用服务标准能为全行业的图书馆信用服务竖立运行标尺，从而推动图书馆信用服务活动的有序进行[②]。

不论是加入现有的社会信用平台还是在完成自身信用服务建设后再选择与社会信用平台合作，公共图书馆都无法忽视内部的信用服务标准的建立过程。若没有这样一套指标体系，公共图书馆信用建设就很难从点到面，真正形成规模与体系。因此，未来公共图书馆领域急需建立行业统一的信用服务标准，用于指导公

---

① 陆和建,阮张平,张思琪.我国公共图书馆信用服务现状及启示[J].图书馆学研究,2020(3):66-71.

② 莫云凌,叶翔.信用时代图书馆信用服务体系构建的缘起、价值与路径[J].河南图书馆学刊,2019,39(12):127-129.

共图书馆信用服务建设[①]。

二、设立读者信用反馈制度

根据读者的信用等级确定其所能接受的图书馆的服务水平和层次是图书馆开展个性化分级读者服务以及保证服务质量的一条有效途径。其最好的做法是以用户信用数据库为基础，通过建立一套评分体系来开展分级的读者服务。

如杭州图书馆“信用借还”服务利用芝麻信用积分的同时实现了采集读者基本信息、读者借阅信息、读者处罚信息等基本功能（包括读者逾期次数、图书损毁处罚记录等），核准读者的借阅权限和加强风险控制。它能够详细区分处罚信息，不同程度的违约行为将会被扣除相应的信用积分，最后再将读者的借还记录统一收集在芝麻信用的个人信用档案内，根据读者使用图书馆服务产生的行为，每月进行评估，然后通过系统的评分系统自动赋予积分值，将其返回到读者的信用账户中，更新芝麻信用积分。当积分达到相应等级时，便为读者提供相应的分级式服务，比如奖励提高其图书借阅册数、种类、期限等，或赋予其在图书馆的优先利用权。最后系统能够综合分析评估出读者的信用程度。而信用积分的减少将影响其使用公共图书馆的权利，乃至使用其他社会公共资源（如个人信贷、租房、共享单车等）的权利[②]。

通过这种方式最终能让信用成为人们自我约束、遵守社会既定规则的一条准则，并以此来保障图书馆资源的完整性、提高其利用率，加强用户的信用意识，发挥出公共图书馆的社会教育职能。目前，芝麻信用的“信用+”服务已经在 37 个行业落地，相信未来公共图书馆的信用积分将进一步对读者生活的方方面面产生信用余波和共振，信用积分高便能享受免押金借雨伞、借充电宝、借玩具、信用出行、信用住宿等便利，信用在使读者切身感受到生活的便捷和美好的同时，也会让更多人更自觉诚信。

---

① 李春媛,伍巧,宋红霞. 芝麻信用借阅与公共图书馆信用服务[J]. 图书馆论坛,2018,38(9):17-21.

② 寿晓辉,叶丹,翁亚珂. 公共图书馆开展信用服务的实践与策略——以杭州图书馆为例[J]. 图书与情报,2017(5):15-19.

三、建立读者信用评价体系

信用时代，互联网技术的不断发展和进步加速了人们各类信息的传播。面对日益变化的用户信用数据，构建图书馆信用服务体系变得越来越重要。图书馆需要利用互联网完善用户的信用数据，从而促进信用服务的公平公正开展。图书馆需组建用户信用分析团队，引入智能数据分析设备和技术，对用户的各类信用记录进行分析和整合，建立起图书馆用户信用数据库，真实地记录用户之前发生失信行为的时间、事件及造成的影响。同时，图书馆还应利用互联网分析技术对用户可能发生失信行为的几率进行预测，并将预测结果及时上传至图书馆的用户数据库，以便图书馆根据信用记录开展信用等级服务[①]。

良好的信用评价体系和科学的信用管理能够加强规范读者的守信行为。公共图书馆对读者的信用借阅服务不应该仅限于图书的借还管理，还应根据读者在借阅中的守信、失信行为构建信用档案，设计一套科学的评价体系对读者的信用进行评价，所得分值计入信用档案，再根据读者的信用进行分级管理。这样既可以给读者提供良好的信用阅读体验，培养读者的诚信习惯，又可以提升图书馆的信用借阅服务能力，提升社会的文明素养。

设计图书馆信用管理评价体系时应包含读者信用分级管理，制定详细的奖惩细则，如达到一定的信用分值可提高图书借阅上限、借期延长、快递费用打折、赠送礼品、邀请参加图书馆活动等。例如，山西晋城市图书馆对读者借阅实行信用管理制，先为每位读者提供 100 起始分，读者通过信用借阅行为加分或减分以获得不同的权限。如每借一册书加 1 分，每天不超过 3 分；参加图书馆活动并登记，每次加 5 分；参加图书馆组织的志愿者服务，每次加 10 分，每年最高累积 100 分，每 100 积分可兑换借阅图书 1 册，上限为 3 册。逾期还书每天每册减 1 分，无上限；污损书籍每次每册减 30 分，情况严重无法阅读的还需购买同款图书归还；丢失书籍每次每册减 50 分，且需购买同款图书归还；重复办理读者借阅证的，在原积分基础上减去 20 分；当信用积分为负时，读者的借阅证将被冻结 30 天不能借阅图书。晋城市图书馆信用积分管理制对图书馆开展读者信用分级管理

---

① 莫云凌,叶翔. 信用时代图书馆信用服务体系构建的缘起、价值与路径[J]. 河南图书馆学刊,2019,39(12):127-129.

具有一定的借鉴意义[①]。

定期开展图书馆用户信用评估和反馈活动，有利于图书馆及时获取用户的信用情况，及时调整信用服务体系构建的方向。图书馆应利用信用评估小组收集的数据实现对用户信用等级的定期评估。图书馆只有充分了解用户的信用需求和图书馆在信用服务体系构建过程中出现的问题，才能提供更加高效的服务[②]。

四、建立预警机制，及时防范风险

对于公共图书馆在与第三方征信平台合作中可能面临的平台不稳、用户信息泄露、易被捆绑等安全隐患，图书馆应提前建立预警预案，对于可能出现的风险提出具体措施加以预防，以保证信用服务能够长期、稳定运行，同时保证对获取的用户个人信息、借阅信息等个人隐私进行严格保密。如，要求第三方征信机构对于被拒绝使用相关业务的读者明确告知其被拒绝的理由，并完善信用平台技术，避免由于平台问题出现拒绝读者使用相关业务的情况等。同时，图书馆应协同相关的管理部门从外部加强对征信机构的监督和管理，促使征信机构严格遵守《征信业管理条例》《征信机构管理办法》，以保证征信机构信用平台的信用信息完整可靠[③]。

第二节 合作共赢，扩展信用服务边际

一、公共图书馆信用服务联盟化

褚树青等认为公共图书馆信用服务是共享经济和公共图书馆融合的结果。想要更大程度地发挥公共图书馆信用服务效能，需要更多的图书馆参与，通过加强业务合作的方式，走联盟之路。公共图书馆信用服务联盟化，需搭建公共图书馆

① 傅宝珍. 公共图书馆芝麻信用借阅服务研究[J]. 国家图书馆学刊,2020,29(4):48-56.

② 莫云凌,叶翔. 信用时代图书馆信用服务体系构建的缘起、价值与路径[J]. 河南图书馆学刊,2019,39(12):127-129.

③ 吴仲平. "图书馆+第三方"信用服务模式的探索与思考[J]. 图书馆理论与实践,2019(5):13-16.

资源共建共享统一服务平台，制定统一标准接口，建立统一的信用服务标准规范，共同开展读者信用管理工作。有了统一的信用服务平台，公共图书馆海量的馆藏资源便可共享。如浙江图书馆联合全省公共图书馆建立了“浙江省公共图书馆信用服务平台”，通过统一入口，全省的馆藏图书可以一键检索，不同城市的居民通过信用服务平台，就可以借阅到其他城市图书馆的馆藏图书[①]。

在“2017 公共图书馆信用服务论坛第二次会议”上，杭州图书馆馆长褚树青、蚂蚁金服芝麻信用总经理胡滔共同签署战略合作协议并宣读《公共图书馆信用服务宣言》，同时，一张中国公共图书馆信用服务的地图亮起了 23 盏灯，这标志着“图书馆+信用”的杭州模式已得到全国 23 家公共图书馆的积极响应，加入了图书馆信用服务体系，为实现无边界公共图书馆信息服务而努力。未来，“图书馆+信用”的模式将使每一个图书馆都能够突破地域边界和行政界限服务每一个人，并将陆续向全国各地推广，共同助力现代公共文化服务体系以及信用社会的建设。

“信用联盟”的建立对于公共图书馆信用服务的发展以及“无边界图书馆”的实现无疑是里程碑式的事件，但对此也有公共图书馆的代表从不同的角度提出了质疑，认为城市的公共图书馆是为本地纳税人服务的，没有义务为其他城市的读者服务，且在为其他城市读者服务的过程中也存在着服务成本的问题，在操作上是有一定难度的，如果由国家图书馆或者文化部来施行似乎更具合理性。

对此，褚树青馆长认为，对于图书馆人而言，无边界实际是一种胸怀。全球图书馆借书量下降是不争的事实，只有将文献资源联合起来才能成为图书馆最大的资源，相比为使用了纳税人的钱而惭愧，图书馆更应该担忧馆内书籍无人使用的问题。图书馆全球绩效考核一个很重要的指标，就是多少人是因为图书馆的存在而来到这个城市的？又有多少人利用了图书馆的馆藏？所以说，人文精神是图书馆必须具备的一个重要元素。同时，图书馆也需要寻找合作伙伴，合作伙伴是图书馆真正转型发展的孵化器，因为图书馆本身不可能具备所有行业的技术、大脑、资金，只有借助社会力量才能不断完善服务，实现互赢互利。

---

① 罗燕.公共图书馆开展信用服务的实践与对策——以合肥市图书馆为例[J].大学图书情报学刊,2020,38(4):110-114

关于信用服务到底应该由谁来做的问题，阮可教授提出了自己的观点：从国家层面上来讲，自上而下的改革是有难度的，需要基层先行先试，如果有若干个城市去实施服务而且取得很好的效果，一定会倒逼更多的城市去尝试这种创新。改革是一个破冰的过程，需要顶层设计和基层探索相结合。

针对图书馆义务的问题，徐建华教授则直接从税收的角度予以回答：我国是以间接税为主，这说明其他地区的公民其实也在间接为当地城市纳税。这样看来，图书馆的无边界服务就显得理所应当了。总之，我们希望未来能有更多的公共图书馆加入“信用联盟”，为实现无边界图书馆而努力，当图书馆服务中没有地域限制，只有用户概念的时候，我们的公共精神、我们的开放共享才能得以真正实现①。

浙江图书馆在信用服务方面更是迈开大步，立足浙江，惠通全国，首批百万册涵盖各个门类的馆藏图书于 2018 年 12 月 30 日在“信阅”平台上线，以快递借阅的形式开放给全国读者。服务无门槛、阅读无边界不再是空谈。未来，信用将成为连接图书馆的重要途径，从市到省，从省到跨省，从国内到国际，将全世界图书馆联合起来。

二、加强与第三方平台合作

依靠单个馆构建信用体系，其覆盖人群不广，权威性不高，推广性不强，并非推进图书馆信用服务的最佳选择。实践经验表明，统一图书馆信用制度建设的标准，让更多的图书馆加入进来，逐步建立图书馆间的信用共建共享机制才是长久之计。图书馆建立的信用体系不应是一个内部评分，而应是一个普适性的标准，然而一套标准要做到准确性、可解释性和稳定性却很不容易，因此任何一套标准都不一定能确保其他图书馆都认同和推广，同时也很难在图书馆以外的领域产生影响。而依托成熟的第三方信用机制却不一样，第三方信用机制能增加信用体系的公信力，加大失信成本的威慑力度，更好地帮助图书馆建立完善自己的信用体系，同时惠泽社会。

第三方征信平台应在社会上具有较大影响力，这样其提供的信用记录对于公

① 徐建华,路锦怡.公共图书馆信用服务:信用时代的图书馆服务创新——2017 年公共图书馆信用服务论坛第二次会议综述[J].图书馆学刊,2018,40(1):12-16.

共图书馆才具有参考价值，并得到广大读者的认可。因此，图书馆在选择合作平台时必须谨慎，要从多个方面考量，如合作平台的规模、稳定性、信息安全性、发展目标等。如杭州图书馆合作的市民卡公司征信系统和支付宝旗下的芝麻信用。特别是支付宝旗下的芝麻信用，它在全国拥有三亿用户，覆盖全国 318 个城市，在各个城市拥有广泛的用户基础。杭州图书馆的“信用借还”服务依托芝麻信用积分的准入测评为读者开通无证借阅，实现免押金免办证无现金服务，使公共图书馆业务打破空间地域的限制，无论外地人、本地人，线上还是到馆，只要有信用都可以尽享便利的阅读，真正实现了零门槛和零距离。经验表明，图书馆只有与这样完备的“互联网”或者“本地化”信用体系相结合，才能有效地将用户、图书馆以及其他社会领域紧密联系在一起，对于在全国范围内推行信用制度，构建一个诚信、和谐、统一的图书馆信用体系，才具有推广的现实性和可行性①。

三、完善第三方合作机制

公共图书馆确定与第三方征信机构合作时，事先制订的协议及条文不能太粗略，涉及实际问题时需要明确规定。

（1）与合作方签订一份职责明确、内容细致的合作协议或责任书，公共图书馆必须认真履行自身职责，切忌将信用服务建设完全交由第三方托管。一方面，要以图书馆自身的专业化服务为主导，使第三方社会力量围绕图书馆专业化运作而行动；另一方面，图书馆要发挥对合作信用平台的监督作用，定期对第三方平台所统计的读者信用加减分情况进行监察，以保证信用制度公平合理。这样才能使图书馆信用服务体现出图书馆的文化元素，为用户带来更优质的体验。如，图书馆可以要求第三方征信机构及时对读者信用活动过程中所产生的信用信息（如借还书记录、参与图书馆服务记录、读者活动记录等）进行调整；同时，图书馆要根据读者的具体行为做出权限调整，并及时反馈至第三方征信平台。

（2）创新合作关系、合作制度来构建稳定共赢的合作关系，保障合作者的根本利益。建立有效的沟通机制有助于提高合作双方的工作效率，降低工作中的差错率。在图书馆信用服务的过程中，合作双方可通过电话、QQ、微信、E-mail、

---

① 寿晓辉,叶丹,翁亚珂.公共图书馆开展信用服务的实践与策略——以杭州图书馆为例[J].图书与情报,2017(5):15-19.

研讨会等途径建立多元化的沟通机制。通过科学合理的评估机制，既可判断前一阶段合作目标是否实现或实现的程度，也可为下一阶段制定合作任务及合作目标提供科学依据，起到督促与激励的作用。图书馆要定期对信用服务合作的利益相关者在合作过程中投入的资源和获得的效益进行科学评估，评估指标主要包括各合作方利益被满足的程度、各合作方利益被满足的速度、各合作方主动合作的参与度等[①]。

四、吸引社会力量参与建设

在“互联网+”背景下，任何一项创新服务都需要跨界合作，需要社会各阶层力量的深度参与。近几年来，社会各个领域、各个行业如书店、物流、企业等与图书馆的合作越来越紧密和广泛，推出了一项项惠民、利民的图书馆新型服务，推出了一场场精彩纷呈的文化活动，取得了良好的社会效益[②]。

图书馆信用服务要想深入开展，同样不能孤军作战，而是要积极争取、联合社会力量的参与，对信用体系建设的完善、公正，对信用数据的甄别、提取、评价以及读者因不同的信用指数而享有的不同“价值”图书馆权利等信用服务核心问题提出意见、建议，并深度参与实施过程，讨论服务的利弊得失，进一步完善服务。有了社会力量的深入参与合作，才能更大范围地覆盖服务人群，才能有效保障服务质量，真正将信用服务落到实处，提高图书馆服务效能。整合、共享优质资源，打造无边界图书馆。图书馆要寻找同盟，打破一直存在的文化信息壁垒，整合、共享优质资源，打造无边界图书馆，实现公共服务普惠便利[③]。

五、注重顶层设计，争取政府支持

加快信用体系建设。完备的信用体系以及规范化、科学化的信用管理是公共图书馆信用服务可持续开展的关键。近年来，我国社会信用体系建设在很多基础领域和关键环节取得重要进展。从国家层面来看，无论体系的顶层设计、代码制度、信息归集共享、部际联动的联合奖惩制度，还是信息公开条例、首批示范城

① 吴仲平.“图书馆+第三方”信用服务模式的探索与思考[J].图书馆理论与实践,2019(5):13-16.

② 叶丹,寿晓辉,吴仲平,章雪斌,叶婷.信用服务可持续发展性研究[N].新华书目报,2019-04-19(18).

③ 叶丹,寿晓辉,吴仲平,章雪斌,叶婷.信用服务可持续发展性研究[N].新华书目报,2019-04-19(18).

市等的推出，都预示着我国社会信用体系建设日趋完善。在地方层面来看，各地积极探索如何让社会信用体系市场化、服务化、本地化。部分地区不但推出了地方性的信用法规，同时在信用服务方面进行了更多的尝试，如诚信卡、信用乘车、市民信用评价、政务诚信指标体系，等等。

公共图书馆应当将信用服务取得的阶段性成果向政府进行总结汇报，使政府能够重视到图书馆这项创新服务在推广全民阅读中的重要意义，吸引政府参与到信用服务的顶层设计中，制定相应的法律法规，完善相应的制度措施来保障图书馆信用服务的发展。

同时要积极争取政府的资金投入，设立经费补贴来解决线上借书“邮费贵”的问题，真正做到让读者借阅无后顾之忧。同时，应增加图书投递到柜服务点，增加智能书柜的投放台数，让信用借阅体系能够覆盖到城市阅读空间和社会力量参与运营的图书馆，让用户在家门口就能享受到图书馆的便捷服务，提升读者的借阅体验感①。

在信用体系方面，目前政府征信体系依托的是央行个人信用信息基础数据库，该数据库由央行主导，信息全部来自商业银行和各政府职能部门，包括公民的真实身份信息、职业、收入状况、婚姻状况、银行信贷活动、社保和公积金信息、日常失信行为、违法犯罪历史等，具有全面、权威、真实、准确且唯一等特点。图书馆如能接入央行征信体系，则可大大提高图书馆信用的公信力和威慑力，广泛惠泽社会。2019 年 9 月 2 日，互联网金融风险专项整治工作领导小组、网贷风险专项整治工作领导小组联合发布《关于加强 P2P 网贷领域征信体系建设的通知》，明确提出央行征信体系向社会机构开放。这弥补了民间金融征信缺口，有利于完善央行征信系统，促进信用社会建设，同时也为图书馆接入央行征信体系提供了可行空间。《中华人民共和国公共图书馆法》第八条规定：“国家鼓励和支持发挥科技在公共图书馆建设、管理和服务中的作用，推动运用现代信息技术和传播技术，提高公共图书馆的服务效能。”图书馆事业是国家公益事业，建立行业信用标准体系，用信用代替信任，是运用高科技信息手段落实《公共文化服务保障

---

① 罗燕.公共图书馆开展信用服务的实践与对策——以合肥市图书馆为例[J].大学图书情报学刊,2020,38(4):110-114.

法》和《公共图书馆法》，是现代公共文化服务的一个创新举措，是促进全民阅读活动的一个新窗口，也应成为社会征信体系的一部分，应能得到政府的支持[①]。

公共图书馆应积极争取政府部门支持，制定详细的保密细则和服务方案，从央行获得授权，接入央行数据库。之后，公共图书馆可进一步在央行数据库信息资源的基础上打造图书馆信用借阅标准体系，在全国实行统一的起步分、失信行为评判标准、配送费用等，使全国公共图书馆信用借阅体系实现共建共享，促进图书资源在全国范围内的流通共享。建立图书馆自己的信用借阅 APP，可以使用户不再受户籍和支付宝用户身份的限制，随时随地轻松借阅图书[②]。

公共图书馆在信用体系建设过程中应充分利用国家政策制定合理的发展战略，由政府相关部门牵头建立多部门、跨地区的信用联合奖惩机制和平台，在国家宏观政策的指导下切实开展图书馆信用服务。如上海市各级各类公共图书馆借阅信息全部纳入上海市信用信息平台，该平台提供来自上海市政府部门、司法机关、事业单位等 70 多个来源近千条信用数据，读者可凭借良好信用记录享受到图书馆的信用借阅服务，而其一旦在社会生活或者图书馆借阅活动中发生失信行为，就将被停止借阅权限。这是充分利用国家政策进行扶持的有效实践。

第三节　以人为本，加强用户体验

一、提高用户体验

体验感是用户的第一感觉，这种感觉包括操作习惯、使用后的感受、给工作和生活带来的实际价值，等等，其好坏直接决定了用户的去与留。优化服务内容，保障公众就近、便捷、有效地获取信息知识是图书馆的服务宗旨，因此提升读者体验感是增强公共图书馆信用服务影响力的有效举措。

在与第三方信用平台的合作方面，以“芝麻”信用为例，为简化读者开通芝

---

① 傅宝珍. 公共图书馆芝麻信用借阅服务研究[J]. 国家图书馆学刊,2020,29(4):48-56.

② 叶丹,寿晓辉,吴仲平,章雪斌,叶婷. 信用服务可持续发展性研究[N]. 新华书目报,2019-04-19（18）.

麻信用借阅的步骤，图书馆可以与蚂蚁金服的合作伙伴广州图创软件公司协商，优化信用借阅的服务界面，提供开通分值提示，使读者在选择服务时能得到明确提示，有更多选择权，增强服务体验。

在读者借阅操作方面，可以增设书目检索和书目浏览系统。方便快捷的书目检索系统能帮助读者快速找到所需文献，提升服务满意度。各图书馆应积极增设服务页面，丰富服务内容，提供服务指引，突出服务功能。例如，在“找图书”下设书目检索系统，提供分类、主题、书名、作者等检索途径，方便读者检索书籍；建立书目浏览系统，按照《中国图书馆分类法》的分类规则有序组织书目信息，便于读者浏览与借阅。同时应注意，书目信息要力求完备，应包括书名、作者、出版社、内容简介、精彩书评等内容，以激发读者的借阅兴趣，提升读者信用借阅的体验感和芝麻信用借阅的口碑①。

二、拓展服务，发挥信用服务优势

图书借还只是众多服务中的一种，公共图书馆今后应逐渐拓展信用服务的内容和类型，将读者参与的图书馆活动和其他图书馆资源也纳入信用服务体系。除了基础的借阅服务外，公共图书馆信用服务还可以包括使用流动图书馆、自助图书馆、移动图书馆等延伸服务和图书馆的公益讲座、读者培训、阅读推广活动。读者使用图书馆资源或报名参与图书馆活动并成功签到即可增加积分，如报名未到则扣分。目前，已有图书馆使用微信小程序开展活动签到。“嘉图借书”中积分商城也可以实现这一功能。图书馆除了实体图书资源以外还包括数字资源，如数据库、电子书等，杭州市图书馆还为儿童提供玩具借阅服务，部分公共图书馆提供爱心雨伞的服务。随着公共图书馆信用服务的发展，这些资源的使用情况也应包括在读者信用服务中②。

同时公共图书馆应将借阅资源类型从实体书扩展到数字资源。芝麻信用与快递服务的结合是对于实体书借阅模式的突破，目的是让读者足不出户即可借阅读书，但公共图书馆没必要将信用服务与实体书借阅“捆绑销售”。数字资源具有的便捷性优势，是信用借阅的极佳服务内容。《文化部“十三五”时期公共数字文化

① 傅宝珍. 公共图书馆芝麻信用借阅服务研究[J]. 国家图书馆学刊,2020,29(4):48-56.

② 陆和建,阮张平,张思琪. 我国公共图书馆信用服务现状及启示[J]. 图书馆学研究,2020(3):66-71.

建设规划》提出，到 2020 年，基本建成与现代公共文化服务体系相适应的开放兼容、内容丰富、传输快捷、运行高效的公共数字文化服务体系，建成一批结构合理、内容丰富、品质精良的公共数字文化资源。公共图书馆作为公共文化服务体系的重要组成部分，应当重视数字资源的建设和提供。如果能将数字资源纳入信用服务内容中，对提高数字资源使用效率具有重要意义。但是，必须承认数字资源的管理比实体资源的管理更加复杂，将之纳入服务范围会给公共图书馆管理提出更大挑战，如数字资源使用规则、防盗等都是需要考虑的问题[①]。

三、加强读者的参与和互动

《图书与情报》常务副主编魏志鹏认为，现代社会是一个互动的社会，图书馆单向地为读者提供服务不容易使读者产生成就感，如果能够让读者参与到图书馆的建设之中，为图书馆提供建议，那么将会吸引更多的读者群体。信用服务作为一种新兴的服务模式，同样更加需要读者的参与和互动，一方面，公共图书馆可以进一步扩大信用服务的领域，从纸质资源借阅向数字资源、数据资源、网络资源服务扩展，从大众化服务向个性化服务、定制化服务延伸，吸引更多读者参与；另一方面，公共图书馆可以借鉴流行地打 CALL、点评、分享以及自建社区等模式，增加读者参与互动的积极性，以促进信用服务朝着更加成熟的方向发展[②]。

第四节 坚持创新，引领借阅服务发展

一、信用服务模式融合互补

依托政府征信平台的信用服务和依托商业平台的信用服务是公共图书馆信用

---

① 李春媛,伍巧,宋红霞. 芝麻信用借阅与公共图书馆信用服务[J]. 图书馆论坛,2018,38(9):17-21.

② 徐建华,路锦怡. 公共图书馆信用服务:信用时代的图书馆服务创新——2017 年公共图书馆信用服务论坛第二次会议综述[J]. 图书馆学刊,2018,40(1):12-16.

服务的主要模式，两种模式各有优劣[①]。公共图书馆信用服务应当朝着两种模式有机融合的方向发展，二者互为补充，共同构成公共图书馆信用服务体系。信用服务的开展离不开信用法律体系建设，信用经济必然是法制经济。因此，全公共图书馆行业的信用服务发展过程中，政府力量将会起到决定性推动作用。公共图书馆需要借助政府信用平台增加信用服务的公信力，为信用服务发展方向提供引导。另一方面，通过依托于市场的公共图书馆信用服务建设模式，为公共图书馆建设增加活力，减轻政府信用建设的压力。从公共图书馆实践看，在加入政府为主导的社会信用平台的同时，上海杨浦区图书馆、苏州市图书馆等也直接与芝麻信用合作，开展芝麻信用借还书业务。这也证明了两种模式结合发展对于公共图书馆信用服务建设是可行且有效的[②]。

二、发展技术创新

北京大学信息管理系副教授张广钦对于图书馆信用服务的创新发展提出了自己的看法，首先，信用服务的创新不是孤立的，需要和其他创新结合起来，集成创新。对于信用服务来说，它依托于互联网技术，更离不开互联网服务的创新，只有将这些服务手段融为一体，将传统服务与创新服务一体化，才能实现最大的效益。且目前图书馆的信用服务是有限制的，类似于图书逾期费、馆藏损害、遗失等其他不诚信行为是无法通过信用服务规范的，需要图书馆不断探索，同时依靠技术的手段、大数据的分析、云平台的集成，促进信用服务向精细化与个性化转变[③]。

---

① 罗燕.公共图书馆开展信用服务的实践与对策——以合肥市图书馆为例[J].大学图书情报学刊,2020,38(4):110-114.

② 李春媛,伍巧,宋红霞.芝麻信用借阅与公共图书馆信用服务[J].图书馆论坛,2018,38(9):17-21.

③ 徐建华,路锦怡.公共图书馆信用服务:信用时代的图书馆服务创新——2017年公共图书馆信用服务论坛第二次会议综述[J].图书馆学刊,2018,40(1):12-16.

第五节　降本增效，提高信用服务“性价比”

一、加强宣传，提高信用服务知名度

信用服务作为信用经济时代公共图书馆的新服务模式并不为人所熟知，目前全国只有200多家公共图书馆开通此项服务。而截至2017年全国共有3166家公共图书馆地处县（区）以上区域，互联网、物流网都比较完备，完全具备开通信用服务的条件。国家应出台相关条例鼓励全国的公共图书馆开通信用服务，让更多读者享受信用服务的无门槛、零距离红利。

同时，借助多渠道宣传推广信用服务，通过当地媒体、官网、微博、微信公众号、公交地铁站等宣传信用服务，用图文并茂的形式使图书馆零门槛信用服务广为人知，激活潜在的读者，推动全民阅读。

此外，支付宝拥有强大的网络资源和用户群体，宣传营销更便利，效果也更可期。近年内，支付宝APP在平台举办的一些活动，如新年的“集五福”活动、蚂蚁森林“种树”公益创新或支付宝“奖励金”活动等，均取得了显著的效果与不错的收益。公共图书馆应借鉴这些活动形式，开创独特的宣传方式，吸引新读者加入借阅队伍。如，对于芝麻信用借阅的新用户，免除一定额度的邮费，在读书日来临之际，推出一定数量的图书免费借阅，还可以在支付宝首页进行宣传，举办公益活动，号召众为读者为贫困小学捐赠书籍，给予捐书者一定额度的奖励。此外，公共图书馆还可以用支付宝已成熟的活动宣传芝麻信用借阅，如开通芝麻信用借阅的读者可以获得额外的“五福”，获得额外的蚂蚁森林“能量”等。除在支付宝软件中进行宣传外，公共图书馆工作者还可利用一些热门APP如微信、微博、抖音、知乎等开展宣传。通过多种宣传方式，增加芝麻信用借阅的普及率，让更多的市民享受到政策的优惠①。

公共图书馆应该加强引导人们开通信用服务，培养全民的阅读习惯和氛围。

① 李铮铮.新形势下芝麻信用借阅面临的问题与对策[J].图书馆界,2019(2):75-77+81.

二、降低成本，减轻用户及图书馆负担

快递覆盖面广、传递效率高，是图书馆开展信用服务理想的第三方合作伙伴。尽管图书馆在为读者进行书籍配送时综合考虑了多种因素进行定价，但读者每次借还图书的费用仍然让许多读者望而却步，降低快递费用、减轻用户负担是公共图书馆信用服务推广过程中应重点考虑的①。

公共图书馆可以申请国家专门的经费补贴，多推出信用服务快递免单活动，或者与快递公司协商，尽量争取最低的快递费用。如合肥图书馆在推出芝麻信用借阅后，不到一年时间就免掉了读者信用借阅快递近万单。上海杨浦区图书馆则与蚂蚁金服以及江苏嘉图网络科技股份有限公司联合打造新一代“24小时自助图书馆”——信用智能借书柜，为读者提供“免办证、免押金、线上借、送上门”借还书服务。芝麻信用分值达到600分的读者利用支付宝APP在借书柜上“扫一扫”并提出借阅需求，图书馆工作人员在第一时间寻找书籍，然后通过物流系统配送到读者指定的投递点，并以短信等方式通知读者，隔天即可取，整个过程无需押金和快递费；读者可将书归还到任何一个信用智能借书柜中，也可线上预约快递还书，但需支付一定的快递费。信用智能借书柜的出现让阅读跨越了时空，真正实现了零门槛、零费用。在试运行不到一个月的时间里，仅上海杨浦区宝地广场、创智天地、欧尚中原店三个智能书柜就累计借出书籍近3000册②。

三、充分利用基层公共图书馆服务网点

目前，全国省市都在陆续地建设城市阅读空间，有的地方已经初步具备网络化特点。在推广信用服务的过程中，可以与城市阅读空间建设相结合，将阅读空间作为信用服务借还的投递点。读者可以选择距离自己较近的阅读空间为取书点，这样既方便了读者借阅图书，也提高了阅读空间的服务效能。多数公共图书馆信用服务所使用的送书上门方式虽然便捷但会收取一定的配送费，而使用信用智能借书柜或其他服务网点，可以将阅读的“最后一公里”进行免费到底，让图书馆走到每个人身边。各地公共图书馆在提供信用服务时，可以积极利用已有的设施

---

① 吴子璇,王云石,张幼君. 芝麻信用借阅服务开展图书馆的对比[J]. 图书馆论坛,2018,38(9):2-7.

② 傅宝珍. 公共图书馆芝麻信用借阅服务研究[J]. 国家图书馆学刊,2020,29(4):48-56.

设备，盘活资源，把24小时图书馆和自助借还机等纳入服务体系中。如持有合肥市图书馆及合肥市阅读空间联盟读者证的读者可以使用阅读空间内的自助借还设备线下还书①。

第六节 突破局限，实现信用服务多样化

目前提供信用服务的图书馆主要是公共图书馆，因此未来可以将信用服务引入其他类型的图书馆当中，主要是少儿图书馆和高校图书馆。

一、少儿图书馆信用服务的发展

少儿图书馆发展信用服务的主要问题是无法衡量少儿读者的信用，也无法操作应用信用服务，但可以通过监护人或学校来对少儿读者提供更加高效便捷的服务。少儿图书往往单价较高，并且使用时间较短，相较于频繁购买，家长会更倾向于在图书馆借阅。但在传统的借阅模式下，少儿家长往往没有时间带孩子到图书馆进行借阅，这是少儿图书借阅的最大阻碍。但信用服务为解决这一问题提供了很好的思路，根据信用服务数据，信用服务的用户极大部分是“80后”与“90后”，正是大部分少儿家长的年龄段，因此少儿家长可以通过信用服务为孩子更加方便快捷的借阅图书。

幼儿园和小学的图书馆资源普遍有限，可以通过与图书馆合作在学校内外设置信用借阅柜，这样就能更好地服务在校少儿。当学校或家长有需要时可以通过图书馆的信用服务把需要借阅的图书配送至学校门口的信用借阅柜中。比如宁波图书馆在宁波外国语学校门口设置了信用借阅柜，得到了很好的反响。

二、高校图书馆信用服务的发展

相较于公共图书馆，高校图书馆的用户一般为本校师生，这一身份本身就是信用担保。因此高校图书馆适合信用积分制，根据履约行为和其他行为来对读者

① 陆和建,阮张平,张思琪.我国公共图书馆信用服务现状及启示[J].图书馆学研究,2020(3):66-71.

信用进行分级，提高读者阅读积极性，优化高校图书馆工作流程。

高校图书馆实行信用服务最大的优势在于图书配送的简化。一般来说，设立信用借阅柜的公共图书馆受限于位置和人流量等，其使用率往往不高。但高校图书馆借阅服务主要针对本校学生，其住址往往集中在学校宿舍区，因此高校图书馆可以通过少数几台信用借阅柜覆盖全校师生，这是公共图书馆信用服务无法比拟的优势。因此高校图书馆可以通过较小的成本来实现效果更好、覆盖范围更全的信用服务。

第七节　区域联合，扩大信用服务范围

一、城市圈合作

一般来说，公共图书馆信用服务覆盖范围仅仅是所在地市内部，并没有进行延伸。但目前浙江图书馆已经实现了全国范围内的信用服务，这是信用服务的标志性阶段，这代表了相较于传统的公共图书馆借阅服务，信用服务的服务范围更广，服务人群更大。因此，各城市公共图书馆可以通过信用服务为桥梁，联合为读者提供更好的信用服务。

人口稠密的大型城市圈（长三角、珠三角和京津地区等）是有区域合作基础的。这些城市圈范围大，人口多且流动性强，单个图书馆是很难实现完善的信用服务，因此可以多馆联合为读者提供更加完善的信用服务，比如共同建立网借书库，优化配送区域和实现通借通还等。

比如长三角地区就由上海市杨浦区图书馆倡议、“长三角”地区相关公共图书馆共同发起成立了“长三角公共图书馆网借图书服务联盟”。其成员馆有杨浦图书馆、昆山市图书馆、吴江图书馆、吴中区图书馆、扬州市图书馆、六安市图书馆、鄞州区图书馆、武进图书馆、金陵图书馆、南京六合区图书馆、南京江北新区图书馆、无锡市锡山区图书馆。

二、省级联合

目前浙江图书馆、贵州省图书馆、海南省图书馆、辽宁省图书馆和湖南图书馆已经实现了全省范围的信用服务，这使得省级图书馆的借阅服务有了新的思路，可以真正地服务全省人民。在此基础上，可以通过省级图书馆之间的合作，实现全国范围内信用服务的通借通还，使得文献得到充分的流通，服务更多的读者。但这需要信用服务形成完善统一的标准，这还需要我们图书馆人不断努力，建设规范合理的信用服务体系。

第八章　信用借阅柜的设置建议

在对全国各地信用服务调研的同时，我们发现信用借阅柜在实践中具有很重要的作用，如何合理设置信用借阅柜，有效地增加借阅量，也就成为实践中非常值得探究的问题。本章将会围绕信用借阅柜，从情况介绍、面临问题、主要原则以及相关建议四个方面进行阐述，帮助图书馆合理地选择和设置信用借阅柜。

第一节 信用借阅柜情况介绍

一、信用借阅柜介绍

智能借阅柜是基于图书管理系统开发的智能书刊借阅设备，可展示多种书刊，多台联机组合后可借阅，功能拓展柜门模组数量可自由增减，适用广泛设备占地面积小，小场地也可安装，环境适用性高。智能图书馆适用于公共场所的室内环境。如：学校、图书馆、地铁站、高铁站、机场、商场、会所等。本书以江苏嘉图网络科技股份有限公司（以下简称“嘉图科技”）所推出的几款信用借阅柜作为案例进行介绍，具体产品如表 8-1、表 8-2 所示：

表 8-1 第一代信用借阅柜介绍

产品型号	一代柜
样式图	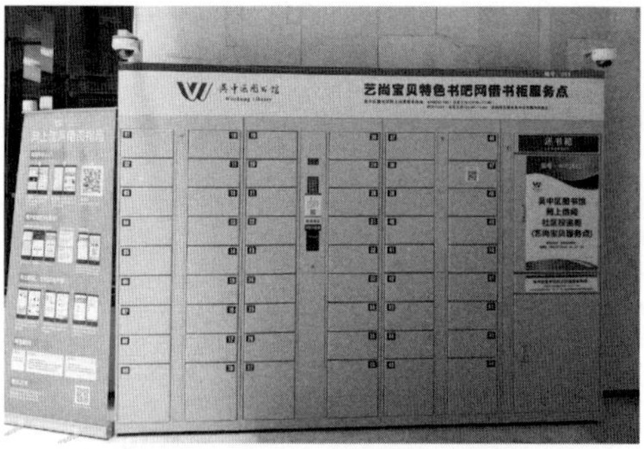
产品尺寸	36 门取书：长 × 宽 × 高=1556 mm × 430 mm × 1800 mm 54 门取书：长 × 宽 × 高=2280 mm × 430 mm × 1800 mm 还书箱：长 × 宽 × 高：724 mm × 430 mm × 1800 mm
可实现功能	依托网借平台，提供图书投递取书服务（需要开通网借平台）图书投递需要专门 APP 还书功能为延时还书（需定制）

表 8-2　第二、第三代信用借阅柜介绍

产品型号	二、三代柜
样式图	
产品尺寸	240 门书柜：3280 mm 宽 ×1920 mm 高 ×300 mm 深 120 门书柜：1940 mm 宽 ×1920 mm 高 ×300 mm 深
可实现功能	依托网借平台，提供图书投递和取书服务服务 具备现场借书功能可单独使用 具备现场还书功能 具备查询功能 可升级为四代柜增加 RFID 感应功能，实时查询图书是否成功借还信息。

二、信用借阅柜分布情况

以嘉图科技提供的 2018 年 1 月 1 日至 2021 年 1 月 1 日间数据（如表 8-3 所示）显示，其中图书馆周边信用借阅柜 3 年借阅量最高，其次分别为商场街区、社区、政府和写字楼等，而在平均借阅量这一维度中，图书馆仍为最高，接下来则依次为银行、商场街区、地铁、社区等，这说明信用借阅柜位置的分布与借阅量有很大关系。

表 8-3　信用借阅柜位置与借阅量数据表

类别	数量	3 年借阅量	平均借阅量
图书馆	84	396114	4715.64
商场街区	66	118916	1801.76

续表

类别	数量	3 年借阅量	平均借阅量
社区	50	83542	1670.84
政府	87	76044	874.07
写字楼	31	45247	1459.58
地铁	16	28411	1775.69
学校	34	26615	782.79
文体活动中心	28	20090	717.50
医院	14	15309	1093.50
企业	11	10985	998.64
银行	4	10723	2680.75
景区	14	10549	753.50
机场车站	5	6432	1286.40
博物馆	9	6044	671.56
酒店	3	4484	1494.67
阅读空间书吧	4	4299	1074.75
总计	460	863804	1877.83

三、信用借阅柜分布分析

首先，图书馆周边无论是总借阅量还是平均借阅量，都明显高出其他位置，主要原因可能有以下几点：第一、图书馆设立的信用借阅柜大多为自助借还使用，因此日活量较大；第二、读者前往图书馆的阅读意愿要比其他位置更高，而商场街区等地的借阅行为可能有一定随机性；第三、图书馆作为推广信用借阅的最前线，有相对完备的引导服务，使读者更方便地进行借阅。

其次，商场街区、社区、地铁站口、医院这些位置，基本上都是人口密度和流动性都相对较高的位置，因此借阅量也相对高于其他地区。如宁波图书馆所设置的几个地铁站点位，整体借阅量都很高。但是这些地段因为要考虑到占地、用电等问题，同时要与负责单位进行协商，极大的人力成本导致这些地方并不是一些图书馆的首选，因此一个城市的平均借阅水平并不是很高。同时，应文旅融合的发展需要，景区、博物馆等地也占据一定比例，如金陵图书馆目前有 9 台信用借阅柜，其中有超过一半都位于景区、博物馆中。

第二节　信用借阅柜选址面临的主要问题

信用借阅的迅猛发展为图书信用服务的成长提供重要契机的同时，也对图书信用服务的传统配送模式提出了巨大挑战，“最后一公里”成为图书信用服务亟待解决的重要难题，而信用借阅柜服务模式的产生成为解决该类难题的一个重要途径。就目前来说，对于信用借阅柜选址产生主要影响的有以下几个方面。

一、配送效率问题

目前信用借阅的“最后一公里”的配送主要是将图书从网借中心进行分配后，由快递员完成接下来的派送工作。快递单位一般由图书馆自行选定，或直接外包于第三方公司，如嘉图科技直接负责图书的配送。信用借阅的发展为图书信用服务的成长提供了重要的催化剂，但是又比较分散，维护与运输成本较高。由于城市管理对配送车辆的约束管制较多，运输车辆的进城难、停靠难已经成为“最后一公里”配送的困境之一，主要体现在配送车辆的种类和准入机制方面，这对物流的末端配送造成了一定的影响，降低了物流运行效率。由于很多点位选择了在人口密集的闹市区，车辆并不容易进入，而有些点位则直接放在远离市区的地方，使得运输成本大大增加。

对于图书馆而言，信用借阅柜主要业务是图书的借还，相应的对区域的交通状况就提出了更高要求。交通因素影响图书配送的便捷程度，也影响读者到达设施点地进行借还的便捷程度。图书馆对需求区域设置信用借阅柜是以降低图书馆成本，获得更高效益为重要目标之一，交通的可到达性和便捷性影响图书的配送效率，也对配送成本造成了影响。通常情况下，信用借阅柜主要设置在客户的主要出行路径或交通通达性较好的区域。而对读者而言，交通状况会在一定程度上对阅读习惯和阅读行为造成影响。因此，不论是图书馆还是读者对交通的便利程度都同样重视，这就使得交通因素在图书馆的信用借阅柜选址中变得至关重要。

二、成本问题

信用借阅柜的产生与发展始终以为图书馆带来经济效益作为投放与否的重要参考标准，虽然信用借阅柜作为新兴的物流发展产物，具有广阔的前景与发展空间，但是成本因素仍然是影响信用借阅柜选址的重要因素之一。对于图书馆而言，信用借阅柜的推广与使用，其主要的成本有建设成本和维护成本。在区域建立信用借阅柜，需要考虑初期的信用借阅柜规模，进而关系到地租情况、电网费用、柜子的制作与安装费用，在运营阶段，信用借阅柜的成本还包含了信用借阅柜的折旧、维修等。因此，图书馆在进行信用借阅柜投放之初，会对设施的投资和未来营运状况进行一定的综合考察，所以在选址的过程中会关注该设施点的地租水平等现实状况。

三、信用借阅服务问题

借阅服务问题主要体现在书籍配送的时效状况、读者取还书的便捷性两个方面。快件配送的时效性受到多种因素的干扰，如交通状况和自然环境，这些因素都在一定程度上影响快递员的派件量，降低其工作效率，产生派件延期行为。而对于取还书的便捷性上，是读者最直观的体验，不仅要考虑到信用借阅柜的覆盖面积，同时在操作上也要尽量简化。读者在选择送书到柜的服务时，会选择离自己最近或最方便的借阅柜，如果借阅柜的分布不合理，就可能造成读者要去更远的地方进行借还行为，当读者认为借还成本过高就不再使用该服务。

四、企业单位之间的合作问题

目前信用借阅柜的建立无法满足信用借阅快速增长的需要，这不仅是因为末端配送的基础设施不健全，还归咎于各单位企业营运方式单一化，缺少增值业务和运营模式上的创新，企业和单位之间的合作较少，没有形成信息共享与互惠合作，影响了信用服务的效率水平。根据表 9-3 数据显示，借阅量最高的点位仍是人口流动密集的位置，因此，如何与企业单位之间达成良好的合作关系，也是选址中的一大问题。

五、区域发展与宣传问题

信用借阅柜的设置不仅需要考虑设施的必要性与可能性，还需要考虑其长远性。从信用借阅柜的投放与应用角度，图书馆需要根据设施点的位置来衡量其收益，这就对需求点区域的经济发展状况提出了更高要求。通常情况下，区域的经济发展状况好，相应的配套设施会更加完善，阅读的需求量也更大，这在一定程度上也促进了该区域的物流效率，同时可以为图书馆的信用借阅柜设置带来巨大的发展空间。

在大量的调研中，不难发现许多借阅柜的设立并不仅仅以借阅量作为衡量标准，借阅柜的宣传推广意义也很重要。信用借阅柜作为读者借还的工具，其自身也有一定的宣传作用。例如在地铁站设立的信用借阅柜，很多人会因为好奇驻足了解，在经过操作之后读者很快就能明白其中原理，从而产生借阅行为。信用借阅服务的目的，也正是吸引那些没有时间前往图书馆借阅的人群。因此，选择好的地点，可以使宣传效果事半功倍。

六、外部环境问题

外部的环境主要包括政府的政策状况、读者的年龄结构以及区域的基础设施等方面。通常情况下，政府政策对图书馆的发展与规划具有重要的指导作用，因此在区域发展过程中，图书馆对环境进行分析时，也会注重政府对于区域的现行政策与未来蓝图。读者的年龄结构在一定程度上会影响对借阅的需求量，即便是在信用借阅迅猛发展的今天，还是有很多人习惯于传统的借阅方式，区域的这种年龄结构会影响信用借阅柜的选址决策。区域的基础设施是影响信用借阅柜选址的又一重要的外部环境因素，如网络信号的强弱。由于信用借阅柜是由终端与服务端组成，需要借助网络信号进行信息传输、身份识别以及借还查询等，所以稳定的网络信号对信用借阅柜的设置也有一定的影响。因为信用借阅柜是在物联网的基础上，对书籍进行识别、短暂存储以及管理监控的一种设备，它能够与 PC 服务器相结合，从而形成信用借阅柜系统。该系统将云计算和物联网技术有效组合，通过 PC 服务器和信用借阅柜终端对机器情况、书籍以及客户信息进行梳理分析，从而实现对书籍的识别、监控和处理。因此，技术因素对图书馆投资建设区域的信用借阅柜市场也起着重要的作用。

第三节 信用借阅柜选址的原则

信用借阅柜选址作为缓解物流“最后一公里”的重要手段，在遵循一般选址问题的基本原则之上，还需要满足信用借阅柜这个新兴事物的独特属性，合理有效的选址研究是信用借阅柜得到广泛推广与使用的重要环节，也是满足图书馆合理投入和效益最大化的重要手段。合肥工业大学黄凤春同学的硕士论文《智能快递柜选址模型与方法研究》将快递柜优化选址的原则概括为三大原则。

一、效益性原则

信用借阅柜推广与使用的初衷是为了增加潜在读者同时提高借阅量，因此向市场中投放大量信用借阅柜，以此解决读者没有时间借书的问题。作为图书信用服务难题的重要产物，信用借阅柜的投资始终以能否为图书馆带来更多借阅量，促进更多潜在读者进行阅读作为投放与否的重要参考标准。因此，信用借阅柜的初期选址投放需要从图书馆的长远效益考虑，通常情况下，图书馆会选择图书信用服务需求量大以及经济发展状况良好的区域作为投放的重点区域，相对而言能够增加更多的借阅量和社会影响力[①]。

二、广泛性原则

由信用借阅柜服务模式的特点可以看出，信用借阅柜具有一定的规模和容量，因而某一个信用借阅柜对于区域的需求读者而言，具有一定的服务上限。从图书馆成本、效益、交通状况等多方面因素进行考虑，图书馆投资的信用借阅柜规模往往无法保证或者没有必要完全覆盖所有的需求点。因为图书馆以效益最大化作为信用借阅柜投资规模的主要参考依据，对于所有需求点的覆盖，在造成图书馆建设成本和维护成本增加的同时，可能还会带来资源浪费。因而，在信用借阅柜

① 黄凤春. 智能快递柜选址模型与方法研究[D]. 合肥工业大学,2018.

的优化选址过程中，要考虑其广泛性原则，即在设置特定数量与规模的信用借阅柜的基础上，最大限度的满足绝大数人的需求，由此使得信用借阅柜的使用率最大，获得读者数量最高。这种广泛性虽然无法满足所有人的需求，但是在某种程度上考虑了信用借阅柜的使用率状况，使得图书馆的建设成本在合理控制的情况下，效益能够达到最大，更加具有实际意义，是图书馆建设信用借阅柜过程中需要参考的重要原则之一。

三、可持续发展原则

信用借阅柜的设置具有长期性与固定性，在考虑短期效益的同时，必然需要考虑长期发展状况，这种可持续性发展体现在信用借阅柜的自身业务以及与其他配送环节的协调性方面。可持续发展原则使得信用借阅柜在设置时，需要考虑附加的推广宣传作用，以此能够吸引区域内更多的潜在读者，不断更新已有的运营模式，从而提升读者满意度，促进信用借阅柜的使用率，增加图书馆的效益。目前，信用借阅柜设置的主要目的是以满足读者借还行为为主，这就要求信用借阅柜的设置需要与图书信用服务相配合，只有在充分考虑与同区域的其他配送设施相适应，才能获得持久有效的发展，才能为图书馆不断带来效益。因此，长期的可持续发展是图书馆在区域建设信用借阅柜与否的一个重要的综合考察因素。

第四节　信用借阅柜选址建议

信用借阅柜尚属于新兴事物，在我国有着良好的发展空间和市场前景，使得社会各界纷纷关注该领域的发展动向，学者们对信用借阅柜的技术系统、发展状况等也进行了深入研究。然而，目前关于信用借阅柜的选址研究尚为不足。因此，本书从图书馆的角度出发，考虑信用借阅柜作为图书馆在信用服务领域的重要性，构建能够使图书馆及相关图书馆获得最大效率的信用借阅柜选址模型。

一、覆盖半径的确定

从图书馆角度出发，信用借阅柜的容量和规模使得信用借阅柜不同于到馆借阅，为读者提供借还服务时具有一定的服务上限，超过服务上限则不能为读者提供服务，影响读者满意度，进而影响信用借阅柜的使用率。从读者角度出发，信用借阅柜主要设置在图书馆、商圈街区、社区、写字楼附近，相对于传统借还方式而言，最关键的优点在于能够有效解决以往读者因为时间成本不愿到馆借书的问题，可以选择个人合适便捷的时间点在较短的行程内借还书籍，这也为众多的上班族解决了借还书难的问题。因此，信用借阅柜的设置点需要考虑读者借还书的时效性，这就对信用借阅柜设置时的覆盖范围提出了要求，合适的覆盖半径能够保证顾客在较短的时间内拿到快递，是读者满意度的一个重要体现，这在一定程度上又对信用借阅柜的使用率产生影响。

信用借阅柜的覆盖半径影响读者借还书的时效性，因而对信用借阅柜选址时需要着重考虑。以社区、写字楼、商圈等地的信用借阅柜为例，行人正常行走的速度为 1.2 米每秒，若要实现在 10-15 分钟内到达最近的信用借阅柜，那么其覆盖半径应为 720-1080 米之间。换句话说，理论上应当在这个范围中有借还点。而对于车站站点来说，站与站之间一般间隔 3-5 分钟，理想状态下应当每隔 3-5 站即设置一处信用借阅柜，但是基于实践角度考虑，图书馆的经费可能无法支撑这么密集的设置点，因此，可选择各转乘点或具有高人流量的站点进行设置。

二、最大覆盖模型的应用

根据第四节中所介绍的三种模型，最大覆盖模型与 P 值模型相结合是目前较优选择，因为信用借阅柜在近些年逐渐走入大众，但仍处于起步阶段，对成本的控制是比较重要的。因为目前仍处于起步阶段，所以有很多的需求点是无法满足的，如果考虑所有需求点显然是不现实的，那么我们应当在已有的需求下，选择覆盖面积最大的点位先进行试点，在推广期结束以后再进行更加全面的点位设置。

在现实生活中，图书馆出于经济效益的考虑，无法或者没有必要为所有的需求点提供信用借阅柜的服务支持，则希望在符合预算成本的信用借阅柜数量的基础上，最大程度地为需求点的绝大数读者提供服务，即希望投资的信用借阅柜在区域的使用率更大，最终为图书馆投资信用借阅柜的效益最大化服务。因此，本书拟基于最大覆盖模型，以实际生活中发展潜力与需求量较大的需求点作为重要覆盖区域，在基于为这些重要需求点提供服务的基础上，建立覆盖区域内的图书馆的效率最大化的信用借阅柜的选址模型。

三、城市需求量的确定

2021 年两会上的政府工作报告中指出，“推进城乡公共文化体系一体建设，创新实施文化惠民工程，倡导全民阅读”。这是自 2014 年起，“全民阅读”连续第八次被写入政府工作报告。在中央宣传部印发《关于促进全民阅读工作的意见》中指出，阅读是获取知识、增长智慧的重要方式，是传承文明、提高国民素质的重要途径，深入推进全民阅读，对加强社会主义精神文明建设、促进社会进步具有重要意义。

意见指出，要以习近平新时代中国特色社会主义思想为指导，以满足人民精神文化生活新期待为出发点和落脚点，在全社会大力营造爱读书、读好书、善读书的良好氛围，引导人民群众提升阅读兴趣、养成阅读习惯、提高阅读能力，不断增强思想道德素质和科学文化素质，为实现“两个一百年”奋斗目标和中华民族伟大复兴的中国梦提供强大精神动力和智力支持。

因此，实现全民阅读也是信用服务的重要目标之一，但是目前在信用借阅中，尤其是信用借阅柜的设置研究仍是空白，因此，我们引入了“人人有柜”的理念，旨在使所有人都公平地享有使用信用借阅柜的权力。

1. 以省为单位（共享一柜）

通过对全国现有信用借阅柜的 24 个省份进行分析，我们发现整体借还量约为 327 万余册，平均借还量为 6402 册，其中福建省、天津市和湖南省平均借还量较高，浙江省、江苏省、河南省等地则比较接近全国平均水平。

表 8-4　各省借阅柜总借还量

所属省份	借阅柜数量	总借还量	平均借还量
福建省	4	165837	41459
天津市	4	91863	22966

续表

所属省份	借阅柜数量	总借还量	平均借还量
湖南省	5	105645	21129
海南省	10	146556	14656
上海市	53	573680	10824
安徽省	17	120866	7110
江西省	4	26625	6656
浙江省	68	438463	6448
河南省	6	37778	6296
江苏省	183	1124754	6146
贵州省	4	23802	5951
河北省	21	124404	5924
辽宁省	5	18840	3768
黑龙江省	8	29634	3704
陕西省	14	38975	2784
山东省	25	60486	2419
北京市	49	103384	2110
四川省	9	18646	2072
重庆市	2	3826	1913
吉林省	2	3567	1784
内蒙古	12	12361	1030
湖北省	1	559	559
新疆	4	957	239
山西省	1	138	138
总计	511	3271646	6402

（统计时间为：正式启用-2021.4）

我们了解到福建省目前的 4 台信用借阅柜均位于福州市，其中两台（分别位于福州市鼓楼区东街 28 号图书馆正门口西侧和福州市仓山区金山街道石边支路 1 号鑫龙社区）占到总借还数的 80%，但是因为整体借阅柜数量较少，缺乏参考性，因此选取最接近全国平均水平且借阅柜数量有参考价值的浙江省为例，我们可以暂时假设浙江省为标准情况。那么，我们以人口数量作为衡量标准，2020 年浙江省份总人口为 5737 万人，共有 68 台信用借阅柜，平均每台信用柜约为 203 册，共计 13804 格，因此平均每 84 万人共享一台信用借阅柜，平均每 4156 人共享一册。以此为标准进行判断，应设台数结果如表 8-5 所示：

表 8-5　各省份应设置借阅柜数量

所属省份	借阅柜数量	人口（万人）	目前人均柜数（万人/台）	应设借阅柜
江苏省	183	8029.3	44	96
浙江省	68	5737	84	68
上海市	53	2423.8	46	29
北京市	49	2170.7	44	26
山东省	25	10047.2	402	120
河北省	21	7556.3	360	90
安徽省	17	6323.6	372	75
陕西省	14	3835.4	274	46
内蒙古	12	2534	211	30
海南省	10	925.8	93	11
四川省	9	8341	927	99
黑龙江省	8	3788.7	474	45
河南省	6	9605	1601	114
湖南省	5	6860.2	1372	82
辽宁省	5	4359.3	872	52
福建省	4	3941	985	47
天津市	4	1559.6	390	19
江西省	4	4622.1	1156	55
贵州省	4	3580	895	43
新疆	4	2444.7	611	29
重庆市	2	3048.4	1524	36
吉林省	2	2717.4	1359	32
湖北省	1	5917	5917	70
山西省	1	3702.35	3702	44
总计	511	114069.85		1358

2. 以市为单位（共享一册）

以省为单位分析，可以对全省情况进行把控，但对于各市、县却缺少更具有针对性的数值，因此，我们综合了借阅服务、宣传推广等多方面，选取了苏州市作为信用借阅柜设置的城市代表。苏州市目前拥有信用借阅柜 82 台，详情如表 8-6 所示：

表 8-6 苏州信用借阅柜详情

柜子编号	建点-启用时间	2018-2021 总借还量
WUJ0001	2017 年 10 月 26 日 0：00	80164
DSH0002	2017 年 9 月 8 日 0：00	79802
WUZ0001	2018 年 6 月 1 日 16：47	77609
ST0017	2019 年 1 月 10 日 14：04	38307
ST0011	2018 年 8 月 24 日 12：45	27897
DSH0005	2017 年 12 月 29 日 0：00	20087
ST0018	2019 年 4 月 2 日 10：31	13580
DSH0008	2019 年 11 月 4 日 10：13	13140
ST0005	2017 年 11 月 30 日 0：00	9995
DSH0003	2017 年 12 月 19 日 0：00	9976
ST0016	2018 年 12 月 27 日 14：44	9877
ST0009	2018 年 3 月 5 日 14：10	8606
WUZ0005	2020 年 1 月 2 日 10：30	7910
ST0003	2017 年 11 月 28 日 0：00	6892
DSH0011	2020 年 3 月 24 日 15：11	6093
DSH0007	2019 年 11 月 4 日 10：14	5947
ST0025	2019 年 7 月 24 日 12：00	5792
ST0027	2019 年 11 月 19 日 17：44	5516
DSH0006	2019 年 10 月 30 日 9：25	4961
DSH0004	2017 年 12 月 22 日 0：00	3659
WUZ0002	2019 年 4 月 19 日 10：45	3642
ST0037	2020 年 8 月 14 日 14：58	3147
WUJ0004	2017 年 12 月 1 日 0：00	3109
ST0012	2018 年 8 月 28 日 14：23	3087

续表

柜子编号	建点-启用时间	2018-2021 总借还量
ST0029	2019 年 11 月 19 日 17：44	2810
ST0008	2018 年 1 月 17 日 0：00	2641
ST0022	2020 年 5 月 16 日 13：38	2526
ST0021	2019 年 6 月 4 日 13：59	2120
ST0001	2017 年 11 月 6 日 0：00	1987
WUJ0002	2017 年 11 月 30 日 0：00	1935
ST0019	2019 年 4 月 16 日 10：28	1924
ST0024	2019 年 7 月 3 日 14：54	1863
ST0002	2017 年 11 月 6 日 0：00	1686
ST0026	2019 年 11 月 19 日 17：44	1683
ST0028	2019 年 11 月 19 日 17：44	1607
ST0020	2019 年 5 月 9 日 16：23	1604
WUJ0009	2018 年 9 月 26 日 14：25	1600
ST0032	2019 年 11 月 19 日 17：45	1573
SZIEP0007	2020 年 9 月 18 日 9：09	1327
ST0023	2019 年 7 月 1 日 14：19	1281
WUZ0004	2020 年 1 月 2 日 13：09	1069
DSH0009	2019 年 12 月 17 日 13：49	1059
ST0014	2020 年 5 月 15 日 15：40	995
ST0038	2020 年 9 月 1 日 11：33	871
WUZ0003	2019 年 7 月 19 日 12：55	797
WUJ0005	2018 年 6 月 8 日 10：41	778
ST0010	2018 年 6 月 1 日 10：38	737
ST0033	2019 年 11 月 19 日 17：45	595
TC0002	2020 年 7 月 30 日 10：08	573
WUZ0007	2019 年 12 月 23 日 11：05	499
ST0013	2018 年 9 月 7 日 15：45	493
ST0036	2020 年 4 月 22 日 14：43	444
WUJ0006	2018 年 6 月 22 日 16：32	438
WUJ0007	2018 年 8 月 30 日 14：11	435
SZIEP0003	2020 年 9 月 6 日 10：15	387

续表

柜子编号	建点-启用时间	2018-2021 总借还量
ST0007	2017 年 12 月 7 日 0：00	363
ST0034	2019 年 11 月 19 日 17：46	320
JIATU0011	2020 年 7 月 10 日 17：09	303
TC0001	2020 年 7 月 27 日 17：22	280
DSH0012	2020 年 10 月 21 日 12：52	268
WUJ0011	2020 年 9 月 18 日 13：16	266
ST0035	2019 年 11 月 19 日 17：46	260
WUJ0008	2019 年 7 月 11 日 11：46	207
DSH0010	2019 年 12 月 25 日 14：15	199
SZIEP0006	2020 年 9 月 17 日 16：47	137
ST0030	2019 年 10 月 14 日 9：40	129
SZIEP0009	2020 年 9 月 24 日 18：57	125
ST0039	2020 年 12 月 10 日 15：18	117
SZIEP0002	2020 年 9 月 1 日 14：27	89
SZIEP0005	2020 年 9 月 17 日 15：18	84
SZIEP0004	2020 年 9 月 17 日 11：22	77
SZIEP0010	2020 年 9 月 25 日 17：01	69
SZIEP0011	2020 年 9 月 25 日 17：57	66
SZIEP0001	2020 年 8 月 31 日 13：12	64
WUZ0009	2020 年 12 月 25 日 11：19	32
ST0031	2019 年 12 月 16 日 13：45	25
SZIEP0008	2020 年 9 月 24 日 14：53	13
WUZ0008	2020 年 12 月 24 日 16：03	11
JIATU0010	2020 年 1 月 19 日 15：33	6
DSH0013	2021 年 4 月 1 日 10：18	0
ST0040	2021 年 1 月 29 日 15：05	0
ST0041	2021 年 2 月 7 日 9：56	0
总计		492642

据《2019 年苏州市国民经济和社会发展统计公报》，2019 年末，苏州全市常住人口 1075 万人，82 个信用借阅柜平均每台 207 册，共计 16974 册，即平均每

633 人共享一册。因此，我们可将 663 人/册的数据应用于各市馆进行信用借阅柜设置时的标准。

除人口数量以外，信用借阅柜的设置也应当遵循各地的经济发展、政策支持、人口结构及阅读习惯等因素，综合多维度地进行考量，才能配置合理的选址和设置数量。

参考文献

外文文献

[1] Hakimi S L . Optimum locations of switching centers and the absolute centers and medians of a graph[J]. Operations research，1964，12（3）：450 - 459

[2] ReVelle C S，Eiselt H A. Location analysis：A synthesis and survey[J]. European journal of operational research，2005，165（1）：1-19.

[3] Toregas C，Swain R，ReVelle C，et al. The location of emergency service facilities[J]. Operations research，1971，19（6）：1363-1373.

[4] Church R，ReVelle C. The maximal covering location problem[C]//Papers of the Regional Science Association. Springer-Verlag，1974，32（1）：101-118.

[5] ReVelle C.Hogan，K. The maximum availability location problem[J]. Transportation Science，1989，23（3）：192 - 200.

中文著作

[1] 阮冈纳赞. 图书馆学五定律[M]. 夏云，等译. 北京：书目文献出版社，1988.

[2] 埃里克·弗鲁博顿，德鲁道夫·芮切特. 新制度经济学：一个交易成本分析范式[M]. 姜建强，罗长远，译. 上海：格致出版社，2015：16.

[3] 李国新，冯守仁. 公共图书馆规划与建设标准解析[M]. 北京：国家图书馆出版社，2009.

[4] 来新夏. 中国图书事业史[M]. 上海：上海人民出版社，2009.

[5] 邱冠华，于良芝. 覆盖全社会的公共图书馆服务体系：模式、技术支撑与方

案[M]. 北京：北京图书馆出版社，2008.

中文期刊文献

[1] 毛婕. 公共图书馆跨界融合的宁波实践[J]. 图书馆研究与工作，2020（8）：61-65.

[2] 徐益波，万湘容，华东杰，等. 应对新冠肺炎疫情的公共图书馆实践与思考——以宁波图书馆为例[J]. 图书与情报，2020（2）：38-42.

[3] 华东杰. 宁波公共图书馆推进全民阅读的实践与探索[J]. 宁波经济（三江论坛），2020（3）：19-22.

[4] 毛婕. 文旅融合新样本信用借阅新模式[N]. 新华书目报，2019-12-27（013）.

[5] 顾浩. 信用积分制在高校图书馆流通服务中的应用[J]. 大学图书情报学刊，2019，37（6）：66-70.

[6] 穆平潮. 积极探索总分馆文旅融合发展模式[J]. 当代图书馆，2019（3）：77-78.

[7] 徐益波，毛婕. 打造公共图书馆文旅融合的"宁波样本"——宁波市图书馆文旅融合服务实践探析[J]. 图书馆研究与工作，2019（9）：10-12.

[8] 毛婕. "信用+图书馆服务"的具体实践和业务探索——以宁波市图书馆"天一约书"为例[J]. 山东图书馆学刊，2019（3）：114-116.

[9] 吴仲平. "图书馆+第三方"信用服务模式的探索与思考[J]. 图书馆理论与实践，2019（5）：13-16.

[10] 陆艳. 宁波城市地铁公共阅读服务案例探析[J]. 图书馆研究与工作，2020（8）：57-60.

[11] 叶丹，寿晓辉，吴仲平，等. 信用服务可持续发展性研究[N]. 新华书目报，2019-04-19（018）.

[12] 李铮铮. 新形势下芝麻信用借阅面临的问题与对策[J]. 图书馆界，2019（2）：75-77，81.

[13] 阮可. "信用+阅读"：图书馆服务创新的浙江样本[N]. 新华书目报，2019-03-08（010）.

[14] 杨芝. 宁波图书馆：新馆落新城 书香沁甬城[J]. 宁波通讯，2019（4）：68-71.

[15] 华东杰，毛婕. 打造"书香之城"——宁波市公共图书馆服务体系建设实践

与探索[J]. 图书馆研究与工作，2018（12）：19-22.

[16] 褚树青. 信用服务是信阅平台一大趋势[N]. 新华书目报，2018-11-02（004）.

[17] 刘涛. 作为资本的信用——公共图书馆信用服务的经济社会学分析[J]. 图书馆理论与实践，2018（10）：1-7.

[18] 郑湘君. 关于公共图书馆信用服务的缘起、价值及其创新意义的探索[J]. 智库时代，2018（41）：291，293.

[19] 喻至勇. 公共图书馆开展信用服务的策略研究[J]. 办公室业务，2018（19）：156，164.

[20] 吴子璇，王云石，张幼君. 芝麻信用借阅服务开展图书馆的对比[J]. 图书馆论坛，2018，38（9）：2-7.

[21] 李春媛，伍巧，宋红霞. 芝麻信用借阅与公共图书馆信用服务[J]. 图书馆论坛，2018，38（9）：17-21.

[22] 褚树青，宋红霞. 公共图书馆信用服务的价值解读[J]. 图书馆研究与工作，2018（4）：17-20.

[23] 李国新. 公共图书馆信用服务：落实公共图书馆法的创新举措[J]. 图书馆学刊，2018，40（1）：2-3.

[24] 褚树青，屠淑敏. 公共图书馆信用服务的缘起、价值和创新意义[J]. 图书馆学刊，2018，40（1）：3-7.

[25] 徐建华，路锦怡. 公共图书馆信用服务：信用时代的图书馆服务创新——2017 年公共图书馆信用服务论坛第二次会议综述[J]. 图书馆学刊，2018，40（1）：12-16.

[26] 寿晓辉，叶丹，翁亚珂. 公共图书馆开展信用服务的实践与策略——以杭州图书馆为例[J]. 图书与情报，2017（5）：15-19.

[27] 李国新. 公共图书馆服务创新的新亮点——信用服务[J]. 图书与情报，2017（5）：2，1.

[28] 范并思. 解读公共图书馆信用服务的创新意义[J]. 图书与情报，2017（5）：3-5，1.

[29] 吴建中. 以信用打造图书馆与读者之间的新型关系[J]. 图书与情报，2017

（5）：5，1.

[30] 褚树青.图书馆+信用：公共图书馆的发展愿景[J].图书与情报，2017（5）：6-7，1.

[31] 徐建华.公共图书馆信用服务：从社会信用体系建设到虚拟读者开发[J].图书与情报，2017（5）：7-8，1.

[32] 高凡.读者信用服务：开拓了图书馆发展的道路[J].图书与情报，2017（5）：8-9，1.

[33] 张广钦.公共图书馆信用服务的支撑、前提、效能与未来[J].图书与情报，2017（5）：10-14.

[34] 沪上图书馆读者借阅信息纳入信用服务平台[J].图书馆理论与实践，2014（9）：29.

[35] 张秀梅.图书馆用户信用管理组织结构设计探讨[J].图书馆学研究，2010（13）：40-44，98.

[36] 田昊.图书馆信用论[J].兰台世界，2006（11）：61-62.

[37] 方言.个人信用能做什么？[J].中国信息安全，2018（2）：70-71.

[38] 徐琳，魏巍，谢丽娜.图书馆用户信用缺失问题刍议[J].图书馆工作与研究，2011（7）：43-46.

[39] 马祥涛，王威.关于“社会力量参与公共图书馆建设的思考”[J].新世纪图书馆，2016（3）：73-77.

[40] 刘燕.“阅读联盟”助建“书香宁波”[J].宁波通讯，2019（3）：64-65.

[41] 张岩，王晖，李宛娴，等.互联网信用评分机制的潜在缺陷与改进思路——基于“芝麻信用”的调查研究[J].金融监管研究，2017（9）：48-65.

[42] 罗燕.公共图书馆开展信用服务的实践与对策——以合肥市图书馆为例[J].大学图书情报学刊，2020，38（04）：110-114.

[43] 傅宝珍.公共图书馆芝麻信用借阅服务研究[J].国家图书馆学刊，2020，29（4）：48-56.

[44] 陆和建，阮张平，张思琪.我国公共图书馆信用服务现状及启示[J].图书馆学研究，2020（3）：66-71.

[45] 王婷.我国公共图书馆信用服务研究综述[J].福建图书馆学刊，2020，3（3）：65-70.

[46] 李铮铮.新形势下芝麻信用借阅面临的问题与对策[J].图书馆界，2019（2）：75-77+81.

[47] 莫云凌，叶翔.信用时代图书馆信用服务体系构建的缘起、价值与路径[J].河南图书馆学刊，2019，39（12）：127-129.

[48] 上海图书馆发出国内首张“信用借书卡”[J].国家图书馆学刊，2014，23（6）：113.

[49] 程诗谣.社会诚信建设背景下公共图书馆信用服务实践及发展趋势研究[J].新世纪图书馆，2020（6）：18-23.

[50] 苏清华.“最多跑一次”改革背景下浙江省公共图书馆服务创新实践与思考[J].河北科技图苑，2020，33（3）：57-61.

[51] 徐赛花.苏州图书馆基于信用的网上借阅社区投递系统[J].四川图书馆学报，2019（6）：76-79.

[52] 朱宁.基于 RFID 技术的智慧图书馆应用——以中国人民大学苏州校区图书馆为例[J].江苏科技信息，2020，37（30）：13-15.

[53] 邓艺.公共服务视域下图书馆精准服务提升策略研究[D].广州：华南理工大学，2020.

[54] 熊泽泉，段宇锋.场馆形态自助图书馆运营模式研究——以台州市“和合书吧”为例[J].图书馆杂志，2020（9）：65-70.

[55] 胡海荣.城市图书馆服务体系新模式——温州“城市书房”建设的研究与实践[J].图书馆杂志，2016（5）：4-8.

[56] 鲁方平.自助图书馆发展模式的比较研究——以温州市图书 ATM 机与“城市书房”的建设为例[J].国家图书馆学刊，2017，2（262）：65-70.

[57] 谢作力.温州地区公共图书馆教育扶贫的探索实践[J].图书馆研究与工作，2020，（11）：42-46.

[58] 穆平潮.积极探索总分馆文旅融合发展模式[J].当代图书馆，2019，（3）：79-80.

[59] 汪仕龙、余宇明、项羽婷. 浙江公共图书馆荐购服务的“三共”模式探析[J]. 文化产业，2020，(20)：160-161.

[60] 吴子璇，王云石，张幼君. 芝麻信用借阅服务开展图书馆的对比[J]. 图书馆论坛，2018(9)：2-7.

[61] 于良芝. 为了普遍均等的图书馆服务——评苏州图书馆的分馆建设[J]. 国家图书馆学刊，2007，16(3)：18-19.

[62] 杜依忆. 公共图书馆读者信用制度模式探索及策略[J]. 传媒论坛，2020，(11)：124-125.

[63] 周婧. 市民个人信用分免押金借书在公共图书馆的应用——以厦门市图书馆为例[J]. 福建图书馆学刊，2020，3(3)：20-25+38.

[64] 王永革，韩建中. 读者借阅积分信用制有效助推全民阅读——晋城市图书馆服务创新案例[J]. 晋图学刊，2017(3)：25-27.

[65] 高凡. 读者信用服务：开拓了图书馆发展的道路[J]. 图书与情报，2017(5)：8-9，1.

[66] 程天知. 论个人信用权的民法保护[D]. 沈阳：沈阳工业大学，2020.

[67] 杜宜君. 我国城市信用体系建设监测指标研究——基于第三方信用服务机构视角[D]. 北京：北京交通大学，2019.

[68] 沈岿. 社会信用体系建设的法治之道[J]. 中国法学，2019(5)：25-46.

[69] 黄凤春. 智能快递柜选址模型与方法研究[D]. 合肥：合肥工业大学，2018.

[70] 李明，曲长征，张波，等. 战时维修力量最大覆盖选址问题[J]. 物流科技，2010，33(6)：58-60.

[71] 杨凯. 基于最大覆盖模型的地铁供电应急选址研究[J]. 智能城市，2017，3(08)：46-48.

[72] 马云峰，杨超，张敏，等. 基于时间满意的最大覆盖选址问题[J]. 中国管理科学，2006(2)：45-51.

[73] 郝淑东. 我国图书馆馆际互借规则研究[J]. 图书馆学刊，2011，33(005)：41-43.

[74] 王蕴琛，张玉明. 社会资本影响企业创新能力的机制与对策[J]. 统计与决策，

2016（04）：183-186.

[75] 喻至勇.公共图书馆开展信用服务的策略研究[J].办公室业务，2018（19）：156+164.

[76] 杜依忆.公共图书馆读者信用制度模式探索及策略[J].传媒论坛，2020，v.3；No.59（11）：124-125.

[77] 陆瑶.公共图书馆信用服务发展历程寻绎及其社会价值影响[J].智库时代，2019，No.217（49）：98-99.

[78] 杨静.基于新技术的公共图书馆跨界合作动因及发展策略探究[J].图书馆工作与研究，2019，No.283（09）：38-43.

[79] 王文，刘玉书.论数字中国社会：发展演进，现状评价与未来治理[J].学术探索（7）：14.

[80] 王新利.公共图书馆服务文化旅游、建设旅游文化的实践[J].图书馆学研究，2004（01）：81-84+66.

[81] 郑卫光，徐建华，楼芳娟.芝麻信用读者阅读需求分析[J].图书馆论坛，2018（9）：8-13.

[82] 齐萌.社会信用体系建设顶层设计的问题与出路[J].现代管理科学，2016（10）：76-78.

[83] 潘燕桃.公共图书馆延伸服务实践与展望[J].图书馆工作与研究，2011（05）：19-23.

[84] 王小林.从自助图书馆到图书馆的自助服务[J].图书馆学研究，2010（23）：56-59.

[85] 郑新颖.浅议图书馆的免费开放[J].科技创新导报，2011（15）：224.

[86] 吴晞.大道之行有器之用——关于自助图书馆的几点思考[J].图书馆论坛，2008（06）：170-173.

[87] 吴晞，王林.人文关怀·现代科技·自助图书馆——深圳图书馆"城市街区自助图书馆系统"介绍[J].中国图书馆学报，2008（04）：92-94.

[88] 王子舟.建国以来图书馆服务述评[J].山东图书馆季刊，1987（03）：1-9.

[89] 杜春娥.基层公共图书馆免费开放的思考[J].科技广场，2011（04）：151-154.

[90] 段蓓虹. 公共图书馆信用服务研究进展与展望[J]. 图书馆，2019（08）：59-63.

[91] 高雅. 守信联合激励和失信联合惩戒机制初步显效[N]. 农民日报，2018-07-20

[92] 朱思韵. 朱国华：新时代新经济呼唤良好信用体系建设[N]. 中国产经新闻，2020-01-09

[93] 刘淼. 我国社会信用体系建设取得重要进展[N]. 光明日报，2018-07-10

[94] 阮可. 公共图书馆"信用+阅读"：开启中国阅读新时代[J]. 图书馆学刊，2018（1）：8-12.

[95] 许莎雯. 中国发展消费金融研究[J]. 全国商情（理论研究），2011（01）：51-57.

[96] 林钧跃. 论我国个人征信行业发展的模式[J]. 经济社会体制比较，2003（06）：102-106+144.

[97] 周炜，刘向东. 社会信用体系——分层结构及体系构建中的政府职能定位[J]. 中国软科学，2004（06）：154-158.

[98] 傅强，张宜松. 中国社会信用体系建设的基本架构与设想[J]. 经济问题探索，2004（06）：4-8.

[99] 邓郁松. 借鉴国外经验推进我国社会信用体系建设[J]. 中国工商管理研究，2002（08）：4-9.

[100] 张渊，谭中明. 市场化背景下企业信用管理体系的构建[J]. 商业研究，2004（14）：23-27.

[101] 陈景云，王进敏. 建立健全社会信用体系关键在建设诚信政府[J]. 学习与探索，2006（05）：77-79.

[102] 徐秀玲. 略论建立健全社会信用体系[J]. 兰州大学学报（社会科学版），2009，37（04）：98-102.

[103] 钱程. 基于信用缺失的中小企业融资难问题分析[J]. 生产力研究，2010（09）：227-228.

[104] 秦池江. 树立核心价值体系推动金融文化建设[J]. 西南金融，2012（03）：4-6.

[105] 阮德信，何频. 台湾社会信用体系的演进与启示[J]. 福建论坛（人文社会科学版），2013（08）：183-187.

[106] 张雅婷. 我国企业和个人征信系统发展探析[J]. 征信，2015，33（03）：35-37.

学位论文

[1] 王路林. 基于 RFID 的图书馆借阅系统的设计与实现[D]. 成都：电子科技大学，2013.
[2] 李洋. 公共图书馆通借通还配送模式研究以杭州图书馆为例[D]. 杭州：浙江大学，2010.
[3] 万凌昊. 超高频 RFID 智慧图书馆借还统设计与实现[D]. 南京：南京大学，2017.
[4] 吴淼. 基于数据挖掘技术的图书馆借阅记录分析研究[D]. 西安：西安电子科技大学.
[5] 杨柳. 社会信用体系建设成效的评价指标体系研究[D]. 杭州：浙江大学，2014.
[6] 毛婕. 城乡一体化视野下公共图书馆服务体系研究：以宁波市为例[D]. 宁波：宁波大学，2017.
[7] 赵克非. 大数据下的个人征信体系研究——以蚂蚁金服为例[D]. 杭州：浙江大学，2017.
[8] 胡国华. 我国个人征信体系存在的问题和对策研究[D]. 上海：上海交通大学，2008.
[9] 胡志才. 我国个人信用体系建设研究[D]. 南宁：广西大学，2008.
[10] 刘骁. 信用信息共享模式与激励机理研究[D]. 上海：上海交通大学，2007.
[11] 彭鹏. 中国信用制度研究[D]. 咸阳：西北农林科技大学，2006.
[12] 刘海丽. 中国公共图书馆借阅制度研究（1949-2012）[D]. 郑州：郑州大学，2013.
[13] 李明. 我国公共图书馆信用服务研究[D]. 上海：华东师范大学，2019.
[14] 李乖琼. 中国社会信用体系建设研究[D]. 北京：中共中央党校，2016.
[15] 杜宜君. 我国城市信用体系建设检测指标研究——基于第三方信用服务机构视角[D]. 北京：北京交通大学，2019.
[16] 李琪. 我国省级公共图书馆服务能力评价研究[D]. 长春：东北师范大学，2015.

附　录

国务院关于印发社会信用体系建设规划纲要（2014—2020年）的通知

国发〔2014〕21号

各省、自治区、直辖市人民政府，国务院各部委、各直属机构：

认真贯彻执行。

国　务　院

2014年6月14日

社会信用体系建设规划纲要（2014—2020年）

社会信用体系是社会主义市场经济体制和社会治理体制的重要组成部分。它以法律、法规、标准和契约为依据，以健全覆盖社会成员的信用记录和信用基础设施网络为基础，以信用信息合规应用和信用服务体系为支撑，以树立诚信文化理念、弘扬诚信传统美德为内在要求，以守信激励和失信约束为奖惩机制，目的是提高全社会的诚信意识和信用水平。

构建社会主义和谐社会的重要基础，是完善社会主义市场经济体制、加强和创新社会治理的重要手段，对增强社会成员诚信意识，营造优良信用环境，提升国家整体竞争力，促进社会发展与文明进步具有重要意义。根据党的十八大提出的“加强政务诚信、商务诚信、社会诚信和司法公信建设”，党的十八届三中全会提出的“建立健全社会征信体系，褒扬诚信，惩戒失信”，《中共中央 国务院关于加强和创新社会管理的意见》提出的“建立健全社会诚信制度”，以及《中华人民共和国国民经济和社会发展第十二个五年规划纲要》（以下简称“十二五”规划纲要）提出的“加快社会信用体系建设”的总体要求，制定本规划纲要。规划期为2014—2020年。

一、社会信用体系建设总体思路

（一）发展现状

党中央、国务院高度重视社会信用体系建设。有关地区、部门和单位探索推进，社会信用体系建设取得积极进展。国务院建立社会信用体系建设部际联席会议制度统筹推进信用体系建设，公布实施《征信业管理条例》，一批信用体系建设的规章和标准相继出台。全国集中统一的金融信用信息基础数据库建成，小微企业和农村信用体系建设积极推进；各部门推动信用信息公开，开展行业信用评价，实施信用分类监管；各行业积极开展诚信宣传教育和诚信自律活动；各地区探索建立综合性信用信息共享平台，促进本地区各部门、各单位的信用信息整合应用；社会对信用服务产品的需求日益上升，信用服务市场规模不断扩大。

我国社会信用体系建设虽然取得一定进展，但与经济发展水平和社会发展阶段不匹配、不协调、不适应的矛盾仍然突出。存在的主要问题包括：覆盖全社会的征信系统尚未形成，社会成员信用记录严重缺失，守信激励和失信惩戒机制尚不健全，守信激励不足，失信成本偏低；信用服务市场不发达，服务体系不成熟，服务行为不规范，服务机构公信力不足，信用信息主体权益保护机制缺失；社会诚信意识和信用水平偏低，履约践诺、诚实守信的社会氛围尚未形成，重特大生产安全事故、食品药品安全事件时有发生，商业欺诈、制假售假、偷逃骗税、虚报冒领、学术不端等现象屡禁不止，政务诚信度、司法公信度离人民群众的期待还有一定差距等。

（二）形势和要求

我国正处于深化经济体制改革和完善社会主义市场经济体制的攻坚期。现代市场经济是信用经济，建立健全社会信用体系，是整顿和规范市场经济秩序、改善市场信用环境、降低交易成本、防范经济风险的重要举措，是减少政府对经济的行政干预、完善社会主义市场经济体制的迫切要求。

我国正处于加快转变发展方式、实现科学发展的战略机遇期。加快推进社会信用体系建设，是促进资源优化配置、扩大内需、促进产业结构优化升级的重要前提，是完善科学发展机制的迫切要求。

我国正处于经济社会转型的关键期。利益主体更加多元化，各种社会矛盾凸显，社会组织形式及管理方式也在发生深刻变化。全面推进社会信用体系建设，是增强社会诚信、促进社会互信、减少社会矛盾的有效手段，是加强和创新社会治理、构建社会主义和谐社会的迫切要求。

我国正处于在更大范围、更宽领域、更深层次上提高开放型经济水平的拓展期。经济全球化使我国对外开放程度不断提高，与其他国家和地区的经济社会交流更加密切。完善社会信用体系，是深化国际合作与交往，树立国际品牌和声誉，降低对外交易成本，提升国家软实力和国际影响力的必要条件，是推动建立客观、公正、合理、平衡的国际信用评级体系，适应全球化新形势，驾驭全球化新格局的迫切要求。

（三）指导思想和目标原则

全面推动社会信用体系建设，必须坚持以邓小平理论、“三个代表”重要思想、科学发展观为指导，按照党的十八大、十八届三中全会和“十二五”规划纲要精神，以健全信用法律法规和标准体系、形成覆盖全社会的征信系统为基础，以推进政务诚信、商务诚信、社会诚信和司法公信建设为主要内容，以推进诚信文化建设、建立守信激励和失信惩戒机制为重点，以推进行业信用建设、地方信用建设和信用服务市场发展为支撑，以提高全社会诚信意识和信用水平、改善经济社会运行环境为目的，以人为本，在全社会广泛形成守信光荣、失信可耻的浓厚氛围，使诚实守信成为全民的自觉行为规范。

社会信用体系建设的主要目标是：到 2020 年，社会信用基础性法律法规和标准体系基本建立，以信用信息资源共享为基础的覆盖全社会的征信系统基本建成，信用监管体制基本健全，信用服务市场体系比较完善，守信激励和失信惩戒机制全面发挥作用。政务诚信、商务诚信、社会诚信和司法公信建设取得明显进展，市场和社会满意度大幅提高。全社会诚信意识普遍增强，经济社会发展信用环境明显改善，经济社会秩序显著好转。

社会信用体系建设的主要原则是：

政府推动，社会共建。充分发挥政府的组织、引导、推动和示范作用。政府负责制定实施发展规划，健全法规和标准，培育和监管信用服务市场。注重发挥市场机制作用，协调并优化资源配置，鼓励和调动社会力量，广泛参与，共同推进，形成社会信用体系建设合力。

健全法制，规范发展。逐步建立健全信用法律法规体系和信用标准体系，加强信用信息管理，规范信用服务体系发展，维护信用信息安全和信息主体权益。

统筹规划，分步实施。针对社会信用体系建设的长期性、系统性和复杂性，强化顶层设计，立足当前，着眼长远，统筹全局，系统规划，有计划、分步骤地组织实施。

重点突破，强化应用。选择重点领域和典型地区开展信用建设示范。积极推广信用产品的社会化应用，促进信用信息互联互通、协同共享，健全社会信用奖惩联动机制，营造诚实、自律、守信、互信的社会信用环境。

二、推进重点领域诚信建设

（一）加快推进政务诚信建设

政务诚信是社会信用体系建设的关键，各类政务行为主体的诚信水平，对其他社会主体诚信建设发挥着重要的表率和导向作用。

坚持依法行政。将依法行政贯穿于决策、执行、监督和服务的全过程，全面推进政务公开，在保护国家信息安全、商业秘密和个人隐私的前提下，依法公开在行政管理中掌握的信用信息，建立有效的信息共享机制。切实提高政府工作效率和服务水平，转变政府职能。健全权力运行制约和监督体系，确保决策权、执行权、监督权既相互制约又相互协调。完善政府决策机制和程序，提高决策透明度。进一步推广重大决策事项公示和听证制度，拓宽公众参与政府决策的渠道，加强对权力运行的社会监督和约束，提升政府公信力，树立政府公开、公平、清廉的诚信形象。

发挥政府诚信建设示范作用。各级人民政府首先要加强自身诚信建设，以政府的诚信施政，带动全社会诚信意识的树立和诚信水平的提高。在行政许可、政府采购、招标投标、劳动就业、社会保障、科研管理、干部选拔任用和管理监督、申请政府资金支持等领域，率先使用信用信息和信用产品，培育信用服务市场发展。

加快政府守信践诺机制建设。严格履行政府向社会作出的承诺，把政务履约和守诺服务纳入政府绩效评价体系，把发展规划和政府工作报告关于经济社会发展目标落实情况以及为百姓办实事的践诺情况作为评价政府诚信水平的重要内容，推动各地区、各部门逐步建立健全政务和行政承诺考核制度。各级人民政府对依法作出的政策承诺和签订的各类合同要认真履约和兑现。要积极营造公平竞争、统一高效的市场环境，不得施行地方保护主义措施，如滥用行政权力封锁市场、包庇纵容行政区域内社会主体的违法违规和失信行为等。要支持统计部门依法统计、真实统计。政府举债要依法依规、规模适度、风险可控、程序透明。政府收支必须强化预算约束，提高透明度。加强和完善群众监督和舆论监督机制。完善政务诚信约束和问责机制。各级人民政府要自觉接受本级人大的法律监督和政协的民主监督。加大监察、审计等部门对行政行为的监督和审计力度。

加强公务员诚信管理和教育。建立公务员诚信档案，依法依规将公务员个人有关事项报告、廉政记录、年度考核结果、相关违法违纪违约行为等信用信息纳入档案，将公务员诚信记录作为干部考核、任用和奖惩的重要依据。深入开展公务员诚信、守法和道德教育，加强法律知识和信用知识学习，编制公务员诚信手册，增强公务员法律和诚信意识，建立一支守法守信、高效廉洁的公务员队伍。

（二）深入推进商务诚信建设

提高商务诚信水平是社会信用体系建设的重点，是商务关系有效维护、商务运行成本有效降低、营商环境有效改善的基本条件，是各类商务主体可持续发展的生存之本，也是各类经济活动高效开展的基础保障。

生产领域信用建设。建立安全生产信用公告制度，完善安全生产承诺和安全生产不良信用记录及安全生产失信行为惩戒制度。以煤矿、非煤矿山、危险化学品、烟花爆竹、特种设备生产企业以及民用爆炸物品生产、销售企业和爆破企业或单位为重点，健全安全生产准入和退出信用审核机制，促进企业落实安全生产主体责任。以食品、药品、日用消费品、农产品和农业投入品为重点，加强各类生产经营主体生产和加工环节的信用管理，建立产品质量信用信息异地和部门间共享制度。推动建立质量信用征信系统，加快完善12365产品质量投诉举报咨询服务平台，建立质量诚信报告、失信黑名单披露、市场禁入和退出制度。

流通领域信用建设。研究制定商贸流通领域企业信用信息征集共享制度，完善商贸流通企业信用评价基本规则和指标体系。推进批发零售、商贸物流、住宿餐饮及居民服务行业信用建设，开展企业信用分类管理。完善零售商与供应商信用合作模式。强化反垄断与反不正当竞争执法，加大对市场混淆行为、虚假宣传、商业欺诈、商业诋毁、商业贿赂等违法行为的查处力度，对典型案件、重大案件予以曝光，增加企业失信成本，促进诚信经营和公平竞争。逐步建立以商品条形码等标识为基础的全国商品流通追溯体系。加强检验检疫质量诚信体系建设。支持商贸服务企业信用融资，发展商业保理，规范预付消费行为。鼓励企业扩大信用销售，促进个人信用消费。推进对外经济贸易信用建设，进一步加强对外贸易、对外援助、对外投资合作等领域的信用信息管理、信用风险监测预警和企业信用等级分类管理。借助电子口岸管理平台，建立完善进出口企业信用评价体系、信用分类管理和联合监管制度。

金融领域信用建设。创新金融信用产品，改善金融服务，维护金融消费者个人信息安全，保护金融消费者合法权益。加大对金融欺诈、恶意逃废银行债务、内幕交易、制售假保单、骗保骗赔、披露虚假信息、非法集资、逃套骗汇等金融失信行为的惩戒力度，规范金融市场秩序。加强金融信用信息基础设施建设，进一步扩大信用记录的覆盖面，强化金融业对守信者的激励作用和对失信者的约束作用。

税务领域信用建设。建立跨部门信用信息共享机制。开展纳税人基础信息、各类交易信息、财产保有和转让信息以及纳税记录等涉税信息的交换、比对和应用工作。进一步完善纳税信用等级评定和发布制度，加强税务领域信用分类管理，发挥信用评定差异对纳税人的奖惩作用。建立税收违法黑名单制度。推进纳税信用与其他社会信用联动管理，提升纳税人税法遵从度。

价格领域信用建设。指导企业和经营者加强价格自律，规范和引导经营者价格行为，实行经营者明码标价和收费公示制度，着力推行“明码实价”。督促经营者加强内部价格管理，根据经营者条件建立健全内部价格管理制度。完善经营者价格诚信制度，做好信息披露工作，推动实施奖惩制度。强化价格执法检查与反垄断执法，依法查处捏造和散布涨价信息、价格欺诈、价格垄断等价格失信行为，对典型案例予以公开曝光，规范市场价格秩序。

工程建设领域信用建设。推进工程建设市场信用体系建设。加快工程建设市场信用法规制度建设，制定工程建设市场各方主体和从业人员信用标准。推进工程建设领域项目信息公开和诚信体系建设，依托政府网站，全面设立项目信息和信用信息公开共享专栏，集中公开工程建设项目信息和信用信息，推动建设全国性的综合检索平台，实现工程建设项目信息和信用信息公开共享的“一站式”综合检索服务。深入开展工程质量诚信建设。完善工程建设市场准入退出制度，加大对发生重大工程质量、安全责任事故或有其他重大失信行为的企业及负有责任的从业人员的惩戒力度。建立企业和从业人员信用评价结果与资质审批、执业资格注册、资质资格取消等审批审核事项的关联管理机制。建立科学、有效的建设领域从业人员信用评价机制和失信责任追溯制度，将肢解发包、转包、违法分包、拖欠工程款和农民工工资等列入失信责任追究范围。

政府采购领域信用建设。加强政府采购信用管理，强化联动惩戒，保护政府采购当事人的合法权益。制定供应商、评审专家、政府采购代理机构以及相关从业人员的信用记录标准。依法建立政府采购供应商不良行为记录名单，对列入不良行为记录名单的供应商，在一定期限内禁止参加政府采购活动。完善政府采购市场的准入和退出机制，充分利用工商、税务、金融、检察等其他部门提供的信用信息，加强对政府采购当事人和相关人员的信用管理。加快建设全国统一的政府采购管理交易系统，提高政府采购活动透明度，实现信用信息的统一发布和共享。

招标投标领域信用建设。扩大招标投标信用信息公开和共享范围，建立涵盖招标投标情况的信用评价指标和评价标准体系，健全招标投标信用信息公开和共享制度。进一步贯彻落实招标投标违法行为记录公告制度，推动完善奖惩联动机制。依托电子招标投标系统及其公共服务平台，实现招标投标和合同履行等信用信息的互联互通、实时交换和整合共享。鼓励市场主体运用基本信用信息和第三方信用评价结果，并将其作为投标人资格审查、评标、定标和合同签订的重要依据。

交通运输领域信用建设。形成部门规章制度和地方性法规、地方政府规章相结合的交通运输信用法规体系。完善信用考核标准，实施分类考核监管。针对公路、铁路、水路、民航、管道等运输市场不同经营门类分别制定考核指标，加强信用考核评价监督管理，积极引导第三方机构参与信用考核评价，逐步建立交通运输管理机构与社会信用评价机构相结合，具有监督、申诉和复核机制的综合考核评价体系。将各类交通运输违法行为列入失信记录。鼓励和支持各单位在采购交通运输服务、招标投标、人员招聘等方面优先选择信用考核等级高的交通运输企业和从业人员。对失信企业和从业人员，要加强监管和惩戒，逐步建立跨地区、跨行业信用奖惩联动机制。

电子商务领域信用建设。建立健全电子商务企业客户信用管理和交易信用评估制度，加强电子商务企业自身开发和销售信用产品的质量监督。推行电子商务主体身份标识制度，完善网店实名制。加强网店产品质量检查，严厉查处电子商务领域制假售假、传销活动、虚假广告、以次充好、服务违约等欺诈行为。打击内外勾结、伪造流量和商业信誉的行为，对失信主体建立行业限期禁入制度。促进电子商务信用信息与社会其他领域相关信息的交换和共享，推动电子商务与线下交易信用评价。完善电子商务信用服务保障制度，推动信用调查、信用评估、信用担保、信用保险、信用支付、商账管理等第三方信用服务和产品在电子商务中的推广应用。开展电子商务网站可信认证服务工作，推广应用网站可信标识，为电子商务用户识别假冒、钓鱼网站提供手段。

统计领域信用建设。开展企业诚信统计承诺活动，营造诚实报数光荣、失信造假可耻的良好风气。完善统计诚信评价标准体系。建立健全企业统计诚信评价制度和统计从业人员诚信档案。加强执法检查，严厉查处统计领域的弄虚作假行为，建立统计失信行为通报和公开曝光制度。加大对统计失信企业的联合惩戒力度。将统计失信企业名单档案及其违法违规信息纳入金融、工商等行业和部门信用信息系统，将统计信用记录与企业融资、政府补贴、工商注册登记等直接挂钩，切实强化对统计失信行为的惩戒和制约。

中介服务业信用建设。建立完善中介服务机构及其从业人员的信用记录和披露制度，并作为市场行政执法部门实施信用分类管理的重要依据。重点加强公证仲裁类、律师类、会计类、担保类、鉴证类、检验检测类、评估类、认证类、代理类、经纪类、职业介绍类、咨询类、交易类等机构信用分类管理，探索建立科学合理的评估指标体系、评估制度和工作机制。

会展、广告领域信用建设。推动展会主办机构诚信办展，践行诚信服务公约，建立信用档案和违法违规单位信息披露制度，推广信用服务和产品的应用。加强广告业诚信建设，建立健全广告业信用分类管理制度，打击各类虚假广告，突出广告制作、传播环节各参与者责任，完善广告活动主体失信惩戒机制和严重失信淘汰机制。

企业诚信管理制度建设。开展各行业企业诚信承诺活动，加大诚信企业示范宣传和典型失信案件曝光力度，引导企业增强社会责任感，在生产经营、财务管理和劳动用工管理等各环节中强化信用自律，改善商务信用生态环境。鼓励企业建立客户档案、开展客户诚信评价，将客户诚信交易记录纳入应收账款管理、信用销售授信额度计量，建立科学的企业信用管理流程，防范信用风险，提升企业综合竞争力。强化企业在发债、借款、担保等债权债务信用交易及生产经营活动中诚信履约。鼓励和支持有条件的企业设立信用管理师。鼓励企业建立内部职工诚信考核与评价制度。加强供水、供电、供热、燃气、电信、铁路、航空等关系人民群众日常生活行业企业的自身信用建设。

（三）全面推进社会诚信建设

社会诚信是社会信用体系建设的基础，社会成员之间只有以诚相待、以信为本，才会形成和谐友爱的人际关系，才能促进社会文明进步，实现社会和谐稳定和长治久安。

医药卫生和计划生育领域信用建设。加强医疗卫生机构信用管理和行业诚信作风建设。树立大医精诚的价值理念，坚持仁心仁术的执业操守。培育诚信执业、诚信采购、诚信诊疗、诚信收费、诚信医保理念，坚持合理检查、合理用药、合理治疗、合理收费等诚信医疗服务准则，全面建立药品价格、医疗服务价格公示制度，开展诚信医院、诚信药店创建活动，制定医疗机构和执业医师、药师、护士等医务人员信用评价指标标准，推进医院评审评价和医师定期考核，开展医务人员医德综合评价，惩戒收受贿赂、过度诊疗等违法和失信行为，建立诚信医疗服务体系。加快完善药品安全领域信用制度，建立药品研发、生产和流通企业信用档案。积极开展以“诚信至上，以质取胜”为主题的药品安全诚信承诺活动，切实提高药品安全信用监管水平，严厉打击制假贩假行为，保障人民群众用药安全有效。加强人口计生领域信用建设，开展人口和计划生育信用信息共享工作。

社会保障领域信用建设。在救灾、救助、养老、社会保险、慈善、彩票等方面，建立全面的诚信制度，打击各类诈捐骗捐等失信行为。建立健全社会救助、保障性住房等民生政策实施中的申请、审核、退出等各环节的诚信制度，加强对申请相关民生政策的条件审核，强化对社会救助动态管理及保障房使用的监管，将失信和违规的个人纳入信用黑名单。构建居民家庭经济状况核对信息系统，建立和完善低收入家庭认定机制，确保社会救助、保障性住房等民生政策公平、公正和健康运行。建立健全社会保险诚信管理制度，加强社会保险经办管理，加强社会保险领域的劳动保障监督执法，规范参保缴费行为，加大对医保定点医院、定点药店、工伤保险协议医疗机构等社会保险协议服务机构及其工作人员、各类参保人员的违规、欺诈、骗保等行为的惩戒力度，防止和打击各种骗保行为。进一步完善社会保险基金管理制度，提高基金征收、管理、支付等各环节的透明度，推动社会保险诚信制度建设，规范参保缴费行为，确保社会保险基金的安全运行。

劳动用工领域信用建设。进一步落实和完善企业劳动保障守法诚信制度，制定重大劳动保障违法行为社会公示办法。建立用人单位拖欠工资违法行为公示制度，健全用人单位劳动保障诚信等级评价办法。规范用工行为，加强对劳动合同履行和仲裁的管理，推动企业积极开展和谐劳动关系创建活动。加强劳动保障监督执法，加大对违法行为的打击力度。加强人力资源市场诚信建设，规范职业中介行为，打击各种黑中介、黑用工等违法失信行为。

教育、科研领域信用建设。加强教师和科研人员诚信教育。开展教师诚信承诺活动，自觉接受广大学生、家长和社会各界的监督。发挥教师诚信执教、为人师表的影响作用。加强学生诚信教育，培养诚实守信良好习惯，为提高全民族诚信素质奠定基础。探索建立教育机构及其从业人员、教师和学生、科研机构和科技社团及科研人员的信用评价制度，将信用评价与考试招生、学籍管理、学历学位授予、科研项目立项、专业技术职务评聘、岗位聘用、评选表彰等挂钩，努力解决学历造假、论文抄袭、学术不端、考试招生作弊等问题。

文化、体育、旅游领域信用建设。依托全国文化市场技术监管与公共服务平台，建立健全娱乐、演出、艺术品、网络文化等领域文化企业主体、从业人员以及文化产品的信用信息数据库；依法制定文化市场诚信管理措施，加强文化市场动态监管。制定职业体育从业人员诚信从业准则，建立职业体育从业人员、职业体育俱乐部和中介企业信用等级的第三方评估制度，推进相关信用信息记录和信用评级在参加或举办职业体育赛事、职业体育准入、转会等方面广泛运用。制定旅游从业人员诚信服务准则，建立旅游业消费者意见反馈和投诉记录与公开制度，建立旅行社、旅游景区和宾馆饭店信用等级第三方评估制度。

知识产权领域信用建设。建立健全知识产权诚信管理制度，出台知识产权保护信用评价办法。重点打击侵犯知识产权和制售假冒伪劣商品行为，将知识产权侵权行为信息纳入失信记录，强化对盗版侵权等知识产权侵权失信行为的联合惩戒，提升全社会的知识产权保护意识。开展知识产权服务机构信用建设，探索建立各类知识产权服务标准化体系和诚信评价制度。

环境保护和能源节约领域信用建设。推进国家环境监测、信息与统计能力建设，加强环保信用数据的采集和整理，实现环境保护工作业务协同和信息共享，完善环境信息公开目录。建立环境管理、监测信息公开制度。完善环评文件责任追究机制，建立环评机构及其从业人员、评估专家诚信档案数据库，强化对环评机构及其从业人员、评估专家的信用考核分类监管。建立企业对所排放污染物开展自行监测并公布污染物排放情况以及突发环境事件发生和处理情况制度。建立企业环境行为信用评价制度，定期发布评价结果，并组织开展动态分类管理，根据企业的信用等级予以相应的鼓励、警示或惩戒。完善企业环境行为信用信息共享机制，加强与银行、证券、保险、商务等部门的联动。加强国家能源利用数据统计、分析与信息上报能力建设。加强重点用能单位节能目标责任考核，定期公布考核结果，研究建立重点用能单位信用评价机制。强化对能源审计、节能评估和审查机构及其从业人员的信用评级和监管。研究开展节能服务公司信用评价工作，并逐步向全社会定期发布信用评级结果。加强对环资项目评审专家从业情况的信用考核管理。

社会组织诚信建设。依托法人单位信息资源库，加快完善社会组织登记管理信息。健全社会组织信息公开制度，引导社会组织提升运作的公开性和透明度，规范社会组织信息公开行为。把诚信建设内容纳入各类社会组织章程，强化社会组织诚信自律，提高社会组织公信力。发挥行业协会（商会）在行业信用建设中的作用，加强会员诚信宣传教育和培训。

自然人信用建设。突出自然人信用建设在社会信用体系建设中的基础性作用，依托国家人口信息资源库，建立完善自然人在经济社会活动中的信用记录，实现全国范围内自然人信用记录全覆盖。加强重点人群职业信用建设，建立公务员、企业法定代表人、律师、会计从业人员、注册会计师、统计从业人员、注册税务师、审计师、评估师、认证和检验检测从业人员、证券期货从业人员、上市公司高管人员、保险经纪人、医务人员、教师、科研人员、专利服务从业人员、项目经理、新闻媒体从业人员、导游、执业兽医等人员信用记录，推广使用职业信用报告，引导职业道德建设与行为规范。

互联网应用及服务领域信用建设。大力推进网络诚信建设，培育依法办网、诚信用网理念，逐步落实网络实名制，完善网络信用建设的法律保障，大力推进网络信用监管机制建设。建立网络信用评价体系，对互联网企业的服务经营行为、上网人员的网上行为进行信用评估，记录信用等级。建立涵盖互联网企业、上网个人的网络信用档案，积极推进建立网络信用信息与社会其他领域相关信用信息的交换共享机制，大力推动网络信用信息在社会各领域推广应用。建立网络信用黑名单制度，将实施网络欺诈、造谣传谣、侵害他人合法权益等严重网络失信行为的企业、个人列入黑名单，对列入黑名单的主体采取网上行为限制、行业禁入等措施，通报相关部门并进行公开曝光。

（四）大力推进司法公信建设

司法公信是社会信用体系建设的重要内容，是树立司法权威的前提，是社会公平正义的底线。

法院公信建设。提升司法审判信息化水平，实现覆盖审判工作全过程的全国四级法院审判信息互联互通。推进强制执行案件信息公开，完善执行联动机制，提高生效法律文书执行率。发挥审判职能作用，鼓励诚信交易、倡导互信合作，制裁商业欺诈和恣意违约毁约等失信行为，引导诚实守信风尚。

检察公信建设。进一步深化检务公开，创新检务公开的手段和途径，广泛听取群众意见，保障人民群众对检察工作的知情权、参与权、表达权和监督权。继续推行“阳光办案”，严格管理制度，强化内外部监督，建立健全专项检查、同步监督、责任追究机制。充分发挥法律监督职能作用，加大查办和预防职务犯罪力度，促进诚信建设。完善行贿犯罪档案查询制度，规范和加强查询工作管理，建立健全行贿犯罪档案查询与应用的社会联动机制。

公共安全领域公信建设。全面推行“阳光执法”，依法及时公开执法办案的制度规范、程序时限等信息，对于办案进展等不宜向社会公开，但涉及特定权利义务、需要特定对象知悉的信息，应当告知特定对象，或者为特定对象提供查询服务。进一步加强人口信息同各地区、各部门信息资源的交换和共享，完善国家人口信息资源库建设。将公民交通安全违法情况纳入诚信档案，促进全社会成员提高交通安全意识。定期向社会公开火灾高危单位消防安全评估结果，并作为单位信用等级的重要参考依据。将社会单位遵守消防安全法律法规情况纳入诚信管理，强化社会单位消防安全主体责任。

司法行政系统公信建设。进一步提高监狱、戒毒场所、社区矫正机构管理的规范化、制度化水平，维护服刑人员、戒毒人员、社区矫正人员合法权益。大力推进司法行政信息公开，进一步规范和创新律师、公证、基层法律服务、法律援助、司法考试、司法鉴定等信息管理和披露手段，保障人民群众的知情权。

司法执法和从业人员信用建设。建立各级公安、司法行政等工作人员信用档案，依法依规将徇私枉法以及不作为等不良记录纳入档案，并作为考核评价和奖惩依据。推进律师、公证员、基层法律服务工作者、法律援助人员、司法鉴定人员等诚信规范执业。建立司法从业人员诚信承诺制度。

健全促进司法公信的制度基础。深化司法体制和工作机制改革，推进执法规范化建设，严密执法程序，坚持有法必依、违法必究和法律面前人人平等，提高司法工作的科学化、制度化和规范化水平。充分发挥人大、政协和社会公众对司法工作的监督作用，完善司法机关之间的相互监督制约机制，强化司法机关的内部监督，实现以监督促公平、促公正、促公信。

三、加强诚信教育与诚信文化建设

诚信教育与诚信文化建设是引领社会成员诚信自律、提升社会成员道德素养的重要途径，是社会主义核心价值体系建设的重要内容。

（一）普及诚信教育

以建设社会主义核心价值体系、培育和践行社会主义核心价值观为根本，将诚信教育贯穿公民道德建设和精神文明创建全过程。推进公民道德建设工程，加强社会公德、职业道德、家庭美德和个人品德教育，传承中华传统美德，弘扬时代新风，在全社会形成“以诚实守信为荣、以见利忘义为耻”的良好风尚。

在各级各类教育和培训中进一步充实诚信教育内容。大力开展信用宣传普及教育进机关、进企业、进学校、进社区、进村屯、进家庭活动。

建好用好道德讲堂，倡导爱国、敬业、诚信、友善等价值理念和道德规范。开展群众道德评议活动，对诚信缺失、不讲信用现象进行分析评议，引导人们诚实守信、遵德守礼。

（二）加强诚信文化建设

弘扬诚信文化。以社会成员为对象，以诚信宣传为手段，以诚信教育为载体，大力倡导诚信道德规范，弘扬中华民族积极向善、诚实守信的传统文化和现代市场经济的契约精神，形成崇尚诚信、践行诚信的社会风尚。

树立诚信典型。充分发挥电视、广播、报纸、网络等媒体的宣传引导作用，结合道德模范评选和各行业诚信创建活动，树立社会诚信典范，使社会成员学有榜样、赶有目标，使诚实守信成为全社会的自觉追求。

深入开展诚信主题活动。有步骤、有重点地组织开展“诚信活动周”、“质量月”、“安全生产月”、“诚信兴商宣传月”、“3·5”学雷锋活动日、“3·15”国际消费者权益保护日、“6·14”信用记录关爱日、“12·4”全国法制宣传日等公益活动，突出诚信主题，营造诚信和谐的社会氛围。

大力开展重点行业领域诚信问题专项治理。深入开展道德领域突出问题专项教育和治理活动，针对诚信缺失问题突出、诚信建设需求迫切的行业领域开展专项治理，坚决纠正以权谋私、造假欺诈、见利忘义、损人利己的歪风邪气，树立行业诚信风尚。

（三）加快信用专业人才培养

加强信用管理学科专业建设。把信用管理列为国家经济体制改革与社会治理发展急需的新兴、重点学科，支持有条件的高校设置信用管理专业或开设相关课程，在研究生培养中开设信用管理研究方向。开展信用理论、信用管理、信用技术、信用标准、信用政策等方面研究。

加强信用管理职业培训与专业考评。建立健全信用管理职业培训与专业考评制度。推广信用管理职业资格培训，培养信用管理专业化队伍。促进和加强信用从业人员、信用管理人员的交流与培训，为社会信用体系建设提供人力资源支撑。

四、加快推进信用信息系统建设和应用

健全社会成员信用记录是社会信用体系建设的基本要求。发挥行业、地方、市场的力量和作用，加快推进信用信息系统建设，完善信用信息的记录、整合和应用，是形成守信激励和失信惩戒机制的基础和前提。

（一）行业信用信息系统建设

加强重点领域信用记录建设。以工商、纳税、价格、进出口、安全生产、产品质量、环境保护、食品药品、医疗卫生、知识产权、流通服务、工程建设、电子商务、交通运输、合同履约、人力资源和社会保障、教育科研等领域为重点，完善行业信用记录和从业人员信用档案。

建立行业信用信息数据库。各部门要以数据标准化和应用标准化为原则，依托国家各项重大信息化工程，整合行业内的信用信息资源，实现信用记录的电子化存储，加快建设信用信息系统，加快推进行业间信用信息互联互通。各行业分别负责本行业信用信息的组织与发布。

（二）地方信用信息系统建设

加快推进政务信用信息整合。各地区要对本地区各部门、各单位履行公共管理职能过程中产生的信用信息进行记录、完善、整合，形成统一的信用信息共享平台，为企业、个人和社会征信机构等查询政务信用信息提供便利。

加强地区内信用信息的应用。各地区要制定政务信用信息公开目录，形成信息公开的监督机制。大力推进本地区各部门、各单位政务信用信息的交换与共享，在公共管理中加强信用信息应用，提高履职效率。

（三）征信系统建设

加快征信系统建设。征信机构开展征信业务，应建立以企事业单位及其他社会组织、个人为对象的征信系统，依法采集、整理、保存、加工企事业单位及其他社会组织、个人的信用信息，并采取合理措施保障信用信息的准确性。各地区、各行业要支持征信机构建立征信系统。

对外提供专业化征信服务。征信机构要根据市场需求，对外提供专业化的征信服务，有序推进信用服务产品创新。建立健全并严格执行内部风险防范、避免利益冲突和保障信息安全的规章制度，依法向客户提供方便、快捷、高效的征信服务，进一步扩大信用报告在银行业、证券业、保险业及政府部门行政执法等多种领域中的应用。

（四）金融业统一征信平台建设

完善金融信用信息基础数据库。继续推进金融信用信息基础数据库建设，提升数据质量，完善系统功能，加强系统安全运行管理，进一步扩大信用报告的覆盖范围，提升系统对外服务水平。

推动金融业统一征信平台建设。继续推动银行、证券、保险、外汇等金融管理部门之间信用信息系统的链接，推动金融业统一征信平台建设，推进金融监管部门信用信息的交换与共享。

（五）推进信用信息的交换与共享

逐步推进政务信用信息的交换与共享。各地区、各行业要以需求为导向，在保护隐私、责任明确、数据及时准确的前提下，按照风险分散的原则，建立信用信息交换共享机制，统筹利用现有信用信息系统基础设施，依法推进各信用信息系统的互联互通和信用信息的交换共享，逐步形成覆盖全部信用主体、所有信用信息类别、全国所有区域的信用信息网络。各行业主管部门要对信用信息进行分类分级管理，确定查询权限，特殊查询需求特殊申请。

依法推进政务信用信息系统与征信系统间的信息交换与共享。发挥市场激励机制的作用，鼓励社会征信机构加强对已公开政务信用信息和非政务信用信息的整合，建立面向不同对象的征信服务产品体系，满足社会多层次、多样化和专业化的征信服务需求。

五、完善以奖惩制度为重点的社会信用体系运行机制

运行机制是保障社会信用体系各系统协调运行的制度基础。其中，守信激励和失信惩戒机制直接作用于各个社会主体信用行为，是社会信用体系运行的核心机制。

（一）构建守信激励和失信惩戒机制

加强对守信主体的奖励和激励。加大对守信行为的表彰和宣传力度。按规定对诚信企业和模范个人给予表彰，通过新闻媒体广泛宣传，营造守信光荣的舆论氛围。发展改革、财政、金融、环境保护、住房城乡建设、交通运输、商务、工商、税务、质检、安全监管、海关、知识产权等部门，在市场监管和公共服务过程中，要深化信用信息和信用产品的应用，对诚实守信者实行优先办理、简化程序等“绿色通道”支持激励政策。

加强对失信主体的约束和惩戒。强化行政监管性约束和惩戒。在现有行政处罚措施的基础上，健全失信惩戒制度，建立各行业黑名单制度和市场退出机制。推动各级人民政府在市场监管和公共服务的市场准入、资质认定、行政审批、政策扶持等方面实施信用分类监管，结合监管对象的失信类别和程度，使失信者受到惩戒。逐步建立行政许可申请人信用承诺制度，并开展申请人信用审查，确保申请人在政府推荐的征信机构中有信用记录，配合征信机构开展信用信息采集工作。推动形成市场性约束和惩戒。制定信用基准性评价指标体系和评价方法，完善失信信息记录和披露制度，使失信者在市场交易中受到制约。推动形成行业性约束和惩戒。通过行业协会制定行业自律规则并监督会员遵守。对违规的失信者，按照情节轻重，对机构会员和个人会员实行警告、行业内通报批评、公开谴责等惩戒措施。推动形成社会性约束和惩戒。完善社会舆论监督机制，加强对失信行为的披露和曝光，发挥群众评议讨论、批评报道等作用，通过社会的道德谴责，形成社会震慑力，约束社会成员的失信行为。

建立失信行为有奖举报制度。切实落实对举报人的奖励，保护举报人的合法权益。

建立多部门、跨地区信用联合奖惩机制。通过信用信息交换共享，实现多部门、跨地区信用奖惩联动，使守信者处处受益、失信者寸步难行。

（二）建立健全信用法律法规和标准体系

完善信用法律法规体系。推进信用立法工作，使信用信息征集、查询、应用、互联互通、信用信息安全和主体权益保护等有法可依。出台《征信业管理条例》相关配套制度和实施细则，建立异议处理、投诉办理和侵权责任追究制度。

推进行业、部门和地方信用制度建设。各地区、各部门分别根据本地区、相关行业信用体系建设的需要，制定地区或行业信用建设的规章制度，明确信用信息记录主体的责任，保证信用信息的客观、真实、准确和及时更新，完善信用信息共享公开制度，推动信用信息资源的有序开发利用。

建立信用信息分类管理制度。制定信用信息目录，明确信用信息分类，按照信用信息的属性，结合保护个人隐私和商业秘密，依法推进信用信息在采集、共享、使用、公开等环节的分类管理。加大对贩卖个人隐私和商业秘密行为的查处力度。

加快信用信息标准体系建设。制定全国统一的信用信息采集和分类管理标准，统一信用指标目录和建设规范。

建立统一社会信用代码制度。建立自然人、法人和其他组织统一社会信用代码制度。完善相关制度标准，推动在经济社会活动中广泛使用统一社会信用代码。

（三）培育和规范信用服务市场

发展各类信用服务机构。逐步建立公共信用服务机构和社会信用服务机构互为补充、信用信息基础服务和增值服务相辅相成的多层次、全方位的信用服务组织体系。

推进并规范信用评级行业发展。培育发展本土评级机构，增强我国评级机构的国际影响力。规范发展信用评级市场，提高信用评级行业的整体公信力。探索创新双评级、再评级制度。鼓励我国评级机构参与国际竞争和制定国际标准，加强与其他国家信用评级机构的协调和合作。

推动信用服务产品广泛运用。拓展信用服务产品应用范围，加大信用服务产品在社会治理和市场交易中的应用。鼓励信用服务产品开发和创新，推动信用保险、信用担保、商业保理、履约担保、信用管理咨询及培训等信用服务业务发展。

建立政务信用信息有序开放制度。明确政务信用信息的开放分类和基本目录，有序扩大政务信用信息对社会的开放，优化信用调查、信用评级和信用管理等行业的发展环境。

完善信用服务市场监管体制。根据信用服务市场、机构业务的不同特点，依法实施分类监管，完善监管制度，明确监管职责，切实维护市场秩序。推动制定信用服务相关法律制度，建立信用服务机构准入与退出机制，实现从业资格认定的公开透明，进一步完善信用服务业务规范，促进信用服务业健康发展。

推动信用服务机构完善法人治理。强化信用服务机构内部控制，完善约束机制，提升信用服务质量。

加强信用服务机构自身信用建设。信用服务机构要确立行为准则，加强规范管理，提高服务质量，坚持公正性和独立性，提升公信力。鼓励各类信用服务机构设立首席信用监督官，加强自身信用管理。

加强信用服务行业自律。推动建立信用服务行业自律组织，在组织内建立信用服务机构和从业人员基本行为准则和业务规范，强化自律约束，全面提升信用服务机构诚信水平。

（四）保护信用信息主体权益

健全信用信息主体权益保护机制。充分发挥行政监管、行业自律和社会监督在信用信息主体权益保护中的作用，综合运用法律、经济和行政等手段，切实保护信用信息主体权益。加强对信用信息主体的引导教育，不断增强其维护自身合法权益的意识。

建立自我纠错、主动自新的社会鼓励与关爱机制。以建立针对未成年人失信行为的教育机制为重点，通过对已悔过改正旧有轻微失信行为的社会成员予以适当保护，形成守信正向激励机制。

建立信用信息侵权责任追究机制。制定信用信息异议处理、投诉办理、诉讼管理制度及操作细则。进一步加大执法力度，对信用服务机构泄露国家秘密、商业秘密和侵犯个人隐私等违法行为，依法予以严厉处罚。通过各类媒体披露各种侵害信息主体权益的行为，强化社会监督作用。

（五）强化信用信息安全管理

健全信用信息安全管理体制。完善信用信息保护和网络信任体系，建立健全信用信息安全监控体系。加大信用信息安全监督检查力度，开展信用信息安全风险评估，实行信用信息安全等级保护。开展信用信息系统安全认证，加强信用信息服务系统安全管理。建立和完善信用信息安全应急处理机制。加强信用信息安全基础设施建设。

加强信用服务机构信用信息安全内部管理。强化信用服务机构信息安全防护能力，加大安全保障、技术研发和资金投入，高起点、高标准建设信用信息安全保障系统。依法制定和实施信用信息采集、整理、加工、保存、使用等方面的规章制度。

六、建立实施支撑体系

（一）强化责任落实

各地区、各部门要统一思想，按照本规划纲要总体要求，成立规划纲要推进小组，根据职责分工和工作实际，制定具体落实方案。

各地区、各部门要定期对本地区、相关行业社会信用体系建设情况进行总结和评估，及时发现问题并提出改进措施。

对社会信用体系建设成效突出的地区、部门和单位，按规定予以表彰。对推进不力、失信现象多发地区、部门和单位的负责人，按规定实施行政问责。

（二）加大政策支持

各级人民政府要根据社会信用体系建设需要，将应由政府负担的经费纳入财政预算予以保障。加大对信用基础设施建设、重点领域创新示范工程等方面的资金支持。

鼓励各地区、各部门结合规划纲要部署和自身工作实际，在社会信用体系建设创新示范领域先行先试，并在政府投资、融资安排等方面给予支持。

（三）实施专项工程

政务信息公开工程。深入贯彻实施《中华人民共和国政府信息公开条例》，按照主动公开、依申请公开进行分类管理，切实加大政务信息公开力度，树立公开、透明的政府形象。

农村信用体系建设工程。为农户、农场、农民合作社、休闲农业和农产品生产、加工企业等农村社会成员建立信用档案，夯实农村信用体系建设的基础。开展信用户、信用村、信用乡（镇）创建活动，深入推进青年信用示范户工作，发挥典型示范作用，使农民在参与中受到教育，得到实惠，在实践中提高信用意识。推进农产品生产、加工、流通企业和休闲农业等涉农企业信用建设。建立健全农民信用联保制度，推进和发展农业保险，完善农村信用担保体系。

小微企业信用体系建设工程。建立健全适合小微企业特点的信用记录和评价体系，完善小微企业信用信息查询、共享服务网络及区域性小微企业信用记录。引导各类信用服务机构为小微企业提供信用服务，创新小微企业集合信用服务方式，鼓励开展形式多样的小微企业诚信宣传和培训活动，为小微企业便利融资和健康发展营造良好的信用环境。

（四）推动创新示范

地方信用建设综合示范。示范地区率先对本地区各部门、各单位的信用信息进行整合，形成统一的信用信息共享平台，依法向社会有序开放。示范地区各部门在开展经济社会管理和提供公共服务过程中，强化使用信用信息和信用产品，并作为政府管理和服务的必备要件。建立健全社会信用奖惩联动机制，使守信者得到激励和奖励，失信者受到制约和惩戒。对违法违规等典型失信行为予以公开，对严重失信行为加大打击力度。探索建立地方政府信用评价标准和方法，在发行地方政府债券等符合法律法规规定的信用融资活动中试行开展地方政府综合信用评价。

区域信用建设合作示范。探索建立区域信用联动机制，开展区域信用体系建设创新示范，推进信用信息交换共享，实现跨地区信用奖惩联动，优化区域信用环境。

重点领域和行业信用信息应用示范。在食品药品安全、环境保护、安全生产、产品质量、工程建设、电子商务、证券期货、融资担保、政府采购、招标投标等领域，试点推行信用报告制度。

（五）健全组织保障

完善组织协调机制。完善社会信用体系建设部际联席会议制度，充分发挥其统筹协调作用，加强对各地区、各部门社会信用体系建设工作的指导、督促和检查。健全组织机构，各地区、各部门要设立专门机构负责推动社会信用体系建设。成立全国性信用协会，加强行业自律，充分发挥各类社会组织在推进社会信用体系建设中的作用。

建立地方政府推进机制。地方各级人民政府要将社会信用体系建设纳入重要工作日程，推进政务诚信、商务诚信、社会诚信和司法公信建设，加强督查，强化考核，把社会信用体系建设工作作为目标责任考核和政绩考核的重要内容。

建立工作通报和协调制度。社会信用体系建设部际联席会议定期召开工作协调会议，通报工作进展情况，及时研究解决社会信用体系建设中的重大问题。

国务院办公厅关于加强个人诚信体系建设的指导意见

国办发〔2016〕98号

各省、自治区、直辖市人民政府，国务院各部委、各直属机构：

为弘扬诚信传统美德，增强社会成员诚信意识，加强个人诚信体系建设，褒扬诚信，惩戒失信，提高全社会信用水平，营造优良信用环境，经国务院同意，现提出以下意见。

一、总体要求

（一）指导思想。全面贯彻落实党的十八大和十八届三中、四中、五中、六中全会精神，深入贯彻习近平总书记系列重要讲话精神，按照党中央、国务院决策部署，以培育和践行社会主义核心价值观为根本，大力弘扬诚信文化，加快个人诚信记录建设，完善个人信息安全、隐私保护与信用修复机制，健全守信激励与失信惩戒机制，使守信者受益、失信者受限，让诚信成为全社会共同的价值追求和行为准则，积极营造“守信光荣、失信可耻”的良好社会氛围。

（二）基本原则。

一是政府推动，社会共建。充分发挥政府在个人诚信体系建设中的组织、引导、推动和示范作用。规范发展征信市场，鼓励调动社会力量广泛参与，共同推进，形成个人诚信体系建设合力。

二是健全法制，规范发展。健全个人信息法律法规、规章制度和标准规范，严格保护个人隐私和信息安全。

三是全面推进，重点突破。以重点领域、重点人群为突破口，推动建立各地区各行业个人诚信记录机制。依托全国信用信息共享平台与各地方信用信息共享平台、金融信用信息基础数据库与个人征信机构，分别实现个人公共信用信息、个人征信信息的记录、归集、处理和应用。

四是强化应用，奖惩联动。积极培育个人公共信用信息产品应用市场，推广个人公共信用信息社会化应用，拓宽应用范围。建立健全个人诚信奖惩联动机制，加大个人守信激励与失信惩戒力度。

二、加强个人诚信教育

（一）大力弘扬诚信文化。将诚信文化建设摆在突出位置，以培育和践行社会主义核心价值观为根本，大力普及信用知识，制定颁布公民诚信守则，将诚信教育贯穿公民道德建设和精神文明创建全过程。加强社会公德、职业道德、家庭美德和个人品德教育，营造“守信者荣、失信者耻、无信者忧”的社会氛围。

（二）广泛开展诚信宣传。结合春节、国际消费者权益日、劳动节、儿童节、网络诚信宣传日、全国信用记录关爱日、诚信兴商宣传月、国庆节、国家宪法日暨全国法制宣传日等重要时间节点和法定节假日，集中宣传信用政策法规、信用知识和典型案例。推动创作中华传统诚信文化与时代价值观相融合的诚信文艺作品、公益广告，丰富诚信宣传载体，增加诚信宣传频次，提升诚信宣传水平。

（三）积极推介诚信典型。充分发挥媒体舆论宣传引导作用，大力发掘、宣传有关部门和社会组织评选的诚信道德模范、优秀志愿者等诚信典型。组织各类网站开设网络诚信专题，经常性地宣传推广各类诚信典型、诚信事迹，推出一批高质量的网络诚信主题文化作品，加强网络失信案例警示教育。支持有关部门和社会组织向社会推介诚信典型和无不良信用记录者，推动实施跨部门、跨领域的守信联合激励措施。

（四）全面加强校园诚信教育。将诚信教育作为中小学和高校学生思想品德教育的重要内容。鼓励高校开设社会信用领域相关课程。支持有条件的高校院所开设信用管理相关专业。推动学校加强信用管理，建立健全18岁以上成年学生诚信档案，推动将学生个人诚信作为升学、毕业、评先评优、奖学金发放、鉴定推荐等环节的重要考量因素。针对考试舞弊、学术造假、不履行助学贷款还款承诺、伪造就业材料等不诚信行为开展教育，并依法依规将相关信息记入个人信用档案。

（五）广泛开展信用教育培训。建立健全信用管理职业培训与专业考评制度。加大对信用从业人员的培训力度，丰富信用知识，提高信用管理水平。鼓励各类社会组织和企业建立信用管理和教育制度，组织签署入职信用承诺书和开展信用知识培训活动，培育企业信用文化。组织编写信用知识读本，依托社区（村）各类基层组织，向公众普及信用知识。

三、加快推进个人诚信记录建设

（一）推动完善个人实名登记制度。以公民身份号码制度为基础，推进公民统一社会信用代码制度建设。推动居民身份证登记指纹信息工作，实现公民统一社会信用代码全覆盖。运用信息化技术手段，不断加强个人身份信息的查核工作，确保个人身份识别信息的唯一性。以互联网、邮寄递送、电信、金融账户等领域为重点，推进建立实名登记制度，为准确采集个人诚信记录奠定基础。

（二）建立重点领域个人诚信记录。以食品药品、安全生产、消防安全、交通安全、环境保护、生物安全、产品质量、税收缴纳、医疗卫生、劳动保障、工程建设、金融服务、知识产权、司法诉讼、电子商务、志愿服务等领域为重点，以公务员、企业法定代表人及相关责任人、律师、教师、医师、执业药师、评估师、税务师、注册消防工程师、会计审计人员、房地产中介从业人员、认证人员、金融从业人员、导游等职业人群为主要对象，有关部门要加快建立和完善个人信用记录形成机制，及时归集有关人员在相关活动中形成的诚信信息，确保信息真实准确，实现及时动态更新。金融信用信息基础数据库和个人征信机构要大力开展重点领域个人征信信息的归集与服务。鼓励行业协会、商会等行业组织建立健全会员信用档案。

四、完善个人信息安全、隐私保护与信用修复机制

（一）保护个人信息安全。有关部门要严格按照规定建立健全并严格执行保障信息安全的规章制度，明确个人信息查询使用权限和程序，做好数据库安全防护工作，建立完善个人信息查询使用登记和审查制度，防止信息泄露。严格按照相关法律法规，加大对金融信用信息基础数据库、征信机构的监管力度，确保个人征信业务合规开展，保障信息主体合法权益，确保国家信息安全。建立征信机构及相关人员信用档案和违规经营“黑名单”制度。

（二）加强隐私保护。未经法律法规授权不得采集个人公共信用信息。加大对泄露、篡改、毁损、出售或者非法向他人提供个人信息等行为的查处力度。对金融机构、征信机构、互联网企业、大数据公司、移动应用程序开发企业实施重点监控，规范其个人信息采集、提供和使用行为。

（三）建立信用修复机制。建立个人公共信用信息纠错、修复机制，制定异议处理、行政复议等管理制度及操作细则。明确各类公共信用信息展示期限，不再展示使用超过期限的公共信用信息。畅通信用修复渠道，丰富信用修复方式，探索通过事后主动履约、申请延期、自主解释等方式减少失信损失，通过按时履约、志愿服务、慈善捐助等方式修复信用。

五、规范推进个人诚信信息共享使用

（一）推动个人公共信用信息共享。制定全国统一的个人公共信用信息目录、分类标准和共享交换规范。依托各地方信用信息共享平台建立个人公共信用信息数据库。依托全国信用信息共享平台，逐步建立跨区域、跨部门、跨行业个人公共信用信息的互联、互通、互查机制。

（二）积极开展个人公共信用信息服务。各级人民政府要依法依规及时向社会提供个人公共信用信息授权查询服务。探索依据个人公共信用信息构建分类管理和诚信积分管理机制。有条件的地区和行业应建立个人公共信用信息与金融信用信息基础数据库的共享关系，并向个人征信机构提供服务。

六、完善个人守信激励和失信惩戒机制

（一）为优良信用个人提供更多服务便利。对有关部门和社会组织实施信用分类监管确定的信用状况良好的行政相对人、诚信道德模范、优秀志愿者，行业协会商会推荐的诚信会员，以及新闻媒体挖掘的诚信主体等建立优良信用记录，各级人民政府要创新守信激励措施，对具有优良信用记录的个人，在教育、就业、创业等领域给予重点支持，尽力提供更多便利服务；在办理行政许可过程中，对具有优良信用记录的个人和连续三年以上无不良信用记录的行政相对人，可根据实际情况依法采取“绿色通道”和“容缺受理”等便利服务措施。鼓励社会机构依法使用征信产品，对具有优良信用记录的个人给予优惠和便利，使守信者在市场中获得更多机会和收益。

（二）对重点领域严重失信个人实施联合惩戒。依法依规对严重危害人民群众身体健康和生命安全、严重破坏市场公平竞争秩序和社会正常秩序、拒不履行法定义务严重影响司法机关和行政机关公信力以及拒不履行国防义务等个人严重失信行为采取联合惩戒措施。将恶意逃废债务、非法集资、电信诈骗、网络欺诈、交通违法、不依法诚信纳税等严重失信个人列为重点监管对象，依法依规采取行政性约束和惩戒措施。在对失信企事业单位进行联合惩戒的同时，依照法律法规和政策规定对相关责任人员采取相应的联合惩戒措施，将联合惩戒措施落实到人。鼓励将金融信用信息基础数据库和个人征信机构采集的个人在市场经济活动中产生的严重失信记录，推送至全国信用信息共享平台，作为实施信用惩戒措施的参考。

（三）推动形成市场性、社会性约束和惩戒。建立健全个人严重失信行为披露、曝光与举报制度，依托“信用中国”网站，依法向社会公开披露各级人民政府掌握的个人严重失信信息，充分发挥社会舆论监督作用，形成强大的社会震慑力。鼓励市场主体对严重失信个人采取差别化服务。支持征信机构采集严重失信行为信息，纳入信用记录和信用报告。

七、强化保障措施

（一）加强组织领导。各地区各部门要统筹规划，部署实施个人诚信体系建设工作。建立工作考核推进机制，对本地区、本领域个人诚信体系建设工作要定期

进行督促、指导和检查。

（二）建立健全法律法规。逐步建立和完善个人诚信体系建设法律法规，加强对个人信息安全和个人隐私的保护，有力维护个人信息的主体权利与合法权益，完善个人公共信用信息记录、归集、处理和应用等各环节的规范制度，为个人诚信体系建设创造良好的法制环境。

（三）加大资金支持力度。各地区各部门要加强社会信用体系建设经费保障，对个人诚信体系建设组织工作、管理工作积极予以经费支持。加大对个人公共信用信息数据库建设、信息应用、宣传教育和人才培训等各方面的资金支持力度。

（四）强化责任落实。各地区各部门要高度重视个人诚信体系建设工作，强化责任意识，细化分工，明确完成时间节点，确保责任到人、工作到人、落实到人。

各地区各部门要加强领导，高度重视，率先垂范，结合工作实际，切实有效开展个人诚信体系建设相关工作。国家发展改革委会同有关部门负责对本意见落实工作的统筹协调、跟踪了解、督促检查，确保各项工作平稳有序推进。

国务院办公厅

2016 年 12 月 23 日

中共中央办公厅、国务院办公厅印发《关于加快构建现代公共文化服务体系的意见》

近年来，在党中央、国务院高度重视下，我国公共文化建设投入稳步增长，覆盖城乡的公共文化服务设施网络基本建立，公共文化服务效能明显提高，人民群众精神文化生活不断改善，公共文化服务体系建设取得显著成效，呈现出整体推进、重点突破、全面提升的良好发展态势。但是，与当前经济社会发展水平和人民群众日益增长的精神文化需求相比，与基本建成公共文化服务体系的目标要求相比，公共文化服务体系建设水平仍然有待提高。在新的形势下，构建现代公共文化服务体系，是保障和改善民生的重要举措，是全面深化文化体制改革、促进文化事业繁荣发展的必然要求，是弘扬社会主义核心价值观、建设社会主义文化强国的重大任务。为贯彻党的十八届三中全会审议通过的《中共中央关于全面深化改革若干重大问题的决定》的有关要求，加快构建现代公共文化服务体系，现提出如下意见。

一、总体要求

（一）指导思想。以邓小平理论、“三个代表”重要思想、科学发展观为指导，贯彻落实党的十八大和十八届三中、四中全会精神，贯彻落实习近平总书记系列重要讲话精神，按照全面建成小康社会的总体要求，牢固树立以人民为中心的工作导向，以改革创新为动力，以基层为重点，构建体现时代发展趋势、适应社会主义初级阶段基本国情和市场经济要求、符合文化发展规律、具有中国特色的现代公共文化服务体系，促进基本公共文化服务标准化、均等化，推动社会主义文化大发展大繁荣，提高全民族文化素质，增强民族凝聚力，为实现中华民族伟大复兴中国梦提供强大的精神动力和文化支撑。

（二）基本原则。坚持正确导向。以人民为中心，以社会主义核心价值观为引领，发展先进文化，创新传统文化，扶持通俗文化，引导流行文化，改造落后文化，抵制有害文化，巩固基层文化阵地，促进在全社会形成积极向上的精神追求和健康文明的生活方式。

坚持政府主导。从基本国情出发，认真研究人民群众的精神文化需求，因地制宜，科学规划，分类指导，按照一定标准推动实现基本公共文化服务均等化，切实保障人民群众基本文化权益，促进实现社会公平。

坚持社会参与。简政放权，减少行政审批项目，引入市场机制，激发各类社会主体参与公共文化服务的积极性，提供多样化的产品和服务，增强发展活力，积极培育和引导群众文化消费需求。

坚持共建共享。加强统筹管理，建立协同机制，明确责任，优化配置各方资源，做到物尽其用、人尽其才，发挥整体优势，提升综合效益。

坚持改革创新。加快转变政府职能，完善管理体制机制，创新公共文化服务内容和形式，促进文化与科技深度融合，推动文化事业和文化产业协调发展。

（三）主要目标。到 2020 年，基本建成覆盖城乡、便捷高效、保基本、促公平的现代公共文化服务体系。公共文化设施网络全面覆盖、互联互通，公共文化服务的内容和手段更加丰富，服务质量显著提升，公共文化管理、运行和保障机制进一步完善，政府、市场、社会共同参与公共文化服务体系建设的格局逐步形成，人民群众基本文化权益得到更好保障，基本公共文化服务均等化水平稳步提高。

二、统筹推进公共文化服务均衡发展

（四）促进城乡基本公共文化服务均等化。把城乡基本公共文化服务均等化纳入国民经济和社会发展总体规划及城乡规划。根据城镇化发展趋势和城乡常住人口变化，统筹城乡公共文化设施布局、服务提供、队伍建设、资金保障，均衡配置公共文化资源。整合利用闲置学校等现有城乡公共设施，依托城乡社区综合服务设施，加强城市社区和农村文化设施建设。拓展重大文化惠民项目服务“三农”内容。加大对农村民间文化艺术的扶持力度，推进“三农”出版物出版发行、广播电视涉农节目制作和农村题材文艺作品创作。完善农家书屋出版物补充更新工作。统筹推进农村地区广播电视用户接收设备配备工作，鼓励建设农村广播电视维修服务网点。大力开展流动服务和数字服务，打通公共文化服务“最后一公里”。建立公共文化服务城乡联动机制。以县级文化馆、图书馆为中心推进总分馆制建设，加强对农家书屋的统筹管理，实现农村、城市社区公共文化服务资源整合和互联互通。推进城乡“结对子、种文化”，加强城市对农村文化建设的帮扶，形成常态化工作机制。

（五）推动革命老区、民族地区、边疆地区、贫困地区公共文化建设实现跨越式发展。与国家扶贫开发攻坚战略结合，编制老少边穷地区公共文化服务体系建设发展规划纲要。根据国家基本公共文化服务指导标准，明确老少边穷地区服务和资源缺口，按照精准扶贫的要求，以广播电视服务网络、数字文化服务、乡土人才培养、流动文化服务、农村留守妇女儿童文化帮扶等为重点，集中实施一批文化扶贫项目。落实对国家在贫困地区安排的公益性文化建设项目取消县以下（含县）及西部地区集中连片特困地区市地级配套资金的政策。加强边境地区基层公共文化设施建设。促进地区对口帮扶，加大人才交流和项目支援力度。深入实施边远贫困地区、边疆民族地区、革命老区人才文化工作者专项支持计划。支持老少边穷地区挖掘、开发、利用民族民间文化资源，充实公共文化服务内容。力争在较短时间内使老少边穷地区公共文化服务能力和水平有明显改善。

（六）保障特殊群体基本文化权益。将老年人、未成年人、残疾人、农民工、农村留守妇女儿童、生活困难群众作为公共文化服务的重点对象。积极开展面向老年人、未成年人的公益性文化艺术培训服务、演展和科技普及活动。开展学龄前儿童基础阅读促进工作和向中小学生推荐优秀出版物、影片、戏曲工作。指导互联网网站、互联网文化企业等开发制作有利于青少年身心健康的优秀作品。将中小学生定期参观博物馆、美术馆、纪念馆、科技馆纳入中小学教育教学活动计划。加强乡村学校少年宫建设。实施青少年体育活动促进计划。公共文化服务机构要为残疾人提供无障碍设施。实施盲文出版项目，开发视听读物，建设有声图书馆，鼓励和支持有条件的电视台增加手语节目或加配字幕。加强对残疾人文化艺术的扶持力度。加快将农民工文化建设纳入常住地公共文化服务体系，以公共文化机构、社区和用工企业为实施主体，满足农民工群体尤其是新生代农民工的基本文化需求。

（七）建立基本公共文化服务标准体系。以人民群众基本文化需求为导向，围绕看电视、听广播、读书看报、参加公共文化活动等群众基本文化权益，根据国家经济社会发展水平和供给能力，明确国家基本公共文化服务的内容、种类、数量和水平，以及应具备的公共文化服务基本条件和各级政府的保障责任，确立国家基本公共文化服务指导标准，明确政府保障底线，做到保障基本、统一规范。各地要根据国家指导标准，制定与当地经济社会发展水平相适应、具有地域特色的地方实施标准，逐步形成既有基本共性又有特色个性、上下衔接的标准指标体系。标准以县为基本单位推进落实。建立基本公共文化服务标准动态调整机制，根据经济社会的发展变化，适时调整提高具体指标。

（八）提升公共文化设施建设、管理和服务水平。健全公共文化设施布局、土地使用、建设规模、设计和施工规范以及技术要求等标准。按照城乡人口发展和分布，坚持均衡配置、严格预留、规模适当、功能优先、经济适用、节能环保的原则，合理规划建设各类公共文化设施。结合基层公共服务设施建设，制定村（社区）综合公共文化服务中心建设标准，充分利用现有城乡公共设施，统筹建设集宣传文化、党员教育、科技普及、普法教育、体育健身等多功能于一体的基层公共文化服务中心，配套建设群众文体活动场地。坚持设施建设和运行管理并重，健全公共文化设施运行管理和服务标准体系，规范各级各类公共文化机构服务项目和服务流程，完善内部管理制度，提高服务水平。

三、增强公共文化服务发展动力

（九）培育和促进文化消费。在公共文化服务体系建设中统筹考虑群众的基本文化需求和多样化文化需求，推动公共文化服务向优质服务转变，实现标准化和个性化服务的有机统一。广泛开展公益性文化艺术活动，培养健康向上的文艺爱好，扩大和提升文化消费需求。鼓励有条件的公共文化机构挖掘特色资源，加强文化创意产品研发，创新文化产品和服务内容。完善公益性演出补贴制度，通过票价补贴、剧场运营补贴等方式，支持艺术表演团体提供公益性演出。鼓励在商业演出和电影放映中安排低价场次或门票，鼓励出版适应群众购买能力的图书报刊，鼓励网络文化运营商开发更多低收费业务，推动经营性文化设施、非物质文化遗产传习场所和传统民俗文化活动场所等向公众提供优惠或免费的公益性文化服务。积极发展与公共文化服务相关联的教育培训、体育健身、演艺会展、旅游休闲等产业，引导和支持各类文化企业开发公共文化产品和服务，满足人民群众多层次的文化消费需求。

（十）鼓励和引导社会力量参与。进一步简政放权，减少行政审批项目，吸引社会资本投入公共文化领域。建立健全政府向社会力量购买公共文化服务机制。出台政府购买公共文化服务指导性意见和目录，将政府购买公共文化服务资金纳入财政预算。推广运用政府和社会资本合作等模式，促进公共文化服务提供主体和提供方式多元化。鼓励和支持社会力量通过投资或捐助设施设备、兴办实体、资助项目、赞助活动、提供产品和服务等方式参与公共文化服务体系建设。推动建立健全公开透明的社会捐赠管理制度。鼓励党政机关、国有企事业单位和学校的各类文体设施向社会免费或优惠开放。创新公共文化设施管理模式，有条件的地方可探索开展公共文化设施社会化运营试点，通过委托或招投标等方式吸引有实力的社会组织和企业参与公共文化设施的运营。

（十一）培育和规范文化类社会组织。加强对文化类行业协会、基金会、民办非企业单位等社会组织的引导、扶持和管理，促进规范有序发展。制定完善关于文化类社会组织的规章，明确功能定位。鼓励各类公共文化服务机构成立行业协会，发挥其在行业自律、行业管理、行业交流等方面的重要作用。加快推进文化行业协会与行政机关脱钩，将适合由社会组织提供的公共文化服务事项交由社会组织承担。引导文化类社会组织依法依规开展公共文化服务。加大政府向文化类社会组织购买服务力度。加强政府管理和社会监督，严格执行社会组织年检制度和信息公开制度，开展运营绩效评估和社会信用评估，实现依法管理、依法运营。

（十二）大力推进文化志愿服务。大力弘扬志愿服务精神，坚持志愿服务与政府服务、市场服务相衔接，奉献社会与自我发展相统一，社会倡导和自愿参与相结合，构建参与广泛、内容丰富、形式多样、机制健全的文化志愿服务体系。创新服务内容、工作方式和活动载体，探索具有地方或行业特色的文化志愿服务模式。完善文化志愿者注册招募、服务记录、管理评价和激励保障机制。动员组织专家学者、艺术家、优秀运动员等社会知名人士参加志愿服务，提高社会影响力。要建立“结对子、种文化”工作机制，推动专业艺术院团、体育运动队和艺术体育院校等到基层教、学、帮、带，建立志愿服务下基层制度。加强对文化志愿队伍的培训，提升文化志愿者的服务意识、服务能力和服务水平。

四、加强公共文化产品和服务供给

（十三）提升公共文化服务效能。完善公共文化设施免费开放的保障机制。深入推进公共图书馆、博物馆、文化馆、纪念馆、美术馆等免费开放工作，逐步将民族博物馆、行业博物馆纳入免费开放范围。推动科技馆、工人文化宫、妇女儿童活动中心以及青少年校外活动场所免费提供基本公共文化服务项目。建立群众文化需求反馈机制，及时准确了解和掌握群众文化需求，制定公共文化服务提供目录，开展“菜单式”、“订单式”服务。加强公共文化服务品牌建设，推动形成具有鲜明特色和社会影响力的服务项目。加大对跨部门、跨行业、跨地域公共文化资源的整合力度。以行业联盟等形式，开展馆际合作，推进公共文化机构互联互通，开展文化服务“一卡通”、公共文化巡展巡讲巡演等服务，实现区域文化共建共享。加强基层广播电视播出机构服务能力建设。充分利用广播、电视、网络双向互动功能，为各级政府部门便民服务提供窗口和平台。

（十四）丰富优秀公共文化产品供给。进一步发挥国家级评奖和艺术、出版等基金的引导带动作用，创作生产更多传播当代中国价值观念、体现中华文化精神、反映中国人审美追求，思想性、艺术性、观赏性有机统一的优秀文化产品。建立优秀传统文化传承和发展体系。加强戏曲等优秀文化艺术的普及推广工作。开展优秀文化遗产、高雅艺术进校园、进社区，推进送戏、送书、送电影下乡等项目和优秀出版物推荐活动。提高网络文化产品和服务供给能力，促进优秀传统文化瑰宝和当代文化精品网络传播。推动少数民族地区广播电视播出机构在推广国家通用语言文字的同时，开办少数民族语言的频率频道，提高少数民族语言节目译制、制作、播映和传输覆盖能力；继续实施少数民族新闻出版“东风工程”，加强少数民族文字及双语出版物的出版发行和少数民族语言文艺作品的创作；推进少数民族语言文字网站建设。加强知识产权审核和版权保护，防止侵权或盗版产品进入公共文化服务供给体系。大力发展公益广告，有效推广公益慈善理念。

（十五）活跃群众文化生活。深入开展全民阅读活动，推动全民阅读进家庭、进社区、进校园、进农村、进企业、进机关。积极开展全民艺术普及、全民健身、全民科普和群众性法治文化活动。实施基层特色文化品牌建设项目，以富有时代感的内容形式，吸引更多群众参与文化活动。引导广场文化活动健康、规范、有序开展。推进民间文化艺术之乡建设。以“我们的节日”为主题，组织开展群众性节日民俗活动；传承和发展民族民间传统体育，广泛开展形式多样的群众性体育活动。鼓励群众自办文化，支持成立各类群众文化团队。通过组织示范性展演等形式，为民间文化队伍提供展示交流的平台。推进红色文化、社区文化、乡土文化、校园文化、企业文化、军旅文化、家庭文化建设，培育积极健康、多姿多彩的社会文化形态。促进边疆少数民族地区和其他地区群众文化交往交流交融。加强群众性文化活动的国际交流，支持群众文化走出去，形成多层次的对外文化交流格局。

五、推进公共文化服务与科技融合发展

（十六）加大文化科技创新力度。围绕公共文化服务体系建设的重大科技需求，发挥文化和科技相互促进的作用，结合中央财政科技计划（专项、基金等）管理改革要求，将公共文化科技创新纳入科技发展专项规划，深入实施国家文化科技创新工程。研究制定公共文化服务领域科技标准规范。开展文化专用装备、软件、系统的研发应用，推进公共文化服务创新手段、提高效能。加强科技成果转化应用，实施一批公共文化服务科技创新应用示范项目；支持公共文化机构、科研院所、高科技企业合作开展各类关键技术研究。依托国家公共文化服务体系建设示范区（项目）、高新技术园区和可持续发展实验区，开展公共文化服务与科技融合示范工作。

（十七）加快推进公共文化服务数字化建设。结合“宽带中国”、“智慧城市”等国家重大信息工程建设，加快推进公共文化机构数字化建设。统筹实施全国文化信息资源共享、数字图书馆博物馆建设、直播卫星广播电视公共服务、农村数字电影放映、数字农家书屋、城乡电子阅报屏建设等项目，构建标准统一、互联互通的公共数字文化服务网络，在基层实现共建共享。提高资源供给能力，科学规划公共数字文化资源建设，建设分布式资源库群，鼓励各地整合中华优秀文化资源，开发特色数字文化产品。支持数字版权公共服务平台建设，实现公共数字文化资源有效保护。加强公共文化大数据采集、存储和分析处理。加快推进数字文化资源在智能社区中的应用，实现“一站式”服务。

（十八）提升公共文化服务现代传播能力。着眼于形成与我国经济社会发展水平相称的传播能力，加快构建现代文化传播体系，保障信息传播的高效快捷和安全有序。灵活运用宽带互联网、移动互联网、广播电视网、卫星网络等手段，拓宽公共文化资源传输渠道。大力推进“三网融合”，促进高清电视、互动电视、交互式网络电视（IPTV）、手机电视等新业务发展，推广数字智能终端、移动终端等新型载体。推进数字出版，构建数字出版物传播平台。加强广播电视台、发射台（站）、监测台（站）建设，继续实施广播电视高山无线发射台站建设工程。积极推进有线电视网络建设和数字化双向化改造，加快推进直播卫星和地面数字电视覆盖建设，努力实现广播电视户户通。实施国家和地方应急广播工程，完善应急广播覆盖网络，打造基层政务信息发布、政策宣讲和灾害预警应急指挥平台。

六、创新公共文化管理体制和运行机制

（十九）建立公共文化服务体系建设协调机制。立足当前公共文化服务体系建设实际，完善党委领导、政府管理、部门协同、权责明确、统筹推进的公共文化

服务体系建设管理制度。以国家公共文化服务体系建设协调组为平台，由文化部门牵头，充分发挥各部门职能作用和资源优势，在规划编制、政策衔接、标准制定和实施等方面加强统筹、整体设计、协调推进。各地要根据实际，建立相应的协调机制。推进国家公共文化服务体系示范区（项目）创建。发挥基层党委和政府作用，建立统一的基层公共文化服务平台，加强各类重大文化项目的统筹实施，探索整合基层公共文化服务资源的方式和途径，实现共建共享，提升综合效益。

（二十）加大公益性文化事业单位改革力度。按照关于深化文化体制改革和推进事业单位分类改革的要求，理顺政府和公益性文化事业单位之间的关系，探索管办分离的有效形式。进一步落实公益性文化事业单位法人自主权，强化公共服务功能，增强发展活力，发挥公共文化服务骨干作用。全面推进人事制度、收入分配制度、社会保障、经费保障制度改革。创新运行机制，建立事业单位法人治理结构，推动公共图书馆、博物馆、文化馆、科技馆等组建理事会，吸纳有关方面代表、专业人士、各界群众参与管理，健全决策、执行和监督机制。完善年度报告和信息披露、公众监督等基本制度，加强规范管理。加强和改进公益性文化事业单位党组织建设，充分发挥基层党组织的战斗堡垒作用和共产党员的先锋模范作用。

（二十一）创新基层公共文化管理机制。发挥城乡基层群众性自治组织的作用，推动开展公共文化服务参与式管理，推广居民、村民评议等行之有效的做法，健全民意表达和监督机制，引导城市社区居民和村民参与公共文化服务项目规划、建设、管理和监督，维护群众的文化选择权、参与权和自主权。调动驻村（社区）单位、企业和社会组织等多方面力量，统筹资源，共同参与基层文化的管理和服务，形成多元联动格局。扎实推进社区文化志愿服务。推进将公共文化服务纳入基层社区服务网格进行管理，培育城乡社区互助文化，营造社区和谐环境。

（二十二）完善公共文化服务评价工作机制。以效能为导向，制定政府公共文化服务考核指标，作为考核评价领导班子和领导干部政绩的重要内容，纳入科学发展考核体系。建立公共文化机构绩效考评制度，考评结果作为确定预算、收入分配与负责人奖惩的重要依据。加强对重大文化项目资金使用、实施效果、服务效能等方面的监督和评估。完善服务质量监测体系，研究制定公众满意度指标，建立群众评价和反馈机制。探索建立公共文化服务第三方评价机制，增强公共文化服务评价的客观性和科学性。

七、加大公共文化服务保障力度

（二十三）加强组织领导。各有关部门和单位要进一步认识构建现代公共文化服务体系的重要意义，根据本意见的要求，结合“十三五”规划的编制，尽快制定完善相关配套政策，明确责任，统筹建设，协同推进，狠抓落实。地方各级党委和政府要将构建现代公共文化服务体系纳入本地区国民经济和社会发展总体规划，纳入重要议事日程，切实加强组织领导，并结合实际制定实施方案、规划或专项行动计划，明确责任和时间表、路线图，集中力量推进工作落实。做好宣传和舆论引导工作，形成全社会支持和参与现代公共文化服务体系建设的良好氛围。

（二十四）加大财税支持力度。合理划分各级政府基本公共文化服务支出责任，建立健全公共文化服务财政保障机制，按照基本公共文化服务标准，落实提供基本公共文化服务项目所必需的资金，保障公共文化服务体系建设和运行。进一步完善转移支付体制，加大中央财政和省级财政转移支付力度，重点向革命老区、民族地区、边疆地区、贫困地区倾斜，着力支持农村和城市社区基层公共文化服务设施建设，保障基层城乡居民公平享有基本公共文化服务。进一步拓展资金来源渠道，加大政府性基金与一般公共预算的统筹力度。创新公共文化服务投入方式，采取政府购买、项目补贴、定向资助、贷款贴息等政策措施，支持包括文化企业在内的社会各类文化机构参与提供公共文化服务。落实现行鼓励社会组织、机构和个人捐赠公益性文化事业所得税税前扣除政策规定。加强对公共文化服务资金管理使用情况的监督和审计，开展绩效评价。

（二十五）加强基层文化队伍建设。进一步完善选人用人机制，着力培养一批具有现代意识、创新意识的公共文化管理者和基层公共文化服务人才队伍。按照控制总量、盘活存量、优化结构、有减有增的要求，研究制定公共文化机构人员编制标准，并根据业务发展状况进行动态调整。对实行免费开放后工作量大量增加、现有机构编制难以满足工作需要的公益性文化事业单位，要结合实际和财力，合理增加机构编制。加强对农村文化队伍的管理和使用，在现有编制总量内，落实每个乡镇综合文化站（中心）编制配备不少于1至2名的要求，规模较大的乡镇适当增加。设立城乡基层公共文化服务岗位，配置由公共财政补贴的工作人员。将公共文化服务专业人才培养纳入国民教育体系。稳步推进基层公共文化服务队伍培训，建立培训上岗制度，全面提高从业人员素质。乡镇综合文化站（中心）从业人员应熟悉广播电视技术，具备组织群众文化活动等多方面的服务能力。完善基层公共文化服务人才激励和保障机制。加强基层乡土文化人才建设。发展壮大社会体育指导员队伍。

（二十六）建立健全公共文化服务法律体系。加快建立健全坚持社会主义先进文化前进方向、遵循文化发展规律、有利于激发文化创造力、保障人民基本文化权益的文化法律制度，依法保障公民的文化权利得到有效落实。加快出台公共文化服务保障法等相关法律法规，为现代公共文化服务体系建设提供法律支撑。加强公共文化立法与文化体制改革重大政策的衔接，加快制定地方性公共文化服务法律规范，提高公共文化服务领域法治化水平。

国务院关于建立完善守信联合激励和失信联合惩戒制度加快推进社会诚信建设的指导意见

国发〔2016〕33号

各省、自治区、直辖市人民政府，国务院各部委、各直属机构：

健全社会信用体系，加快构建以信用为核心的新型市场监管体制，有利于进一步推动简政放权和政府职能转变，营造公平诚信的市场环境。为建立完善守信联合激励和失信联合惩戒制度，加快推进社会诚信建设，现提出如下意见。

一、总体要求

（一）指导思想。

全面贯彻党的十八大和十八届三中、四中、五中全会精神，深入贯彻习近平总书记系列重要讲话精神，按照党中央、国务院决策部署，紧紧围绕“四个全面”战略布局，牢固树立创新、协调、绿色、开放、共享发展理念，落实加强和创新社会治理要求，加快推进社会信用体系建设，加强信用信息公开和共享，依法依规运用信用激励和约束手段，构建政府、社会共同参与的跨地区、跨部门、跨领域的守信联合激励和失信联合惩戒机制，促进市场主体依法诚信经营，维护市场正常秩序，营造诚信社会环境。

（二）基本原则。

——褒扬诚信，惩戒失信。充分运用信用激励和约束手段，加大对诚信主体激励和对严重失信主体惩戒力度，让守信者受益、失信者受限，形成褒扬诚信、惩戒失信的制度机制。

——部门联动，社会协同。通过信用信息公开和共享，建立跨地区、跨部门、跨领域的联合激励与惩戒机制，形成政府部门协同联动、行业组织自律管理、信用服务机构积极参与、社会舆论广泛监督的共同治理格局。

——依法依规，保护权益。严格依照法律法规和政策规定，科学界定守信和失信行为，开展守信联合激励和失信联合惩戒。建立健全信用修复、异议申诉等机制，保护当事人合法权益。

——突出重点，统筹推进。坚持问题导向，着力解决当前危害公共利益和公共安全、人民群众反映强烈、对经济社会发展造成重大负面影响的重点领域失信问题。鼓励支持地方人民政府和有关部门创新示范，逐步将守信激励和失信惩戒机制推广到经济社会各领域。

二、健全褒扬和激励诚信行为机制

（三）多渠道选树诚信典型。将有关部门和社会组织实施信用分类监管确定的信用状况良好的行政相对人、诚信道德模范、优秀青年志愿者，行业协会商会推荐的诚信会员，新闻媒体挖掘的诚信主体等树立为诚信典型。鼓励有关部门和社会组织在监管和服务中建立各类主体信用记录，向社会推介无不良信用记录者和有关诚信典型，联合其他部门和社会组织实施守信激励。鼓励行业协会商会完善会员企业信用评价机制。引导企业主动发布综合信用承诺或产品服务质量等专项承诺，开展产品服务标准等自我声明公开，接受社会监督，形成企业争做诚信模范的良好氛围。

（四）探索建立行政审批“绿色通道”。在办理行政许可过程中，对诚信典型和连续三年无不良信用记录的行政相对人，可根据实际情况实施“绿色通道”和“容缺受理”等便利服务措施。对符合条件的行政相对人，除法律法规要求提供的材料外，部分申报材料不齐备的，如其书面承诺在规定期限内提供，应先行受理，加快办理进度。

（五）优先提供公共服务便利。在实施财政性资金项目安排、招商引资配套优惠政策等各类政府优惠政策中，优先考虑诚信市场主体，加大扶持力度。在教育、就业、创业、社会保障等领域对诚信个人给予重点支持和优先便利。在有关公共资源交易活动中，提倡依法依约对诚信市场主体采取信用加分等措施。

（六）优化诚信企业行政监管安排。各级市场监管部门应根据监管对象的信用记录和信用评价分类，注重运用大数据手段，完善事中事后监管措施，为市场主体提供便利化服务。对符合一定条件的诚信企业，在日常检查、专项检查中优化检查频次。

（七）降低市场交易成本。鼓励有关部门和单位开发“税易贷”、“信易贷”、“信易债”等守信激励产品，引导金融机构和商业销售机构等市场服务机构参考使用市场主体信用信息、信用积分和信用评价结果，对诚信市场主体给予优惠和便利，使守信者在市场中获得更多机会和实惠。

（八）大力推介诚信市场主体。各级人民政府有关部门应将诚信市场主体优良信用信息及时在政府网站和“信用中国”网站进行公示，在会展、银企对接等活动中重点推介诚信企业，让信用成为市场配置资源的重要考量因素。引导征信机构加强对市场主体正面信息的采集，在诚信问题反映较为集中的行业领域，对守信者加大激励性评分比重。推动行业协会商会加强诚信建设和行业自律，表彰诚信会员，讲好行业“诚信故事”。

三、健全约束和惩戒失信行为机制

（九）对重点领域和严重失信行为实施联合惩戒。在有关部门和社会组织依法依规对本领域失信行为作出处理和评价基础上，通过信息共享，推动其他部门和社会组织依法依规对严重失信行为采取联合惩戒措施。重点包括：一是严重危害人民群众身体健康和生命安全的行为，包括食品药品、生态环境、工程质量、安全生产、消防安全、强制性产品认证等领域的严重失信行为。二是严重破坏市场公平竞争秩序和社会正常秩序的行为，包括贿赂、逃税骗税、恶意逃废债务、恶意拖欠货款或服务费、恶意欠薪、非法集资、合同欺诈、传销、无证照经营、制售假冒伪劣产品和故意侵犯知识产权、出借和借用资质投标、围标串标、虚假广告、侵害消费者或证券期货投资者合法权益、严重破坏网络空间传播秩序、聚众扰乱社会秩序等严重失信行为。三是拒不履行法定义务，严重影响司法机关、行政机关公信力的行为，包括当事人在司法机关、行政机关作出判决或决定后，有履行能力但拒不履行、逃避执行等严重失信行为。四是拒不履行国防义务，拒绝、逃避兵役，拒绝、拖延民用资源征用或者阻碍对被征用的民用资源进行改造，危害国防利益，破坏国防设施等行为。

（十）依法依规加强对失信行为的行政性约束和惩戒。对严重失信主体，各地区、各有关部门应将其列为重点监管对象，依法依规采取行政性约束和惩戒措施。从严审核行政许可审批项目，从严控制生产许可证发放，限制新增项目审批、核准，限制股票发行上市融资或发行债券，限制在全国股份转让系统挂牌、融资，限制发起设立或参股金融机构以及小额贷款公司、融资担保公司、创业投资公司、互联网融资平台等机构，限制从事互联网信息服务等。严格限制申请财政性资金项目，限制参与有关公共资源交易活动，限制参与基础设施和公用事业特许经营。对严重失信企业及其法定代表人、主要负责人和对失信行为负有直接责任的注册执业人员等实施市场和行业禁入措施。及时撤销严重失信企业及其法定代表人、负责人、高级管理人员和对失信行为负有直接责任的董事、股东等人员的荣誉称号，取消参加评先评优资格。

（十一）加强对失信行为的市场性约束和惩戒。对严重失信主体，有关部门和机构应以统一社会信用代码为索引，及时公开披露相关信息，便于市场识别失信行为，防范信用风险。督促有关企业和个人履行法定义务，对有履行能力但拒不履行的严重失信主体实施限制出境和限制购买不动产、乘坐飞机、乘坐高等级列车和席次、旅游度假、入住星级以上宾馆及其他高消费行为等措施。支持征信机构采集严重失信行为信息，纳入信用记录和信用报告。引导商业银行、证券期货经营机构、保险公司等金融机构按照风险定价原则，对严重失信主体提高贷款利率和财产保险费率，或者限制向其提供贷款、保荐、承销、保险等服务。

（十二）加强对失信行为的行业性约束和惩戒。建立健全行业自律公约和职业道德准则，推动行业信用建设。引导行业协会商会完善行业内部信用信息采集、共享机制，将严重失信行为记入会员信用档案。鼓励行业协会商会与有资质的第三方信用服务机构合作，开展会员企业信用等级评价。支持行业协会商会按照行业标准、行规、行约等，视情节轻重对失信会员实行警告、行业内通报批评、公开谴责、不予接纳、劝退等惩戒措施。

（十三）加强对失信行为的社会性约束和惩戒。充分发挥各类社会组织作用，引导社会力量广泛参与失信联合惩戒。建立完善失信举报制度，鼓励公众举报企业严重失信行为，对举报人信息严格保密。支持有关社会组织依法对污染环境、侵害消费者或公众投资者合法权益等群体性侵权行为提起公益诉讼。鼓励公正、独立、有条件的社会机构开展失信行为大数据舆情监测，编制发布地区、行业信用分析报告。

（十四）完善个人信用记录，推动联合惩戒措施落实到人。对企事业单位严重失信行为，在记入企事业单位信用记录的同时，记入其法定代表人、主要负责人和其他负有直接责任人员的个人信用记录。在对失信企事业单位进行联合惩戒的同时，依照法律法规和政策规定对相关责任人员采取相应的联合惩戒措施。通过建立完整的个人信用记录数据库及联合惩戒机制，使失信惩戒措施落实到人。

四、构建守信联合激励和失信联合惩戒协同机制

（十五）建立触发反馈机制。在社会信用体系建设部际联席会议制度下，建立守信联合激励和失信联合惩戒的发起与响应机制。各领域守信联合激励和失信联合惩戒的发起部门负责确定激励和惩戒对象，实施部门负责对有关主体采取相应的联合激励和联合惩戒措施。

（十六）实施部省协同和跨区域联动。鼓励各地区对本行政区域内确定的诚信典型和严重失信主体，发起部省协同和跨区域联合激励与惩戒。充分发挥社会信用体系建设部际联席会议制度的指导作用，建立健全跨地区、跨部门、跨领域的信用体系建设合作机制，加强信用信息共享和信用评价结果互认。

（十七）建立健全信用信息公示机制。推动政务信用信息公开，全面落实行政许可和行政处罚信息上网公开制度。除法律法规另有规定外，县级以上人民政府及其部门要将各类自然人、法人和其他组织的行政许可、行政处罚等信息在 7 个工作日内通过政府网站公开，并及时归集至“信用中国”网站，为社会提供“一站式”查询服务。涉及企业的相关信息按照企业信息公示暂行条例规定在企业信用信息公示系统公示。推动司法机关在“信用中国”网站公示司法判决、失信被执行人名单等信用信息。

（十八）建立健全信用信息归集共享和使用机制。依托国家电子政务外网，建立全国信用信息共享平台，发挥信用信息归集共享枢纽作用。加快建立健全各省（区、市）信用信息共享平台和各行业信用信息系统，推动青年志愿者信用信息系统等项目建设，归集整合本地区、本行业信用信息，与全国信用信息共享平台实现互联互通和信息共享。依托全国信用信息共享平台，根据有关部门签署的合作备忘录，建立守信联合激励和失信联合惩戒的信用信息管理系统，实现发起响应、信息推送、执行反馈、信用修复、异议处理等动态协同功能。各级人民政府及其部门应将全国信用信息共享平台信用信息查询使用嵌入审批、监管工作流程中，确保“应查必查”、“奖惩到位”。健全政府与征信机构、金融机构、行业协会商会等组织的信息共享机制，促进政务信用信息与社会信用信息互动融合，最大限度发挥守信联合激励和失信联合惩戒作用。

（十九）规范信用红黑名单制度。不断完善诚信典型“红名单”制度和严重失信主体“黑名单”制度，依法依规规范各领域红黑名单产生和发布行为，建立健全退出机制。在保证独立、公正、客观前提下，鼓励有关群众团体、金融机构、征信机构、评级机构、行业协会商会等将产生的“红名单”和“黑名单”信息提供给政府部门参考使用。

（二十）建立激励和惩戒措施清单制度。在有关领域合作备忘录基础上，梳理法律法规和政策规定明确的联合激励和惩戒事项，建立守信联合激励和失信联合惩戒措施清单，主要分为两类：一类是强制性措施，即依法必须联合执行的激励和惩戒措施；另一类是推荐性措施，即由参与各方推荐的，符合褒扬诚信、惩戒失信政策导向，各地区、各部门可根据实际情况实施的措施。社会信用体系建设部际联席会议应总结经验，不断完善两类措施清单，并推动相关法律法规建设。

（二十一）建立健全信用修复机制。联合惩戒措施的发起部门和实施部门应按照法律法规和政策规定明确各类失信行为的联合惩戒期限。在规定期限内纠正失信行为、消除不良影响的，不再作为联合惩戒对象。建立有利于自我纠错、主动自新的社会鼓励与关爱机制，支持有失信行为的个人通过社会公益服务等方式修复个人信用。

（二十二）建立健全信用主体权益保护机制。建立健全信用信息异议、投诉制度。有关部门和单位在执行失信联合惩戒措施时主动发现、经市场主体提出异议申请或投诉发现信息不实的，应及时告知信息提供单位核实，信息提供单位应尽快核实并反馈。联合惩戒措施在信息核实期间暂不执行。经核实有误的信息应及时更正或撤销。因错误采取联合惩戒措施损害有关主体合法权益的，有关部门和单位应积极采取措施恢复其信誉、消除不良影响。支持有关主体通过行政复议、行政诉讼等方式维护自身合法权益。

（二十三）建立跟踪问效机制。各地区、各有关部门要建立完善信用联合激励惩戒工作的各项制度，充分利用全国信用信息共享平台的相关信用信息管理系统，建立健全信用联合激励惩戒的跟踪、监测、统计、评估机制并建立相应的督查、考核制度。对信用信息归集、共享和激励惩戒措施落实不力的部门和单位，进行通报和督促整改，切实把各项联合激励和联合惩戒措施落到实处。

五、加强法规制度和诚信文化建设

（二十四）完善相关法律法规。继续研究论证社会信用领域立法。加快研究推进信用信息归集、共享、公开和使用，以及失信行为联合惩戒等方面的立法工作。按照强化信用约束和协同监管要求，各地区、各部门应对现行法律、法规、规章和规范性文件有关规定提出修订建议或进行有针对性的修改。

（二十五）建立健全标准规范。制定信用信息采集、存储、共享、公开、使用和信用评价、信用分类管理等标准。确定各级信用信息共享平台建设规范，统一数据格式、数据接口等技术要求。各地区、各部门要结合实际，制定信用信息归集、共享、公开、使用和守信联合激励、失信联合惩戒的工作流程和操作规范。

（二十六）加强诚信教育和诚信文化建设。组织社会各方面力量，引导广大市场主体依法诚信经营，树立“诚信兴商”理念，组织新闻媒体多渠道宣传诚信企业和个人，营造浓厚社会氛围。加强对失信行为的道德约束，完善社会舆论监督机制，通过报刊、广播、电视、网络等媒体加大对失信主体的监督力度，依法曝光社会影响恶劣、情节严重的失信案件，开展群众评议、讨论、批评等活动，形成对严重失信行为的舆论压力和道德约束。通过学校、单位、社区、家庭等，加强对失信个人的教育和帮助，引导其及时纠正失信行为。加强对企业负责人、学生和青年群体的诚信宣传教育，加强会计审计人员、导游、保险经纪人、公职人员等重点人群以诚信为重要内容的职业道德建设。加大对守信联合激励和失信联合惩戒的宣传报道和案例剖析力度，弘扬社会主义核心价值观。

（二十七）加强组织实施和督促检查。各地区、各有关部门要把实施守信联合激励和失信联合惩戒作为推进社会信用体系建设的重要举措，认真贯彻落实本意见并制定具体实施方案，切实加强组织领导，落实工作机构、人员编制、项目经费等必要保障，确保各项联合激励和联合惩戒措施落实到位。鼓励有关地区和部门先行先试，通过签署合作备忘录或出台规范性文件等多种方式，建立长效机制，不断丰富信用激励内容，强化信用约束措施。国家发展改革委要加强统筹协调，及时跟踪掌握工作进展，督促检查任务落实情况并报告国务院。

国务院

2016 年 5 月 30 日

国家发展改革委办公厅关于充分发挥信用服务机构作用加快推进社会信用体系建设的通知

发改办财金〔2018〕190 号

各省、自治区、直辖市、新疆生产建设兵团发展改革委，北京市、江苏省经济和信息化委，黑龙江省工商局：

为深入学习贯彻落实习近平新时代中国特色社会主义思想和党的十九大精神，按照《国务院关于印发社会信用体系建设规划纲要（2014-2020 年）的通知》（国发〔2014〕21 号）、《国务院关于建立完善守信联合激励和失信联合惩戒制度加快推进社会诚信建设的指导意见》（国发〔2016〕33 号）以及《国家发展改革委 人民银行关于加强和规范守信联合激励和失信联合惩戒对象名单管理工作的指导意见》（发改财金规〔2017〕1798 号）等文件要求，大力发展信用服务机构和信用服务市场，现就充分发挥信用服务机构作用加快推进社会信用体系建设通知如下。

一、充分认识信用服务机构在社会信用体系建设中的重要作用

信用服务机构是社会信用体系建设的重要力量。社会信用体系建设的大发展离不开信用服务机构和信用服务市场的大发展。培育发展信用服务机构，有利于利用信用服务机构的人员、技术、服务优势，促进政府和市场共建共创、共享共用、互利互赢，形成社会信用体系建设强大合力。培育发展信用服务机构，有利于加快形成市场化信用服务与公共性信用服务互为补充、商业信用信息与公共信用信息互相交融、信用信息基础服务与增值服务相辅相成的多层次信用服务体系。发挥信用服务机构的作用，有利于提高信用服务机构的公信力、竞争力，为推动社会信用体系建设提供市场化、专业化力量支持。发挥信用服务机构的作用，有利于培育和发展信用服务市场，推动信用服务产品开发创新和广泛运用，激发信用服务市场活力。发挥信用服务机构的作用，有利于提高行政效率，推动"放管服"改革，构建以信用为核心的新型市场监管体制。

二、多措并举发挥各类信用服务机构的积极作用

引入信用服务机构，重点是具备相关从业资质的征信、评级等机构参与社会信用体系建设工作，需要立足信用服务机构实际，着眼社会信用体系建设总体目标和发展要求，多措并举、多渠道、多方式推动信用服务机构发挥积极作用。

（一）积极引入信用服务机构参与重点领域信用记录采集。委托信用服务机构参与建立行业市场主体信用记录，定期或不定期开展政府部门指定主体信用记录采集工作，并共享至全国信用信息共享平台，规范信用记录格式和数据标准，拓展信息采集内容和范围，鼓励信用服务机构主动采集重点领域市场主体信用信息，建立全面规范的信用主体信用档案。

（二）根据需要授权信用服务机构参与红黑名单的认定。根据《国家发展改革委 人民银行关于加强和规范守信联合激励和失信联合惩戒对象名单管理工作的指导意见》（发改财金规〔2017〕1798号）的要求，国家有关部门可根据工作需要授权信用服务机构按照统一标准认定红黑名单。信用服务机构根据行业信用建设的需要收集各有关部门（单位）认定的红黑名单，经核实后与自身服务过程中形成的有关名单进行整合并向社会发布，协助政府做好资质名单、红名单、黑名单、重点关注名单等名单的认定和梳理。

（三）加强与信用服务机构信用信息的共享。鼓励信用服务机构与政府部门以签署共享协议等合作方式，在充分保护市场主体商业秘密、个人隐私的前提下，开展信用信息共建共享，实现公共信用信息与市场信用信息的有益整合。

（四）支持信用服务机构在行业特定领域协助参与备案工作。鼓励有关政府部门根据工作需要委托信用服务机构开展行业市场主体特定领域备案工作，探索开展被监管对象在政府部门、信用服务机构和行业协会注册备案，对行业典型失信主体开展信用调查，协助政府相关职能部门强化事中事后监管，对市场主体进行公示监督与社会告知，提升政府监管能力。

（五）鼓励信用服务机构协同开展联合奖惩与失信专项治理工作。鼓励信用服务机构拓展市场化、社会化信用联合奖惩，探索在商贸、金融、租赁、旅游、环保等领域形成联合奖惩机制的市场化应用。鼓励信用服务机构协同开展对黑名单市场主体的信用修复培训和失信问题专项治理工作，推动失信市场主体向社会作公开信用承诺。

（六）支持信用服务机构定期编制行业信用监测分析报告。鼓励信用服务机构跟踪监测市场主体信用风险状况，做出风险提示。鼓励信用服务机构向政府部门、行业协会等定期提供行业信用分析报告，提供信用信息查询等服务。发挥信用服务机构在信用工作考核评价、行政许可和行政处罚信息“双公示”工作第三方评估等方面的作用。

（七）依托信用服务机构探索信用大数据分析应用。利用大数据探索信用信息资源统筹和大数据分析应用。支持信用服务机构与大数据机构进行合作，选择不同区域、行业、领域进行信用风险的分析、监测和预警，为政府部门加强事中事后监管提供参考依据。

三、加强信用服务机构自身信用建设

信用服务机构是提供服务的专业化机构，要牢固树立诚信经营理念。加强自身信用建设是对信用服务机构的基本要求，是提升信用服务机构公信力和竞争力的基本前提。

（一）建立以诚信为基本内涵的行为准则。信用服务机构要建立机构及其从业人员的基本行为准则和业务规范，强化自律约束，全面提升诚信经营水平。坚持诚信履职、诚信服务、诚信收费，加强规范管理，提高服务质量，完善约束机制，坚持公正性和独立性，提升公信力。鼓励各类信用服务机构设立首席信用监督官，加强自身信用管理。

（二）率先开展信用承诺并公示。信用服务机构要率先按照现定格式进行信用承诺，国家发展改革委和有关行业主管部门对信用服务机构信用承诺履行情况进行年度检查、舆情监测并接受举报监督，将承诺及践诺情况在“信用中国”网站公开。

（三）加强信用服务从业人员信用建设。建立信用服务从业人员信用记录。信用服务从业人员要在“信用中国”网站个人诚信自测系统进行认证，主动建立个人诚信档案。加强对信用服务从业人员的诚信教育和职业培训。

（四）建立信用服务领域信用约束机制。建立信用服务机构及其从业人员信用评估机制，委托第三方机构对信用服务机构信用状况进行评估，对有违法违规行为的信用服务机构和从业人员进行曝光，依法依规实施市场禁入，并实施联合惩戒。

四、积极开展发挥综合信用服务机构作用的试点探索

认定一批符合条件的信用服务机构开展综合信用服务试点探索，支持推荐入围机构在重点领域和广泛区域创新信用服务产品，拓展信用服务场景，提高服务质量和国际竞争力。

（一）开展试点的综合信用服务机构应重点参与信用信息大数据开发应用和信用体系建设工作。一是开展大数据挖掘与深加工。综合全国信用信息共享平台数据与采集的重点领域、重点企业和重点人群数据，扩大信息共享的覆盖面，深入推进大数据开发应用。二是扩大信用服务应用场景，支持向政府部门、市场主体、社会组织和个人提供多样化、定制化的信用产品与信用服务。三是与重点城市联合开展信用服务示范工程，支持试点信用服务机构与社会信用体系建设示范城市联合试点探索，积极与地方政府合作。四是拓展市场化、社会化联合奖惩范围。组织试点信用服务机构参与开展行政许可和行政处罚信息“双公示”评估考核、失信问题专项治理、重点行业领域信用记录建设、失信主体教育培训等工作。五是支持试点信用服务机构与高校院所合作，开展信用理论、规范标准等研究工作。

（二）开展试点的综合信用服务机构应符合以下条件。一是在公司架构、综合实力、服务能力、创新能力等方面在全国具有示范性。一般应具有健全的组织机构和丰富成熟的信用服务运营经验，具有一定规模的专业团队，通常在10个以上省（区、市）设有子公司或分支机构，拥有全国性的服务网络，有独立完整、安全可靠的信用信息数据库。二是信用服务机构及其法定代表人、实际控制人、主要负责人、董事、监事和高级管理人员近三年内无违法违规和失信记录，信誉良好，且熟悉与社会信用服务相关的法律法规，具有履行职责所需的从业经验和管理能力。三是应具有成熟的信用服务产品体系和较强的信用场景拓展能力，或具备国际信用评级经验和参与国际竞争的潜力。四是优先考虑经国务院征信业监督管理部门许可或备案，获得个人或企业征信业务资格的信用服务机构。

（三）开展试点的综合信用服务机构应分步骤分批次有序申报。2018年2月底前启动申报工作，有意向的信用服务机构向国家发展改革委申报，同时抄报其注册地所在的省级发展改革委（社会信用体系建设牵头部门）。2018年6月底前，组织对申报机构试点情况及工作成效进行综合评估，认定公布首批试点综合信用服务机构。各地方发展改革委（社会信用体系建设牵头部门）要积极支持试点信用服务机构开展相关工作，推动其与地方人民政府及其有关部门开展信用体系建设合作，并加强对合作的指导和监督，试点过程中发现的问题，请及时报告我委，并在“信用中国”网站公布。

浙江省公共文化服务保障条例

（2017年11月30日浙江省第十二届人民代表大会常务委员会第四十五次会议通过）

第一条　为了构建现代公共文化服务体系，保障人民群众基本文化权益，丰富人民群众精神文化生活，传承中华优秀传统文化，弘扬社会主义核心价值观，增强文化自信，提高社会文明素质，根据《中华人民共和国公共文化服务保障法》等有关法律、行政法规，结合本省实际，制定本条例。

第二条 本条例所称公共文化服务，是指由政府主导、社会力量参与，以满足公民基本文化需求为主要目的而提供的公共文化设施、文化产品、文化活动以及其他相关服务。

第三条 各级人民政府是本行政区域公共文化服务的责任主体，应当将公共文化服务工作纳入政府目标责任考核。

第四条 县级以上人民政府应当建立公共文化服务综合协调机制，统筹协调本行政区域的公共文化服务工作。文化主管部门承担综合协调具体职责。

文化、新闻出版广电、体育主管部门按照各自职责负责本行政区域的公共文化服务工作，其他有关部门在各自职责范围内负责相关公共文化服务工作。

第五条 乡（镇）人民政府、街道办事处负责乡（镇）、街道基层综合性文化服务中心和其他公共文化设施的日常管理，组织开展群众性文化体育活动，配合有关部门做好公共文化服务工作。

村（居）民委员会应当根据居民的需求开展群众性文化体育活动，协助有关部门开展公共文化服务工作。

第六条 县级以上人民政府应当加强跨部门、跨行业、跨区域公共文化服务资源的整合，创新公共文化服务管理运行机制，实现公共文化服务网络互联互通、资源共建共享。

各级人民政府应当加强基层综合性文化服务中心建设，整合宣传文化、历史传承、科学普及、普法教育、体育健身、青少年和老年文化服务等功能，建立健全基层公共文化服务标准体系和管理制度，为公众提供便捷高效的公共文化服务。

第七条 各级人民政府应当将公共文化服务经费纳入财政预算，建立与公共文化服务发展需求相适应的财政投入增长机制，逐步增加对公共文化服务的投入。

县级以上人民政府应当安排一定资金，通过财政转移支付、扶持公共文化设施建设项目等方式，支持公共文化服务相对薄弱地区的公共文化设施建设、公共文化产品和服务供给以及公共文化人才队伍建设。

第八条 省人民政府根据国家基本公共文化服务指导标准，制定基本公共文化服务实施标准。

设区的市、县（市、区）人民政府应当根据国家基本公共文化服务指导标准和省基本公共文化服务实施标准，结合当地经济社会发展水平和文化特色，制定公布本行政区域公共文化服务目录并组织实施。

第九条　县级以上人民政府应当合理确定公共文化设施布局，形成便利可及的公共文化服务圈，并通过多种形式及时向社会公布本行政区域公共文化设施目录以及服务内容等信息。

公共文化设施的种类、数量、规模和布局，应当符合当地经济社会发展实际，满足人民群众基本文化需求。

第十条　各级人民政府应当按照国家和省有关规定、标准，建设下列公共文化设施：

（一）设区的市应当建有公共图书馆、文化馆、博物馆、美术馆、非物质文化遗产展示馆、综合档案馆、青少年宫、老年人活动中心、妇女儿童活动中心、科技馆、体育场馆、工人文化宫、广播电视播出传输覆盖设施等公共文化设施；

（二）县（市）应当建有公共图书馆、文化馆、博物馆、非物质文化遗产展示场所（馆）、综合档案馆、体育场馆、公共阅报栏（屏）、广播电视播出传输覆盖设施等公共文化设施；

（三）市辖区应当建有公共图书馆、文化馆、非物质文化遗产展示场所（馆），根据实际需要建有综合档案馆、体育场馆、公共阅报栏（屏）、广播电视播出传输覆盖设施等公共文化设施；

（四）乡（镇）、街道应当依托综合文化站建设基层综合性文化服务中心，并建有体育健身设施。省级中心镇、常住人口五万以上的乡（镇）、街道应当设立图书馆分馆、文化馆分馆；

（五）村（社区）应当依托文化礼堂、文化活动室等建设基层综合性文化服务中心，并建有体育健身设施。

车站、机场、城市广场、农村集贸市场等人员流动量较大的公共场所和开发区（园区）等务工人员较为集中的区域，应当配备必要的设施，采取多种形式，提供便利可及的公共文化服务。

第十一条　公共文化设施的建设用地应当依法纳入土地利用总体规划和城乡规划，并依照法定程序审批。因特殊情况需要调整公共文化设施建设用地的，应当重新确定公共文化设施建设用地再进行调整。

第十二条 新建、改建、扩建居民住宅区，应当按照国家和省有关规定、标准，规划和建设配套的公共文化设施。具体办法由省城乡规划主管部门会同省文化、新闻出版广电、体育等部门制定。

居民住宅区配套建设的公共文化设施，应当与居民住宅区的主体工程同时设计、同时施工、同时投入使用。

第十三条 因城乡建设确需拆除公共文化设施，或者改变其功能、用途的，应当依照有关法律、行政法规的规定重建、改建，并坚持先建设后拆除或者建设拆除同时进行的原则。建设拆除同时进行的，应当安排过渡的公共文化设施，确保公共文化服务不间断。

第十四条 乡（镇）、街道基层综合性文化服务中心应当按照规定配备专职文化工作人员，管理公共文化设施，组织开展群众性文化体育活动。专职文化工作人员的招聘、调整，应当征求县（市、区）文化主管部门的意见。

县（市、区）、乡（镇）人民政府可以通过购买服务等方式，利用民间文化机构、文化人才，提高乡（镇）、街道基层综合性文化服务中心的服务能力。县（市、区）人民政府可以根据需要，向省级中心镇和常住人口五万以上的乡（镇）、街道派驻文化工作人员，指导、帮助开展公共文化服务。

村（居）民委员会应当安排人员，承担村（社区）基层综合性文化服务中心和其他公共文化设施的日常管理，县（市、区）、乡（镇）人民政府应当按照规定给予必要的经费支持。

第十五条 省人民政府应当整合现有的公共数字文化服务资源，建立全省统一的公共数字文化服务平台。各级人民政府及文化、新闻出版广电、体育等部门应当按照规定及时向公共数字文化服务平台提供相关数据资料。

图书馆、文化馆、博物馆、美术馆、综合档案馆、科技馆和体育场馆等公益性文化单位应当加强数字化和网络建设与管理，利用现代信息技术推进数字文化服务，提高数字化和网络服务能力，实现数字文化服务全覆盖。

第十六条 公共文化设施应当根据其功能、特点，按照国家和省有关规定，向公众免费或者优惠开放，实行基本文化服务项目免费服务。

公共文化设施管理单位应当公示服务项目和开放时间。公共文化设施因维修等原因需要暂时停止开放，应当提前七日向公众公告，因突发性原因需要暂时停止开放的除外。

公共文化设施开放时间应当与公众工作时间、学习时间适当错开。学生寒暑假期间，公共文化设施应当适当延长开放时间。

第十七条　公共文化设施管理单位应当在每年的第一季度，向社会公布上一年度的活动项目、服务效能、经费使用等公共文化服务开展情况，接受社会监督。

第十八条　鼓励和支持机关、学校和其他企业事业单位的文化体育设施向公众开放，并在设施维修、管理以及意外伤害保险等方面给予相应经费补助。具体办法由文化主管部门会同财政、教育、体育等部门制定。

机关、学校和其他企业事业单位应当根据国家和省有关规定，在确保正常工作、教学、生产秩序的前提下，确定并公布向社会开放的文化体育设施、场所和时间。文化主管部门应当定期公布机关、学校和其他企业事业单位的文化体育设施向社会开放情况。

第十九条　图书馆、文化馆、博物馆、美术馆、综合档案馆、科技馆和体育场馆等公益性文化单位应当完善服务项目、丰富服务内容，向公众提供免费或者优惠的文艺演出、陈列展览、电影放映、广播电视节目收听收看、阅读服务、艺术培训等，并为公众开展文化活动提供支持和帮助。

文化、新闻出版广电、体育等部门应当根据当地群众文化需求和公益性文化单位的实际，明确公益性文化单位向公众提供免费或者优惠的公共文化服务的具体内容、要求和相应激励措施。

第二十条　各级人民政府及有关部门应当坚持政府主导和社会参与相结合的原则，积极推进全民阅读，完善全民阅读设施，提供全民阅读服务，培养公民阅读习惯，提高公民文明素质。

每年4月为浙江省全民阅读月。各级人民政府及有关部门应当组织开展全民阅读公益宣传活动，鼓励公民、法人和其他组织开展形式多样的全民阅读活动，鼓励具有阅读推广专业知识和阅读推广实践经验的阅读组织和个人为企业、学校、社区、养老院、福利院、军营等提供公益性阅读推广服务。

公共图书馆应当组织开展全民阅读相关促进活动，利用各种形式倡导、推广阅读，推荐优秀读物，开展阅读能力辅导、读书交流、演讲诵读、图书互换共享等活动，设置未成年人阅览室或者阅读区域，指导机关、企业事业单位和其他组织开展全民阅读活动。

第二十一条　鼓励和支持图书馆、文化馆、博物馆、美术馆、体育场馆等文化单位传承发展中华优秀传统文化。

推进戏曲、书法、传统体育等中华优秀传统文化进校园活动。对开展优秀传统文化进校园活动的单位和学校，各级人民政府可以给予奖励或者经费补助。

第二十二条　各级人民政府应当为未成年人、老年人、残疾人和流动人口等群体，提供便利可及的公共文化服务。

鼓励和支持在学校、医院、养老院、福利院等场所建设公共文化设施或者设置公共文化活动区域。

第二十三条　支持城乡居民开展健康文明的群众性文化体育活动。在公园、广场等公共场地开展群众性文化体育活动，应当遵守相关规定和社会公德，不得影响其他居民的正常工作和生活。文化主管部门和乡（镇）人民政府、街道办事处应当按照各自职责，对群众性文化体育活动给予支持和引导。

第二十四条　各级人民政府应当依托公共图书馆、文化馆、博物馆、美术馆、综合档案馆、公共数字文化工程、农村电影放映工程等提供流动文化服务，促进优质文化资源向基层流动。

第二十五条　县级以上人民政府应当根据当地经济社会发展水平、公共文化服务需求状况和财政预算安排情况，制定和适时调整政府购买公共文化服务目录，并加强对购买公共文化服务项目的绩效评价。

第二十六条　鼓励和支持非国有图书馆、博物馆、美术馆、艺术馆、体育场馆等向公众免费开放，县级以上人民政府应当给予适当的经费支持。

文化、文物等部门应当对非国有图书馆、博物馆、美术馆、艺术馆等提供业务指导和帮助。

第二十七 条鼓励和支持公民、法人和其他组织兴建、捐建或者与政府部门合作建设公共文化设施。对社会力量兴建公共文化设施的，按照国家和省有关规定给予用地等支持。

捐赠人单独捐赠或者主要由捐赠人出资建设的公共文化设施，可以由捐赠人个人冠名或者提出公共文化设施名称，报县级以上人民政府批准。

捐赠人可以按照税收、捐赠等相关法律规定享受税收优惠。

第二十八 条各级人民政府鼓励和支持文化志愿服务，建立健全文化志愿服务网络体系。

文化主管部门和其他有关部门应当加强对文化志愿服务的指导，建立志愿者招募、管理评价、教育培训和激励机制，规范和促进文化志愿服务活动，保障文化志愿服务组织和志愿者的合法权益。

各级人民政府可以在公共文化服务经费中安排必要的资金用于文化志愿服务。

第二十九条　县级以上人民政府及文化、人力资源社会保障等部门应当加强民营文化企业、民间文化团体的人才队伍建设，重视发现和培养民间文化人才，在职称评定、学习培训、项目申报、表彰奖励等方面与国有文化单位实行同一标准，积极探索有利于促进民间文化人才发展的培养、评价机制。

第三十条　各级人民政府应当加强对公共文化服务工作的监督检查，建立反映公众文化需求的征询反馈制度和有公众、第三方参与的公共文化服务考核评价制度，将考核评价结果作为确定补贴或者奖励的依据，并向社会公布。

第三十一条　违反本条例规定的行为，法律、行政法规已有法律责任规定的，从其规定。

第三十二条　各级人民政府及有关部门违反本条例规定，有下列情形之一的，由上级机关或者监察机关责令限期改正；情节严重的，对直接负责的主管人员和其他直接责任人员依法给予处分：

（一）未按规划安排公共文化设施用地的；

（二）未按有关标准建设公共文化设施的；

（三）拆除公共文化设施未按规定先建设后拆除，或者建设拆除同时进行未安排过渡公共文化设施的。

第三十三条　公共文化设施管理单位违反本条例规定，未按规定向社会公布公共文化服务开展情况的，由其主管部门责令限期改正；造成严重后果的，对直接负责的主管人员和其他直接责任人员，依法给予处分。

第三十四条 本条例自 2018 年 3 月 1 日起施行。

浙江省公共信用信息管理条例

（2017 年 9 月 30 日浙江省第十二届人民代表大会常务委员会第四十四次会议通过）

目 录

第一章 总 则

第一条 为了规范公共信用信息的归集、披露、使用，激励守信、惩戒失信，营造社会诚信环境，降低社会治理和市场交易成本，根据有关法律、行政法规和国务院规定，结合本省实际，制定本条例。

第二条 本省行政区域内公共信用信息的归集、披露、使用及其管理活动，适用本条例。

本条例所称公共信用信息，是指国家机关、法律法规规章授权的具有管理公共事务职能的组织以及群团组织等（以下统称公共信用信息提供单位）在履行职能过程中产生的反映具有完全民事行为能力的自然人、法人和非法人组织（以下统称信息主体）信用状况的数据和资料。

第三条 公共信用信息的归集、披露、使用及其管理活动，应当遵循合法、安全、及时、准确的原则，不得侵犯国家秘密、商业秘密和个人隐私。

第四条 县级以上人民政府应当将社会信用体系建设纳入国民经济和社会发

展规划，统筹推进本行政区域内各行业、领域的公共信用建设，培育和规范信用服务市场，协调解决社会信用建设中的重大问题。

第五条 省发展和改革部门负责全省公共信用信息管理的综合协调工作，其所属的公共信用工作机构（以下简称省公共信用工作机构）具体负责全省公共信用信息的处理、披露、使用、服务工作。

设区的市、县（市、区）人民政府确定的部门（以下统称公共信用建设综合部门）负责本行政区域内公共信用信息管理的综合协调工作。

县级以上人民政府确定的公共数据工作机构具体负责公共信用信息的归集工作。

第六条 国家机关及其工作人员应当依法履行职责，提高守法履约的意识和水平，在社会信用体系建设中发挥示范表率作用。

社会公众应当遵守有关法律、法规和规章，使履约践诺、诚实守信成为全民的自觉行为规范。

第七条 国家机关、行业协会（商会）、企业、学校、基层群众性自治组织等单位，应当开展公共信用的宣传、普及工作。

鼓励各单位建立信用管理和教育制度，组织签署入职信用承诺书，开展信用知识培训和诚信创建活动，培育单位信用文化。

第八条 广播、电视、报刊和新媒体等应当发挥舆论宣传引导作用，弘扬诚信文化和契约精神。

第二章 信息归集与披露

第九条 省公共信用工作机构建立以统一社会信用代码为标识的信息主体的信用档案。信用档案的内容分为基础信息、不良信息和守信信息。

本条例所称不良信息，是指对信息主体信用状况构成负面影响的公共信用信息。

第十条 信息主体的下列信息应当作为基础信息记入其信用档案：

（一）法人和非法人组织（包括个体经济组织）在有关国家机关登记或者注册事项；自然人的姓名、身份证号码、出入境证件号码等身份识别信息；

（二）行政许可信息；

（三）法律、法规、规章规定应当作为基础信息予以归集的其他信息。

第十一条 信息主体的下列信息应当作为不良信息记入其信用档案：

（一）以欺骗、贿赂等不正当手段取得行政许可、行政确认、行政给付、行政奖励的信息；

（二）在法定期限内未提起行政复议、行政诉讼，或者经行政复议、行政诉讼最终维持原决定的行政处罚信息，但适用简易程序作出的除外；

（三）经司法生效判决认定构成犯罪的信息；

（四）不履行行政决定而被依法行政强制执行的信息；

（五）不履行判决、裁定等生效法律文书的信息；

（六）经依法认定的违反法律、法规和规章规定的其他不良信息。

第十二条 省发展和改革部门会同省级公共信用信息提供单位依照本条例规定共同制定并定期更新省公共信用信息目录，明确各行业、领域需要记入信用档案的公共信用信息具体项目。法律、法规规定记入信用档案的，应当纳入省公共信用信息目录。

省发展和改革部门汇总形成的省公共信用信息目录草案，应当向社会公开征求意见。拟纳入省公共信用信息目录的具体项目，存在较大分歧意见或者可能造成较大社会影响的，省发展和改革部门应当会同省级公共信用信息提供单位组织评估，听取相关群体代表、专家等方面的意见。

省公共信用信息目录形成后，由省发展和改革部门向社会公布。

第十三条 省级公共信用信息提供单位应当按照省公共信用信息目录及时、准确、完整地归集本行业、领域公共信用信息，并向省公共数据工作机构报送。公共信用信息提供单位对报送的公共信用信息的真实性、完整性负责。公共信用信息归集、报送的具体办法按照省政府有关公共数据和电子政务管理的规定执行。

省公共数据工作机构应当将归集的公共信用信息提供给省公共信用工作机构。

省公共信用工作机构应当在收到省公共数据工作机构提供的公共信用信息后五个工作日内，完成信息的比对、整合，形成或者更新信息主体的信用档案。

第十四条 禁止归集自然人的宗教信仰、基因、指纹、血型、疾病和病史信息以及法律、法规规定禁止归集的自然人的其他信息。

未经本人书面同意，不得归集自然人收入、存款、有价证券、商业保险、不动产以及纳税数额的信息。

第十五条　法人和非法人组织的公共信用信息通过公开、政务共享和查询的方式披露。

自然人的公共信用信息，通过政务共享和查询的方式披露，除法律、法规有明确规定外，不予公开。

第十六条　不良信息的保存和披露期限为五年，自不良行为或者事件认定之日起计算，但依法被判处剥夺人身自由的刑罚的，自该刑罚执行完毕之日起计算。信息主体依照本条例规定被列入严重失信名单，其不良信息保存和披露期限届满时尚未被移出严重失信名单的，不良信息保存和披露期限延至被移出严重失信名单之日。法律、法规和国家有关规定对保存和披露期限另有规定的，从其规定。

不良信息保存和披露期限届满后，应当在信用档案中及时删除该信息。法律、法规另有规定的除外。

第十七条　省公共信用工作机构应当通过省公共信用信息服务平台向社会公开依法应当公开的公共信用信息。

第十八条　省公共信用工作机构应当为设区的市、县（市、区）公共信用建设综合部门和省级公共信用信息提供单位提供适应履行其工作职能需要的公共信用信息政务共享服务。政务共享具体办法按照国务院和省人民政府有关规定执行。

第十九条　省公共信用工作机构和设区的市、县（市、区）公共信用建设综合部门应当合理设置公共信用信息查询窗口。

公共信用信息可以通过省公共信用信息服务平台以及公共信用信息查询窗口进行查询。提供查询服务不得收取费用。

查询自然人公共信用信息的，应当提供查询人有效身份证明和被查询人的授权证明。

第二十条　省公共信用工作机构，设区的市、县（市、区）公共信用建设综合部门和各级公共数据工作机构、公共信用信息提供单位，应当制定安全管理和保密制度，加强公共信用信息报送、归集、记录、披露、使用环节的安全管理。省公共信用工作机构应当如实记录公共信用信息查询情况，并自该记录生成之日起保存十年。

前款规定所涉的各单位及其工作人员，应当遵守安全管理和保密制度，不得违反规定向任何单位、个人提供信息主体的非公开披露信息，不得泄露涉及国家秘密、商业秘密和个人隐私的信息。

任何单位和个人对经依法查询或者其他途径获取的信息主体的非公开披露信息负有保密的义务，未经信息主体授权，不得擅自公开披露或者提供给第三方使用。

第三章　激励与惩戒

第二十一条　各级国家机关在日常监管、行政许可、资质等级评定、政府采购、政府投资项目招标投标、资金扶持、公共资源交易、进出口管理、定期检验、国家工作人员招录、表彰奖励等工作中，应当依法查询信息主体的信用档案。

第二十二条　各级国家机关可以按照国家规定在实施行政许可、财政性资金和项目支持、公共资源交易等方面对守信主体采取激励措施。

鼓励金融机构对其认定的信用状况良好的信息主体在贷款授信、费率利率、还款方式等方面给予优惠或者便利。

鼓励其他市场主体对其认定的信用状况良好的信息主体给予优惠或者便利。

第二十三条　对不良信息主体，行政机关可以就相关联事项采取下列监管措施：

（一）在实施行政许可等工作中，列为重点审查对象；

（二）在行政管理中，取消已享受的行政便利措施；

（三）在日常监督检查中，列为重点监督检查对象，加强现场检查；

（四）国家和省规定可以采取的其他监管措施。

第二十四条　信息主体有下列不良信息之一的，国家机关可以将该信息主体列入严重失信名单，省公共信用工作机构应当通过省公共信用信息服务平台向社会公开严重失信名单：

（一）以欺骗、贿赂等不正当手段取得关系人身健康和生命安全的行政许可而被依法撤销的信息；

（二）因损害人身健康和生命安全的行为，严重破坏市场经济秩序和社会管理秩序的行为，或者危害国防利益的行为，而产生的本条例第十一条第二项和第三项规定的信息；

（三）有履行能力而拒不履行判决、裁定等生效法律文书的信息；

（四）法律、法规规定的其他应当将信息主体列入严重失信名单的相关信息。

前款第一项和第二项所称关系或者损害人身健康和生命安全的行政许可或者行为，包括食品药品、生态环境、工程质量、安全生产、消防安全等领域的行政许可或者违法行为。

本条第一款第二项所称严重破坏市场经济秩序和社会管理秩序的行为，包括商业贿赂、逃税骗税、恶意逃废债务、恶意欠薪、非法集资、合同诈骗、传销、无证照经营、制售假冒伪劣产品和故意侵犯知识产权、围标串标、虚假广告、聚众扰乱社会秩序等行为。

本条第一款第二项所称危害国防利益的行为，包括拒不履行国防义务，拒绝、逃避兵役，拒绝、拖延民用资源依法征用或者阻碍对被征用的民用资源进行改造等行为。

国家机关决定将信息主体列入严重失信名单的，应当制作决定书。决定书应当由本机关负责人签发。

第二十五条　严重失信名单列入、移出的具体条件以及披露期限，由省级有关国家机关按照国家有关规定确定和公布，并报送省发展和改革部门。

各级国家机关应当按照本行业、领域严重失信名单列入以及移出条件和信用体系建设规范要求，独立、公正、客观地确定严重失信名单。

第二十六条　对列入严重失信名单的信息主体，国家机关可以采取下列惩戒措施：

（一）限制参加政府采购，政府投资项目招标投标，国有土地招标、拍卖、挂牌等公共资源交易活动；

（二）实施市场和行业禁入（退出）措施；

（三）限制参与基础设施和公共事业特许经营活动；

（四）限制高消费；

（五）限制任职资格；

（六）限制享受财政资金补助等政策扶持；

（七）限制参加国家机关组织的各类表彰奖励活动；

（八）撤销相关荣誉称号；

（九）法律、法规、规章以及国家和省规定可以采取的其他惩戒措施。

前款第一项至第五项规定的惩戒措施，依据法律、行政法规的规定实施；第六项至第八项规定的惩戒措施，依据法律、法规、规章以及国家和省有关规定实施。

第二十七条　法人、非法人组织因严重失信行为被列入严重失信名单的，应当在严重失信名单中标明对该行为负有责任的法定代表人、主要负责人和实际控制人的信息。国家机关可以依法对该法定代表人、主要负责人和实际控制人采取相应的惩戒措施。

第二十八条　国家机关依照本条例规定将信息主体列入严重失信名单前，应当告知信息主体列入严重失信名单的理由和依据；决定对列入严重失信名单的信息主体采取惩戒措施的，应当告知理由、依据和救济途径以及解除惩戒措施的条件。信息主体有权进行陈述和申辩。

国家机关对信息主体采取的惩戒措施，应当与信息主体违法行为的性质、情节和社会危害程度相适应。

国家机关应当将列入严重失信名单后的相应惩戒措施向社会公布。未经公布的惩戒措施不得采取。

第四章　信息主体的权益保护

第二十九条　禁止伪造、变造公共信用信息，禁止违反国家规定获取或者出售公共信用信息。

第三十条　信息主体认为省公共信用工作机构披露的公共信用信息存在错误、遗漏，已超过本条例规定的保存和披露期限仍在披露，不符合严重失信名单具体条件而被列入严重失信名单或者未被移出严重失信名单的，可以向省公共信用工作机构提出异议。信息主体提出异议的，省公共信用工作机构应当作出异议标注，经核实后按照下列规定处理：

（一）信息存在事实错误的，予以删除；

（二）信息存在文字错误的，予以更正；

（三）信息存在遗漏的，予以补充；

（四）信息超过本条例规定期限仍在披露的，终止披露；

（五）不符合严重失信名单具体条件而被列入严重失信名单或者未被移出严重失信名单的，移出严重失信名单。

信息主体对异议处理结果不服的，可以向省发展和改革部门申请复核。

省公共信用工作机构、省发展和改革部门应当公布受理异议和复核申请的电话、电子邮箱、网站等。

第三十一条　省公共信用工作机构、省发展和改革部门应当自受理异议或者复核申请之日起五个工作日内处理完毕；情况复杂的，经省发展和改革部门负责人批准，可以适当延长处理期限，但累计不得超过二十个工作日。

省公共信用工作机构应当建立异议处理档案。

第三十二条　有不良信息的信息主体具有主动改正违法行为、消除不良影响等情形的，可以向作出违法行为认定的公共信用信息提供单位提出信用修复申请；符合国家和省信用修复有关规定的，公共信用信息提供单位应当作出信用修复决定，并经由省级公共信用信息提供单位书面通知省公共信用工作机构。省公共信用工作机构应当根据信用修复决定删除该不良信息或者对修复情况予以标注。

信息主体被列入严重失信名单的，不适用前款规定。

信用修复的具体办法，由省发展和改革部门会同省级公共信用信息提供单位另行制定。

第五章　法律责任

第三十三条　违反本条例规定的行为，法律、行政法规已有法律责任规定的，从其规定。

第三十四条　省发展和改革部门，省公共信用工作机构，设区的市、县（市、区）公共信用建设综合部门以及各级公共数据工作机构、公共信用信息提供单位及其工作人员，违反本条例规定，有下列行为之一的，由有权机关对直接负责的主管人员和其他直接责任人员依法给予处分：

（一）未按照本条例规定报送、归集、披露公共信用信息以及处理信用异议，造成不良后果的；

（二）伪造、变造公共信用信息的；

（三）公开披露未经信息主体同意公开的公共信用信息的；

（四）泄露涉及国家秘密、商业秘密和个人隐私的公共信用信息的；

（五）因故意或者重大过失造成披露的公共信用信息存在错误、遗漏的；

（六）出售公共信用信息的；

（七）违反规定删除、变更公共信用信息，或者应当删除、变更公共信用信息而未予删除、变更的；

（八）违反规定对信息主体采取惩戒措施的；

（九）有其他滥用职权、徇私舞弊、玩忽职守行为的。

第三十五条 单位和个人违反本条例规定，有下列行为之一的，由省发展和改革部门或者设区的市、县（市、区）公共信用建设综合部门没收违法所得，对单位处一万元以上十万元以下罚款，对个人处一千元以上一万元以下罚款：

（一）伪造、变造信息主体授权证明获取信息的；

（二）未经信息主体授权将非公开披露信息公开披露或者提供给第三方使用的；

（三）其他侵害信息主体合法权益的行为。

第六章 附 则

第三十六条 本条例自2018年1月1日起施行。

中共宁波市委办公厅、宁波市人民政府办公厅印发《“书香宁波2020”建设计划》

为贯彻落实《关于加快推进全民阅读建设书香浙江的意见》（浙委办发〔2017〕61号），加快我市“书香之城”建设，特制定本计划。

一、总体要求

以习近平新时代中国特色社会主义思想为指导，以“政府主导，社会参与；科学引导，优化内容；整合资源，扬长补短；分类服务，保障重点”为发展原则，以培育全民阅读社会氛围和时代风尚为主要方向，以提高全市居民综合阅读率为基本目标，以设施和品牌建设、机制和模式创新为重点抓手，大力推进“书香之城”建设。

二、发展目标

争取到2020年，我市读书服务设施均衡完善，出版发行行业加快发展，读书品牌各具特色，主要阅读指标位于全省前列。

三、建设任务

（一）加大公共阅读服务网络建设力度

1.启动天一阁博物馆扩建工程

确定天一阁扩建总体规划。实质性推进与故宫博物院战略合作。2019年开工建设天一阁博物馆扩建一期工程。根据总体规划逐步拓展天一阁博物馆展示展览、文化交流、文物修缮等功能与空间。

2.加强图书馆总分馆制建设

强化县级图书馆作为区域总馆的服务功能，实现区域文献资源统一采购、统一编目和统一配置，加大总馆对分馆的图书流通、技术支持和业务指导力度。巩固提升镇乡（街道）分馆全覆盖，着力抓好《宁波市镇乡（街道）图书馆建设与服务规范》的实施，到2020年，争取80%以上镇乡（街道）图书馆达到一级馆标准，同时建成30个以上设施良好、管理规范、效益明显的示范性镇乡（街道）图书馆。全市公共图书馆人均藏书量超过1.1册。

3.提升村（社区）公共阅读设施质量

将农家书屋、社区阅览室纳入公共图书馆管理系统，纳入农村文化礼堂、社区文化家园建设与管理，加快推进农家书屋、社区阅览室与各级图书馆图书资源的统一流通、统一检索、通借通还，到2020年，全市县级图书馆和镇乡（街道）图书馆对农家书屋、社区阅览室的图书流通量不少于100万册次，解决农家书屋、社区阅览室图书资源少、更新慢等问题。

4. 促进公共阅读资源全域流通

推广通借通还模式，到 2020 年，实现“一卡通工程”在市—区县（市）—镇乡（街道）所有图书馆 100%覆盖。推动全市公共图书馆与镇乡（街道）图书馆、农家书屋、社区阅览室等公共阅读场所建立公共检索模式。

5. 推进公共空间“+图书馆”

在博物馆、美术馆、文化馆、体育馆、档案馆等公共服务空间增加图书馆服务功能，推动看书、借书、交流书等服务进入各公共空间，促进馆藏资源的互联互补。推进“城市书房”建设。到 2020 年，市、区县（市）两级新建“图书馆+”空间 30 个。推广“书香地铁”“书香公园”“书香广场”等公共阅读服务，设立自助图书馆、电子阅读栏（屏）、图书信用借还服务点等公共阅读设施，到 2020 年，每个区县（市）新建公共阅读设施 5—10 个，其中全市图书信用借还服务点达到 20 个以上。推广慈溪“乡村书房”建设模式，结合乡村文明示范线、文物古建筑、田园农庄、茶馆等场所，构建公共阅读新空间。

6. 打造“线上图书馆”

完善提升宁波图书馆网络图书馆、电视图书馆和宁波市数字图书馆等线上阅读服务平台，进一步发展微信、手机 APP 等载体的移动图书馆，与线下图书馆系统互联互通，实现图书线上免费借阅，拓宽全民阅读渠道。到 2020 年，建成“线上图书馆”平台 5 个以上，全市地铁、公交线路、社区、商场、酒店等主要公共场所覆盖免费 Wifi，推进全民“互联网+”阅读服务纵深发展。推动各级公共图书馆利用共享工程、公共电子阅览室建设计划、数字图书馆推广工程三大数字文化惠民工程，实现图书馆数字资源服务镇乡、村（社区）图书馆（室）全覆盖。

7. 打造“书循环”项目

通过政府支持，以社会力量为主体，在社区、书店、图书馆、公园、商场、交通枢纽等场所建立“书循环”捐赠点，鼓励市民捐赠有价值的书籍进行旧书循环，并对捐赠的书籍进行筛选、重新投放，免费供市民取阅或捐赠至贫困地区，至 2020 年，建立“书循环”捐赠点不少于 100 个，图书年流通量达到 20 万册以上。

（二）加快实体书店体系建设

1.打造“一区县（市）一书城”格局

以宁波新华书店集团书香文化园区为样板，鼓励各区县（市）加快建设书城。各区县（市）在书城建设上提供相关政策扶持，宁波新华书店集团负责运营管理，多方协作，引入本地图书出版发行集散地、文化街区、艺术天地、文创品牌等全新多元业态，将区县（市）书城打造为当地文化地标与阅读体验中心。到2020年，江北、北仑、余姚、慈溪、宁海书城建设工作取得实质性成效。

2.打造“一镇乡（街道）一书店”体系

支持宁波新华书店集团和民营书业加快推进镇乡（街道）书店（点）建设。各镇乡（街道）结合区域人文特色，通过植入、合作、自建等方式，打造集阅读、展览、餐饮、体验于一身的区域特色书店，如红色书店、旅游书店、24小时书屋等。到2020年，实现所有镇乡（街道）都建有实体书店，其中50%以上镇乡（街道）建有新华书店。

3.大力发展特色民营书店

鼓励各类社会力量参与实体书店建设。各区县（市）要积极引进国内知名特色民营书店。支持宁波实体书店连锁经营和“走出去”，扩大经营范围，在其他城市新建、合建具有宁波特色的品牌书店，积极扩大“书香宁波”影响力，到2020年，全市新增民营书店200家。

4.支持推广“+书店”模式

推动旅游景区、商业综合体、酒店、民宿、博物馆、美术馆、校园等场所和公共服务空间推行“+书店”模式，推进书店门市布局前移。鼓励各条乡村文明示范线积极推进“乡村书店”建设，开发具有乡村旅游特色书香伴手礼，提升书香氛围。到2020年，各区县（市）利用公共空间建设的“+书店”各5个，全市高校实现实体书店全覆盖。

5.创新推广“书店+”模式

鼓励各类实体书店探索以图书交易为核心，以文创产品、农副产品、轻餐、体验经济为支撑的“1+3”发展模式，与咖啡店、茶馆、旅行社等多元商业业态结合，打造集阅读学习、展示交流、创意生活等于一体的书香服务综合体。

（三）完善多元化产业体系

1.做大做强出版行业

通过“甬派”传媒平台，推进宁波出版社与新华书店集团主板上市。加快推进数字出版内容产业发展，依托宁波国家广告产业园等国家级、省级广告产业园和宁波出版社，到 2020 年，打造集动漫原创设计和研发、网络游戏、网络文学、网络视频、数字出版为一体的宁波数字出版内容生产基地，搭建宁波数字内容和版权服务平台。依托天一阁藏书文化优势，到 2020 年，争取组建天一阁古籍出版社，坚守古籍整理出版专业地位；拓新图书出版战略，加快古籍文献的数字出版工作。支持宁波出版社发展数字和有声业务。到 2020 年，宁波出版业产值达到 2 亿元。

2.规范出版物发行网络

建立有序竞争的民间发行渠道管理格局，健全民间发行渠道分级支持激励机制，实行图书征订发行委托书制度。支持宁波出版社建立有专业特色的门市部，通过邮购、直销、小量批发，扩大本版图书发行量和覆盖率。重视图书批发集散市场规范化建设，依托宁波新华书店集团新建宁波图书物流基地，在奉化区打造区域性图书和多元产品物流集散中心。

3.加快“数字阅读”产业化

积极推广有声阅读，在车站、公园、广场等公共场所覆盖有声阅读二维码。支持“甬派”等本地平台在内容分类中增设有声阅读专栏。打通“终端+通道+内容”的手机阅读产业链，支持甬派、宁波出版社等打造包括线上阅读服务的多终端文化阅读类平台。引导移动、联通、电信等运营商参与“书香宁波”建设，推广数字化阅读模式。

（四）加强引领性品牌建设

1.打造“天一阁・月湖景区”书香品牌

以“天一阁・月湖景区”升级国家 5A 级景区为契机，打造集藏书文化、阅读文化、创意文化为一体的宁波书香品牌。将“天一阁论坛”打造成全民阅读高端论坛，每年举办 1 次。推动天一阁文化衍生品开发，推进《趣话天一阁》在地铁、户外屏幕、公园等公共空间资源免费播放，强化对天一阁形象及藏书传统文化现代表达等衍生品的政策支持。提升月湖景区书香内涵氛围，打造环月湖、月岛阅读休闲空间带；发挥王阳明、王安石、黄宗羲等历史名人效应，办好“月湖夜读朗诵会”“天一阁·月湖中秋诗词朗诵晚会”等多元书香活动。

2. 打造多元阅读活动品牌

组织开展宁波书展、宁波读书节、4.23“世界读书日”、宁波文学周等系列活动，培育大众阅读积极性。积极开展校园阅读优秀案例评选、寻找最美书香家庭和最美亲子阅读体验基地等活动。围绕重大节庆活动，组织开展系列主题演讲、读书征文、知识竞赛、“春天送你一首诗”等丰富多彩的书香主题活动，传承弘扬书香传统。培育“一区一重点”特色品牌格局，各区县（市）要培育提升阅读活动品牌，每年至少策划开展1个有特色、接地气的品牌阅读活动。市级每2年开展1次优秀阅读活动品牌项目评选活动。

3. 打造一批有影响力的读书组织和书院

鼓励引导社会力量参与“书香宁波”建设，吸引民间资本投入阅读推广机构，加大对阅读推广机构注册登记、经费扶持、活动组织等方面的支持力度，打造一批国内有影响力的读书组织和品牌书院。推广“稻读公社”等线上分享阅读模式，鼓励撰写一句话笔记并通过网络平台、交通广播电台、网络有声电台等渠道进行分享。到2020年，每个区县（市）民间读书组织达到20家以上，全市总规模达到30万人以上。

4. 建立媒体端书香品牌

搭建传统媒体端“书香宁波”品牌体系，在宁波日报、广播电台、电视台等市级主要媒体设立“书香宁波”品牌栏目、专栏，成为宁波市民阅读交流的新平台。搭建新媒体端“书香宁波”线上品牌，利用中国宁波网、甬派、宁波发布等新媒体资源，推行优质原创账号的付费阅读模式，鼓励阅读者与原创者之间的交流互动。推广“书香宁波”城市品牌形象，拍摄以“天一阁”藏书文化或“书香宁波”历史等为主题的形象宣传片。加强宣传片及公益广告在移动公交系统、LED广告显示屏、电子滚动条、楼宇电视、电梯卫士、展会论坛与商业综合体等城市展示窗口滚动播放。

5. 强化全民阅读整体推进

加快推进《宁波市全民阅读促进条例》立法工作，争取尽早颁布实施，为“书香宁波”建设提供法制保障。研究制定“书香宁波”建设系列指标体系，编制全民阅读设施、全民阅读服务、全民阅读活动、全民阅读经费保障和全民阅读成效等方面的考核标准，对全市各地各部门进行有效考核评价。每年组织开展居民阅读指数调查，客观反映全市阅读状况和全民阅读建设情况。

宁波市全民阅读促进条例

（2019 年 10 月 29 日宁波市第十五届人民代表大会常务委员会第二十四次会议通过

2019 年 11 月 29 日浙江省第十三届人民代表大会常务委员会第十五次会议批准）

第一章 总则

第一条 为了加强全民阅读服务工作，保障市民阅读权利，提高市民文化素养和社会文明程度，促进书香宁波建设，根据《中华人民共和国公共文化服务保障法》《中华人民共和国公共图书馆法》《浙江省公共文化服务保障条例》等法律、法规，结合本市实际，制定本条例。

第二条 本条例适用于本市行政区域内全民阅读服务设施建设、阅读推广及其保障和监督等促进工作。

第三条 全民阅读促进工作应当遵循政府主导、社会参与、优化服务、公益普惠的原则，坚持以社会主义核心价值观为引领，传承优秀传统文化，传播现代文明理念，普及科学文化知识，通过提高阅读服务质量、提升市民阅读兴趣、增强市民阅读能力，引导和推动形成人人爱读书、读好书、善读书的全民阅读社会氛围。

第四条 市和区县（市）人民政府应当将全民阅读促进工作纳入国民经济和社会发展规划，并将全民阅读基本公共服务经费纳入本级财政预算，按照公益、基本、均等、便利和城乡一体化的要求，完善公共阅读服务设施，推广全民阅读服务活动，健全全民阅读服务体系，提高全民阅读服务水平和保障能力。

市和区县（市）设立由新闻出版、文化旅游、财政、自然资源规划、住房和城乡建设、教育、民政、卫生健康、交通运输、科技等主管部门组成的全民阅读指导委员会，统筹、协调和督促解决本行政区域内全民阅读促进工作中的重大问题，其日常相关工作由本级新闻出版主管部门承担。

第五条　市新闻出版主管部门根据国家基本公共文化服务指导标准和省基本公共文化服务实施标准，结合本市全民阅读工作实际，拟定全民阅读公共服务基本标准并报市全民阅读指导委员会审定。

市和区县（市）新闻出版主管部门根据全民阅读公共服务基本标准和相关法律法规的规定，组织拟定本行政区域内全民阅读促进工作规划和年度工作计划，报本级全民阅读指导委员会审定后组织实施。

全民阅读促进工作规划和年度工作计划应当包括全民阅读服务设施的建设、阅读服务单位和组织培育、阅读服务活动推广、阅读服务保障等内容，并明确完成相关目标和任务的时间安排、工作标准、部门和单位职责。

第六条　市和区县（市）文化旅游主管部门应当在其职责范围内做好全民阅读促进工作，并负责指导和监督本行政区域内公共图书馆和乡镇（街道）综合性文化服务中心（站）等公益性文化单位，开展相关活动。

市和区县（市）人民政府其他有关主管部门应当按照各自职责，协同做好全民阅读促进相关工作。

工会、共青团、妇联、残联等人民团体和文联、科协、社科联等社会组织应当结合各自工作对象的特点开展全民阅读促进工作。

乡镇人民政府、街道办事处负责乡镇（街道）公共阅读服务设施的日常管理，并在其职责范围内支持相关单位和社会组织开展全民阅读工作。

村（居）民委员会应当支持本村（社区）内的全民阅读服务单位和社会组织开展相关服务活动，并在其职责范围内，根据居民需求，开展全民阅读促进工作。

第二章　阅读服务设施

第七条　市和区县（市）人民政府应当根据国家基本公共文化服务指导标准、省基本公共文化服务实施标准和全民阅读促进工作规划、年度工作计划，结合本行政区域内人口规模、分布和阅读服务需求，科学合理地确定公共图书馆、村（社区）图书室、国有实体书店、公共阅读栏（屏）、数字阅读设备终端等公共阅读服务设施的数量、规模和布局，形成便利可及的公共阅读服务圈。公共图书馆等基本公共阅读服务设施建设应当纳入本级国土空间规划。

第八条 市和区县（市）文化旅游主管部门应当按照国家、省有关公共图书馆建设标准、服务规范和本市全民阅读公共服务基本标准，建立以市级公共图书馆为中心馆、县级公共图书馆为总馆，乡镇（街道）公共图书馆为分馆，村（社区）图书室为基层服务点的公共图书馆服务体系。

乡镇人民政府、街道办事处应当利用乡镇（街道）和村（社区）的综合性文化服务中心（站）、农村文化礼堂等公共服务设施，设置乡镇（街道）公共图书馆和村（社区）图书室。

公共图书馆应当完善数字化、网络化服务和配送体系，实现本市行政区域内图书文献资源统一流通、统一检索和通借通还。区县（市）公共图书馆应当定期为乡镇（街道）公共图书馆、村（社区）图书室补充、更新阅读资源，丰富图书、报刊的种类和内容。

第九条 市和区县（市）新闻出版主管部门应当会同文化旅游等有关主管部门推行全民阅读服务设施的数字化和信息网络建设，利用互联网、广播电视网等现代传播技术提供阅读服务，推广运用数字图书馆、电视图书馆、电子阅报屏等数字化阅读服务设施，丰富阅读服务内容和形式。

公共图书馆应当创新技术手段，通过开发应用多媒体阅读产品，提供优质便利的数字阅读资源。市级公共图书馆应当会同区县（市）公共图书馆，利用互联网、移动客户端等现代传播技术和信息载体，建设全市统一的数字文献资源共享平台，为全市公共图书馆用户免费提供远程查询、文献阅读等数字化阅读服务。

公共图书馆和村（社区）图书室应当在其服务场所设置公共电子阅览设备或者数字阅读设备终端，免费提供数字化阅读服务。公共电子阅览设备、数字阅读设备终端的数字阅读资源应当与全市数字文献资源共享平台互联互通，共享共用。

第十条 市和区县（市）新闻出版主管部门应当会同文化旅游、交通运输、民政、卫生健康等有关主管部门在下列场所和单位设置公共阅报栏（屏）或者数字阅读设备终端，为公众提供阅读服务，所在地的乡镇人民政府、街道办事处应当给予支持和配合，其中，政府设立的相关场所和单位应当利用自身设施和条件，引入实体书店或者开设公共阅读服务空间：

（一）住宅小区和机场、车站、码头、公园、广场等人流密集的公共场所；

（二）博物馆、美术馆、文化馆、科技馆、体育馆、档案馆、城市展览馆、妇女儿童活动中心、青少年宫、工人文化宫等公共文化服务机构；

（三）养老机构、医疗机构等单位。

鼓励旅游景区、银行、商场、宾馆等场所和单位设置公共阅报栏（屏）或者数字阅读设备终端。

政府设立的公共图书馆应当在第一款规定的场所和单位设立自助图书借阅设施、图书借还服务点或者开展流动图书服务。鼓励公共图书馆与国家机关、企业事业单位和其他社会组织在相关场所和单位合作设立借阅服务设施，为公众提供阅读服务。

第十一条　市和区县（市）文化旅游主管部门应当会同自然资源规划、住房和城乡建设等主管部门，结合公共图书馆网点布局，统筹设置二十四小时自助借还、开放阅读服务的公共阅读空间。

公共图书馆应当利用自身图书文献资源、服务能力和信息化技术等条件，为公众免费提供二十四小时自助借还、开放阅读服务的公共阅读空间。

鼓励和支持社会力量建设或者参与建设二十四小时自助借还、开放阅读服务的公共阅读空间。

第十二条　市和区县（市）新闻出版主管部门应当会同自然资源规划、住房和城乡建设、文化旅游、教育、财政等有关主管部门通过建设文化街区（广场）、培育阅读品牌等途径，扶持实体书店发展。商业综合体、特色小镇等公共设施规划建设应当配套引入实体书店。

乡镇人民政府、街道办事处应当根据公共阅读服务设施建设布局，在其管辖区域内扶持实体书店网点建设。

鼓励和支持在住宅小区、公园、广场等公共区域周边和高等院校、旅游景区、商场、宾馆、民宿、文化场馆等场所开设实体书店。

鼓励国家机关、企业事业单位和其他社会组织利用本单位场地和设施，引入实体书店或者开设公共阅读空间。

第十三条　鼓励国家机关、企业事业单位和其他社会组织，利用本单位场地和设施设立职工书屋，为职工提供阅读服务。

各级工会组织应当对职工书屋的设立及其阅读活动的开展给予指导和扶持，促进形成阅读条件完备、覆盖范围广泛的职工阅读设施。

第十四条　鼓励和支持高等院校、科研机构和社会组织开展数字阅读、有声阅读、视频阅读等多媒体阅读服务研究，并与公共图书馆、实体书店和其他阅读服务组织合作，开发和推广应用阅读新技术、新载体、新设施，提高阅读服务水平。

鼓励出版发行单位、实体书店、网络运营商、移动通讯运营商创新技术手段，开发和推广应用各类多媒体阅读产品，采用积分奖励等阅读激励措施，通过各类阅读服务平台，向公众提供特色化阅读资源和阅读服务指导。

第十五条　公共阅读服务设施的管理单位应当按照国家、省有关基本公共文化服务规定和本市全民阅读公共服务基本标准，建立健全公共阅读服务设施管理、维护制度和服务规范，开放公共阅读服务设施，并确定公共阅读服务设施的管理人，向社会公告服务内容、开放时间等相关信息。

第十六条　任何单位和个人不得侵占、损坏或者擅自拆除公共阅读服务设施，不得擅自改变公共图书馆、村（社区）图书室、公共阅读栏（屏）、数字阅读设备终端等公共阅读服务设施的性质和功能或者缩小其设施配置标准、建筑面积。

因规划调整或者城乡基础设施建设等公共利益需要，确需拆除公共阅读服务设施或者改变相关服务设施性质、功能和设施配置标准、建筑面积的，应当依照有关法律、法规的规定和全民阅读公共服务基本标准重建、改建，并坚持先建设后拆除、改变或者建设与拆除、改变同时进行的原则。重建、改建相关服务设施，不得低于原有设施配置标准、建筑面积和标准。

第三章　阅读推广

第十七条　市和区县（市）人民政府及其有关主管部门应当加强全民阅读推广工作，通过创建全民阅读品牌、开展主题阅读活动、组织全民阅读公益宣传等途径，引导市民树立终身阅读理念，培养日常阅读习惯，营造全民阅读的社会氛围。

新闻出版、文化旅游等主管部门应当根据全民阅读促进工作规划和年度工作计划，组织开展公益性、普惠性、经常性阅读活动，对阅读推广人、阅读服务志愿者和企业事业单位、社会组织等开展阅读活动给予支持。

国家机关、企业事业单位和其他社会组织应当结合各自工作领域和相关公共服务活动，组织开展形式多样的公益性、普惠性阅读活动。

第十八条　每年4月份为宁波读书月，每年10月31日为书香宁波日。

市和区县（市）人民政府及新闻出版、文化旅游等有关主管部门、人民团体、公共图书馆、实体书店和其他阅读服务组织应当在宁波读书月、书香宁波日期间，通过开展主题论坛、演讲诵读、读书沙龙、图书展览、优秀读物推介、阅读品牌展示等途径，组织公众参与具有地方、行业特色的公益性、普惠性阅读活动。

第十九条　新闻出版、文化旅游、教育、科技等主管部门应当会同工会、共青团、妇联、残联、科协等人民团体和社会组织，定期向公众推荐面向不同读者群体的包括数字化作品在内的全民阅读基础书目和分类推荐书目。

公共图书馆应当优先将全民阅读基础书目和分类推荐书目纳入采购目录。

全民阅读基础书目和分类推荐书目应当包含反映本地历史文化特色的优秀作品。新闻出版主管部门应当会同文联等单位建立优秀本地出版物创作扶持机制，鼓励发掘、创作反映宁波港口、海上丝绸之路、历史文化名城和其他具有本地地域文化特色的作品，支持优秀作品的出版、发行和传播。

本市出版单位应当向市公共图书馆交存正式出版物。

第二十条　公共图书馆应当通过组织开展阅读能力辅导、知识讲座、文献展览、读书交流、演讲诵读、阅读经验分享、优秀读物推荐、图书互换共享、阅读积分激励等活动，推广全民阅读，并制定全民阅读活动计划，明确活动的内容、次数、时间，提前向社会公布。

公共图书馆应当通过免收借阅押金、免费提供文献信息查询及借阅、二十四小时开放网络数字服务资源、定期开展流动图书服务、提供个性化图书预约配送服务等途径向社会公众提供平等、开放、共享、便利的阅读服务。

市级公共图书馆应当设立少年儿童图书馆，其他公共图书馆应当设立少年儿童图书馆或者单独设置少年儿童阅览区域。少年儿童图书馆或者少年儿童阅览区域应当配备相应的专业人员，建立图书分类阅读指导目录，开展面向少年儿童的阅读服务活动，并为学校组织开展有关课外阅读活动提供阅读空间、专业指导等方面支持。

鼓励和支持高等院校图书馆、科研单位图书馆和国家机关、企业事业单位、其他社会组织的职工书屋定期向社会开放。

第二十一条　教育主管部门应当建立学校、家庭与社会相结合的学生阅读指导工作机制，制定学生阅读指导工作计划，定期公布学生阅读基础书目和分类推荐书目，并组织开展针对有阅读障碍的学生的阅读指导、帮扶和研究工作。

幼儿园、中小学校、中等职业学校、高等院校应当建立校园图书馆（室）等阅读服务设施，根据学生身心发展状况设置阅读课程，并通过开设校园阅读兴趣小组、加强课外阅读指导、开展校园阅读比赛等途径，丰富校园阅读内容和形式，培养学生阅读习惯，提高学生阅读能力。

第二十二条　未成年人的父母或者其他监护人应当发挥言传身教的作用，为未成年人做好阅读示范和表率，通过陪伴阅读、亲子阅读、家庭成员阅读交流等途径，营造良好的家庭阅读氛围。教育等主管部门和妇联、共青团等人民团体应当对家庭阅读提供指导和支持。

鼓励家庭之间通过开展阅读经验交流、读书交换共享、阅读才艺展示等途径，提升家庭阅读兴趣，丰富家庭阅读内容和形式。

第二十三条　市和区县（市）新闻出版主管部门应当会同文化旅游、民政和残联等部门和单位，定期为有需要的视障人士等阅读障碍者提供盲文出版物、大字出版物、有声读物等特殊阅读资源，并通过完善特殊阅读设施，开展特殊阅读指导服务，帮助阅读障碍者参加阅读活动。

市和区县（市）公共图书馆应当开设视障人士阅览室、借阅区。各类公共阅读服务设施管理单位应当为老年人、残障人士提供便利服务和无障碍服务。

养老机构和居家养老服务组织应当结合自身条件，将老年人阅读服务纳入养老服务内容，组织开展老年人阅读活动。民政、卫生健康等有关部门应当对老年人阅读提供支持。

第二十四条　监狱、看守所、戒毒场所和社区矫正机构应当根据全民阅读基础书目和分类推荐书目，结合各自条件和实际情况，为服刑人员、羁押人员、戒毒人员和社区矫正对象制定阅读计划，提供阅读资源，组织开展阅读活动，并提供指导。

第二十五条　实体书店可以开设集阅读、学习、展示、交流于一体的公共阅读区域，通过举办读书讲座（沙龙）、组织演讲朗读、提供阅读指导、推荐优秀读物、培训阅读服务志愿者、设置流动书摊等途径，开展阅读服务活动。

鼓励和支持实体书店创新经营模式，拓宽阅读服务空间，延长营业时间，提供公益性阅读服务，实现集阅读服务、休闲文化体验、本地历史文化展示和公益宣传于一体的多业态融合发展，提升服务全民阅读促进工作的能力。

第二十六条　鼓励公民、法人和其他组织参加全民阅读推广、全民阅读志愿服务活动。

公民、法人和其他组织可以依法设立为社会公众提供阅读推广、阅读志愿服务的各类阅读服务组织。市和区县（市）人民政府及其有关部门应当在注册登记、经费扶持、活动组织、阅读推广人和志愿者队伍建设等方面给予支持。

阅读服务组织可以通过开展阅读宣传指导、阅读辅导、阅读讲座、读书沙龙、图书展览、阅读推广人和阅读服务志愿者培训、为阅读障碍者和老年人提供助读伴读服务等活动，向社会公众提供内容丰富、形式多样的阅读服务。

鼓励公共图书馆、实体书店、出版发行单位、阅读服务组织、阅读推广人、阅读服务志愿者依法建立全民阅读促进协会、学会，开展阅读推广活动。

第二十七条　鼓励和支持公民、法人和其他组织开展出版物的交换、捐献和赠与，促进图书循环利用。公共图书馆、村（社区）图书室可以在相关公共场所设置图书捐赠点，接受公民、法人和其他组织捐赠的图书，并向社会公众提供免费借阅、赠阅等服务。

接受捐赠的机构应当加强捐赠出版物的鉴别和管理，新闻出版主管部门应当予以指导和监督。

第二十八条　报刊、广播电视等新闻媒体和互联网信息服务平台应当通过宣传报道全民阅读活动、开设全民阅读专题栏目（节目）、推荐介绍优秀读物、普及阅读知识等途径，提供全民阅读信息服务，参与全民阅读推广活动。

公共图书馆、实体书店、机场、车站、码头、公园、广场等公共场所，应当设置或者投放全民阅读公益广告，宣传全民阅读活动。

第四章　保障和监督

第二十九条　市和区县（市）新闻出版主管部门应当利用门户网站、新媒体公众平台或者在其他适当场所，将本行政区域内公共阅读服务设施的名称目录、所在位置、服务时间和国家机关、人民团体、阅读服务组织开展的全民阅读服务活动信息予以公布，并定期更新，方便公众查询和参与。

国家机关、人民团体、阅读服务组织应当按照各自职责，及时向新闻出版主管部门提供全民阅读服务活动信息资源。

第三十条　市和区县（市）人民政府应当根据国家、省、市有关基本公共文化服务资金使用管理的规定，结合全民阅读促进工作规划和年度工作计划，安排相应的补助资金，对村（社区）阅读服务设施建设、实体书店建设、阅读服务组织培育、阅读推广活动开展、阅读推广人和阅读服务志愿者培训以及其他全民阅读促进工作给予支持。

市和区县（市）人民政府及其有关部门可以通过购买服务、项目补贴、以奖代补等途径，合理安排使用补助资金。补助资金的使用应当优先面向为农村、社区以及老年人、未成年人、残障人士、外来务工人员、低收入人群等群体提供的公益性阅读服务。

市和区县（市）人民政府应当加强对全民阅读促进工作资金的补助使用、实施效果、服务效能的监督和评估，提高财政资金的使用效益，具体办法由市人民政府另行制定。

第三十一条　市和区县（市）人民政府可以依法发起设立公益性全民阅读基金。

鼓励企业事业单位、其他社会组织和公民通过捐赠等方式依法设立或者参与设立全民阅读基金。

全民阅读基金应当用于扶持阅读服务组织的设立、阅读推广活动的开展、阅读服务志愿者和阅读推广人的培育、特殊对象和困难群体的阅读服务等公益性阅读促进工作。

第三十二条 市和区县（市）人民政府应当对各有关部门和单位履行全民阅读促进工作职责进行检查和监督，并将检查监督情况予以通报和向社会公布。

公民、法人和其他组织有权对不履行全民阅读工作职责以及其他违反规定的行为进行投诉、举报。市和区县（市）新闻出版等有关主管部门应当建立全民阅读投诉举报工作机制，及时受理、处理公民、法人和其他组织提出的投诉、举报。

第三十三条 市新闻出版主管部门应当会同文化旅游等有关主管部门建立全民阅读调查评估制度，定期开展面向各类阅读服务组织和全体社会公众的全民阅读实际状况、社会效果的调查和评估，形成全民阅读调查评估报告和指数，并向社会公布。

市和区县（市）人民政府应当建立全民阅读激励机制，对在全民阅读促进工作中取得显著成绩的单位、家庭和个人，通过树立先进典型、培育优秀品牌等方式给予宣传、鼓励。

第五章 法律责任

第三十四条 违反本条例规定，《中华人民共和国公共文化服务保障法》《中华人民共和国公共图书馆法》《浙江省公共文化服务保障条例》和其他法律、法规已有法律责任规定的，依照其规定处理。

第三十五条 违反本条例第十五条规定，公共阅读服务设施的管理单位未建立公共阅读服务设施管理、维护制度和服务规范、未按服务规范开放公共阅读服务设施或者未明确公共阅读服务设施管理人的，由其主管部门责令限期改正；逾期不改正或者造成严重后果的，对直接负责的主管人员和其他直接责任人员依法给予处分。

第三十六条 违反本条例第十六条第一款规定，侵占、损坏、擅自拆除公共阅读服务设施，或者改变其性质、功能和设施配置标准、建筑面积的，由有关主管部门责令限期改正，对负有责任的主管人员和其他直接责任人员依法给予处分；构成违反《中华人民共和国公共文化服务保障法》《中华人民共和国公共图书馆法》规定的，依照其规定处理；构成违反治安管理行为的，依法给予治安管理处罚；构成犯罪的，依法追究刑事责任。

第三十七条　违反本条例规定，承担全民阅读促进工作职责的各级人民政府和新闻出版、文化旅游等主管部门及其工作人员有下列情形的，由其所在单位或者上级机关、监察机关责令改正，对直接负责的主管人员和其他直接责任人员依法给予处分；构成犯罪的，依法追究刑事责任：

（一）未依照本条例规定及时组织编制全民阅读公共服务基本标准、全民阅读促进工作规划和年度工作计划的；

（二）未依照本条例规定建立和完善阅读服务设施或者有关设施建设不符合全民阅读公共服务基本标准的；

（三）擅自拆除公共阅读服务设施或者改变其性质、功能、规模的；

（四）不依照规定职责开展全民阅读推广服务活动的；

（五）侵占、挪用全民阅读工作经费、补助资金或者基金的，以及其他违反规定使用全民阅读工作经费、补助资金和基金的情形；

（六）其他玩忽职守、滥用职权、徇私舞弊的情形。

第六章　附则

第三十八条　本条例自2020年4月1日起施行。

借阅量书单排行榜

排名	书名	作者
1	平凡的世界	路遥著
2	历史其实很有趣儿.中国卷	卫鸿宇主编
3	假面饭店：新修珍藏版	[日]东野圭吾著
4	半小时漫画中国史：其实是一本严谨的极简中国史	二混子著
5	谁杀了她	[日]东野圭吾著
6	恶意	[日]东野圭吾著

续表

排名	书名	作者
7	人类简史：从动物到上帝：a brief history of humankind	[以色列] 尤瓦尔·赫拉利（Yuval Noah Harari）著
8	圣女的救济	[日]东野圭吾著
9	稻草人	叶圣陶著
10	沉睡的人鱼之家	[日]东野圭吾著
11	了不起的狐狸爸爸	[英]罗尔德·达尔著
12	追风筝的人	[美] 卡勒德·胡赛尼（Khaled Hosseini）著
13	朗读者.1	董卿主编
14	活着	余华[著]
15	嫌疑人 X 的献身	[日]东野圭吾著
16	长袜子皮皮	[瑞典]阿斯特丽德·林格伦著
17	月亮与六便士	[英] 毛姆（W. Somerset Maugham）著
18	窗边的小豆豆	[日]黑柳彻子著
19	孩子你慢慢来	龙应台著
20	浮生六记	〔清〕沈复著
21	目送	龙应台著
22	摆渡人	[英]克莱儿·麦克福尔著
23	拉普拉斯的魔女	[日]东野圭吾著
24	昆虫记	[法]法布尔著
25	三国演义	〔明〕罗贯中著
26	宝葫芦的秘密	张天翼著
27	所谓情商高就是会说话：日常生活版	兆民著
28	好好说话：新鲜有趣的话术精进技巧	马薇薇，黄执中，周玄毅等著
29	大林和小林	张天翼著
30	未来简史：从智人到神人	[以] 尤瓦尔·赫拉利（Yuval Noah Harari）著
31	西游记	吴承恩著
32	没头脑和不高兴	任溶溶著
33	我的妈妈是精灵	陈丹燕著
34	城南旧事	林海音著
35	乌丢丢的奇遇	金波著
36	秘密	[日]东野圭吾著

续表

排名	书名	作者
37	奇想国的小豆豆	[日]黑柳彻子著
38	百年孤独	加西亚・马尔克斯著
39	小家，越住越大	逯薇著绘
40	郑渊洁十二生肖童话.猴王变形	郑渊洁著
41	爷爷一定有办法	菲比・吉尔曼（Phoebe Gilman）文・图
42	骆驼祥子	老舍著
43	房思琪的初恋乐园	林奕含著
44	我们仨	杨绛[著]
45	草房子	曹文轩著
46	超级市长	杨红樱著
47	红星照耀中国	[美]埃德加・斯诺著
48	呼兰河传	萧红著
49	假面之夜	[日]东野圭吾著
50	写给儿童的中国地理1，天府之国	陈卫平等著
51	格列佛游记	[英]乔纳森・斯威夫特著
52	许三观卖血记	余华著
53	夏洛的网	[美]E.B.怀特著
54	我的前半生	亦舒[著]
55	细菌世界历险记	高士其著
56	孤独是生命的礼物	余光中，林清玄，白先勇等著
57	解忧杂货店	[日]东野圭吾著
58	边城	沈从文著
59	朗读者.3	董卿主编
60	伊索寓言	[古希腊]伊索著
61	薛兆丰经济学讲义	薛兆丰著
62	跟屁虫	宫西达也文图
63	郑渊洁十二生肖童话.蛇王淘金	郑渊洁著
64	笨狼的故事	汤素兰著
65	我的天才女友	[意]埃莱娜・费兰特著
66	蔡康永的说话之道	蔡康永著

续表

排名	书名	作者
67	刻意练习：如何从新手到大师	[美] 安德斯·艾利克森（Anders Ericsson），[美]罗伯特·普尔（Robert Pool）著
68	罗辑思维：我懂你的知识焦虑	罗振宇等著
69	人类简史：绘本版：给孩子的世界历史超图解	[法]贝特朗·菲舒著
70	我是猫	[日]夏目漱石著
71	郑渊洁十二生肖童话. 虎王出山	郑渊洁著
72	白金数据	[日]东野圭吾著
73	分身	[日]东野圭吾著
74	丰子恺漫画古诗词	丰子恺绘
75	郑渊洁十二生肖童话. 鼠王做寿	郑渊洁著
76	郑渊洁十二生肖童话. 兔王卖耳	郑渊洁著
77	芳华	严歌苓著
78	经典完全本·我和小姐姐克拉拉2，动物的故事	[德]迪米特尔·茵可夫著
79	让孩子像孩子那样长大	钱儿妈（白雁飞）著
80	基督山伯爵	[法]大仲马（Alexandre Dumas）著
81	名侦探的守则	[日]东野圭吾著
82	贪玩老爸	杨红樱著
83	晴天有时下猪	[日]矢玉四郎作
84	半小时漫画世界史	陈磊著
85	小王子. 精	[法]安托万·德·圣埃克苏佩里著
86	天真妈妈	杨红樱著
87	长安十二时辰. 上	马伯庸著
88	沉睡的森林	[日]东野圭吾著
89	郑渊洁十二生肖童话. 龙王闹海	郑渊洁著
90	一只想飞的猫	陈伯吹著
91	爬上月亮的兔子	[日]安房直子著
92	假面山庄	[日]东野圭吾著
93	祈祷落幕时	[日]东野圭吾著
94	暑假奇遇	杨红樱著
95	今天也要好好地过	[日]吉竹伸介著

续表

排名	书名	作者
96	父母的格局：成就孩子的第三种力量	黄静洁著
97	白先勇细说红楼梦	白先勇著
98	变身	[日]东野圭吾著
99	经典完全本·我和小姐姐克拉拉.1，家里的故事	[德]迪米特尔·茵可夫著
100	无证之罪	紫金陈著
101	彷徨之刃	[日]东野圭吾著
102	朗读者.2	董卿主编
103	小狗钱钱.2：全彩漫画版	[德]博多·舍费尔著
104	去旅行	[法]阿梅莉. 卡斯唐
105	明朝那些事儿. 第叁部，妖孽宫廷：新版	当年明月著
106	我们仨	杨绛著
107	猎人笔记	[俄]屠格涅夫著
108	月亮和六便士	[英]毛姆著
109	放学后	[日]东野圭吾著
110	原生家庭：如何修补自己的性格缺陷	[美] 苏珊·福沃德，[美] 克雷格·巴克著
111	偷影子的人	[法]马克·李维（Marc Levy）著
112	侦探小组在行动	杨红樱著
113	断舍离	[日]山下英子著
114	生活十讲	蒋勋著
115	我不	大冰著
116	局外人	[法] 阿尔贝·加缪著
117	大英儿童百科全书.1A	史明等译
118	外婆的道歉信	[瑞典]弗雷德里克·巴克曼（Fredrik Backman）著
119	人间失格	[日]太宰治著
120	富爸爸穷爸爸	[美]罗伯特·清崎著
121	幻夜	[日]东野圭吾著
122	假如真有时光机	[日]村上春树著
123	摆渡人.2，重返荒原	[英]克莱儿·麦克福尔著
124	安徒生童话	[丹]安徒生著
125	活着本来单纯：丰子恺散文漫画精品集	丰子恺著

续表

排名	书名	作者
126	肉食者不鄙：汪曾祺谈吃大全	汪曾祺著
127	有呀有呀书店	[日]吉竹伸介著绘
128	一个人的幸福手作	[日]高木直子著绘
129	奈良手记	[日]奈良美智著
130	日食记	姜老刀著
131	第七天	余华著
132	父与子全集：彩色双语	[德]埃・奥・卜劳恩绘
133	活了 100 万次的猫：珍藏版	[日]佐野洋子著
134	郑渊洁十二生肖童话. 马王登基	郑渊洁著
135	活着	余华著
136	查理和巧克力工厂	[英]罗尔德・达尔著
137	好小子——童年故事	[英]罗尔德・达尔著
138	浪花少年侦探团	[日]东野圭吾著
139	可爱的鼠小弟1，鼠小弟的小背心	[日]中江嘉男文
140	淘气包马小跳系列寻找大熊猫	杨红樱著
141	东方快车谋杀案	[英]克里斯蒂（Christie，A.）著
142	白鹿原	陈忠实著
143	一年级大个子二年级小个子	[日] 古田足日著
144	一个人住第几年？	[日]高木直子绘
145	红手指	[日]东野圭吾著
146	故宫的古物之美	祝勇著
147	我的野生动物朋友	[法]蒂皮・德格雷（Tippi Degre）著
148	明朝那些事儿：新版. 第肆部，粉饰太平	当年明月著
149	新参者	[日]东野圭吾著
150	巨人的城堡	杨红樱著
151	皮皮鲁传	郑渊洁著
152	我在故宫修文物	萧寒主编
153	黄金时代	王小波著
154	经典完全本・我和小姐姐克拉拉3，吵架的故事	[德]迪米特尔・茵可夫著
155	女巫	[英]罗尔德・达尔著

续表

排名	书名	作者
156	人工智能	李开复，王咏刚著
157	写给儿童的中国地理.2，洞庭南北	陈卫平等著
158	蚯蚓的日记	朵琳·克罗宁（Doreen Cronin）文
159	郑渊洁十二生肖童话.猪王照相	郑渊洁著
160	山海经	王学典编译
161	装在口袋里的爸爸.超级大脑	杨鹏著
162	小屁孩日记.1，鬼屋创意	[美]杰夫·金尼著
163	洋葱头历险记	[意] 贾尼·罗大里著
164	轰隆隆老师	杨红樱著
165	猜猜我有多爱你	[爱尔兰]山姆·麦克布雷尼著
166	一园青菜成了精	熊亮著绘
167	爱的教育	[意]亚米契斯著
168	写给儿童的中国地理.3，千里中原	陈卫平等著
169	人间有至味	汪曾祺著
170	流星之绊	[日]东野圭吾著
171	笑猫日记.小猫出生在秘密山洞	杨红樱著
172	长安十二时辰.下	马伯庸著
173	笑猫日记.会唱歌的猫	杨红樱著
174	一千零一夜：少年版全集	王瑞琴译
175	信	[日]东野圭吾著
176	笑猫日记.25，属猫的人	杨红樱著
177	挪威的森林	村上春树著
178	坏脾气的玛格丽特	[美]托尔·塞德勒著
179	詹姆斯与大仙桃	[英]罗尔德·达尔著
180	西游记	〔明〕吴承恩著
181	白夜行	[日]东野圭吾著
182	无声的证词	秦明著
183	青蛙和蟾蜍.好朋友	[美]艾诺·洛贝尔文·图
184	跳跳电视台	杨红樱著
185	郑渊洁十二生肖童话.牛王醉酒	郑渊洁著
186	时生	[日]东野圭吾著

续表

排名	书名	作者
187	原则	[美]瑞·达利欧（Ray Dalio）著
188	郑渊洁十二生肖童话. 羊王称霸	郑渊洁著
189	红楼梦	〔清〕(前八十回）曹雪芹著，(后四十回）无名氏续
190	魔法手指	[英]罗尔德·达尔著
191	好饿的老狼和猪的小镇	[日]宫西达也文·图
192	神笔马良	洪汛涛著
193	世界冠军丹尼	[英]罗尔德·达尔著
194	你今天真好看	[美]莉兹·克里莫著
195	青铜葵花	曹文轩著
196	小狗钱钱1：全彩漫画版	[德]博多·舍费尔著
197	鳄鱼怕怕 牙医怕怕	[日]五味太郎 文/图
198	鲁西西传	郑渊洁著
199	三体.Ⅱ，黑暗森林	刘慈欣著
200	沟通的艺术：看入人里，看出人外：插图修订第14版：简明版	[美]罗纳德·B.阿德勒，[美]拉塞尔·F.普罗科特著
201	人性的弱点	[美]戴尔·卡耐基（Dale Carnegie）著
202	宠物集中营	杨红樱著
203	忠犬八公	[西] 路易斯·普拉茨著
204	夏洛的网. 胜利时刻	[美] E.B. 怀特著
205	郑渊洁十二生肖童话. 狗王梦游	郑渊洁著
206	100层的房子	[日]岩井俊雄编绘
207	你要么出众，要么出局	李尚龙著
208	朝花夕拾	鲁迅著
209	守夜者	法医秦明著
210	我的第一本地理启蒙书	郑利强著
211	你看起来好像很好吃	宫西达也 文/图
212	故宫里的大怪兽6，小小金殿里的木偶戏	常怡著
213	俗世奇人：足本	冯骥才著
214	笑猫日记. 想变成人的猴子	杨红樱著
215	夏洛的网. 王牌猪	[美] E.B. 怀特著

续表

排名	书名	作者
216	苏菲的世界	[挪威]乔斯坦·贾德著
217	四个调皮蛋	杨红樱著
218	佐贺的超级阿嬷	[日]岛田洋七著
219	舒克贝塔传	郑渊洁著
220	围城	钱钟书著
221	大灰狼罗克传	郑渊洁著
222	牧羊少年奇幻之旅	[巴西]保罗·柯艾略著
223	一百条裙子	[美]埃莉诺·埃斯特斯著
224	明朝那些事儿.第贰部，万国来朝：新版	当年明月著
225	镜花缘	李汝珍著
226	丁克舅舅	杨红樱著
227	重庆寻宝记	孙家裕编创
228	呀！屁股	[丹]迈普里斯·安徒生文
229	笑猫日记.一头灵魂出窍的猪	杨红樱著
230	月亮的味道	[波兰]麦克·格雷涅茨著
231	傅雷家书	傅雷，朱梅馥，傅聪著
232	漂亮女孩夏林果	杨红樱著
233	笑猫日记.永远的西瓜小丑	杨红樱著
234	晓松奇谈	高晓松著
235	逃家小兔	[美]玛格丽特·怀兹·布朗文
236	开甲壳虫车的女校长	杨红樱著
237	海底100层的房子	[日]岩井俊雄著
238	杀死一只知更鸟：纪念版	[美]哈珀·李著
239	笑场	李诞著
240	勇气	[美]伯纳德·韦伯著
241	新说山海经.奇兽卷	张锦江等著
242	青海寻宝记	孙家裕编创
243	獾的礼物	苏珊·华莱 文/图
244	小巴掌童话	张秋生著
245	奇妙的数王国.数学童话故事	李毓佩著
246	神奇图书馆.植物也疯狂	凯叔著

续表

排名	书名	作者
247	云边有个小卖部	张嘉佳著
248	神奇图书馆. 宇宙的秘密	凯叔著
249	郑渊洁十二生肖童话. 鸡王画虎	郑渊洁著
250	笑猫日记. 球球老老鼠	杨红樱著
251	好饿的小蛇	[日]宫西达也 文/图
252	笑猫日记. 小白的选择	杨红樱著
253	至味在人间	陈晓卿著
254	永远永远爱你	宫西达也 文/图
255	中国民间故事	海豚传媒编绘
256	北京寻宝记	孙家裕编创
257	江苏寻宝记	孙家裕编创
258	大个子老鼠小个子猫.1	周锐著
259	我爱你	宫西达也 文/图
260	见识	吴军著
261	麒麟之翼	[日]东野圭吾著
262	蚂蚁和西瓜	田村茂文/图
263	白雪公主小剧团	杨红樱著
264	天方夜谭	郅溥浩等译
265	给孩子的古诗词	叶嘉莹编著
266	天使之耳：交通警察之夜	[日]东野圭吾著
267	父与子全集	[德]埃・奥・卜劳恩绘
268	揭秘科学	[英]明娜・莱西文
269	三毛流浪记全集：彩图注音读物	张乐平原作
270	山东寻宝记	孙家裕编创
271	爱心树	[美]谢尔・希尔弗斯坦 文/图
272	小屁孩日记.3，好孩子不撒谎	[美]杰夫・金尼著
273	亲爱的笨笨猪	杨红樱著
274	我喜欢书	[英]安东尼・布朗（Anthony Browne）文/图
275	小大人丁文涛	杨红樱著
276	尼尔斯骑鹅旅行记	[瑞典]塞尔玛・拉格洛夫著
277	万历十五年：增订本	[美]黄仁宇著

续表

排名	书名	作者
278	八十天环游地球	[法]儒勒·凡尔纳著
279	小狗钱钱3：全彩漫画版	[德]博多·舍费尔著
280	捡到一只喷火龙	杨鹏著
281	高效能人士的七个习惯：25周年纪念版	[美]史蒂芬·柯维著
282	可爱的鼠小弟2，想吃苹果的鼠小弟	[日]中江嘉男文
283	哈利·波特：典藏版3，哈利·波特与阿兹卡班囚徒	[英]J. K. 罗琳著
284	韭菜的自我修养	李笑来著
285	返老还童	杨鹏著
286	假如给我三天光明	[美]海伦·凯勒（Helen Keller）著
287	吴姐姐讲历史故事.第1册，先秦·秦（远古~前207年）	吴涵碧著
288	教室里的正面管教：培养孩子们学习的勇气、激情和人生技能	[美]简·尼尔森，[美]琳·洛特，[美]斯蒂芬·格伦著
289	我的孤单，我的自我：单身女性的时代	[美]丽贝卡·特雷斯特著
290	最爱的，是我	宫西达也 文/图
291	笨狼和他的爸爸妈妈	汤素兰著
292	当世界年纪还小的时候	[德]于尔克·舒比格著
293	白洋淀纪事	孙犁著
294	从你的全世界路过	张嘉佳著
295	金波四季童话.春天卷.花瓣儿鱼：注音美绘版	金波著
296	改变世界的科学实验	[英]尼克·阿诺德原著
297	亲爱的安德烈：两代共读的36封家书	龙应台，[德]安德烈合著
298	玛蒂尔达	[英]罗尔德·达尔著
299	十岁那年	[美]赖清河著
300	无人生还	[英]阿加莎·克里斯蒂（Agatha Christie）著

*此排行榜可作为其他公共图书馆单独建库时的基藏目录，为其优化馆藏结构、提高藏书质量提供参考。

后 记

新冠疫情的爆发，对各级各类图书馆的决策信息保障和应急服务管理带来挑战。疫情期间，宁波图书馆作为公共文化服务场所，为最大限度地保障读者的身体健康与阅读需求，在闭馆、部分恢复、扩大开放等不同阶段，利用信息技术，积极探索“无接触”图书借还服务模式，建立起图书馆应急服务保障体系。

借新冠疫情事件引发的深刻思考，结合近年来宁波图书馆在“信用服务”方面的实践与探索，在南开大学商学院信息资源管理系徐建华教授的提议下，我们组建编委会，开展《公共图书馆信用服务的宁波实践》一书的编纂工作，以期为业界、学界在相关服务实践与理论研究上提供一些有益的经验。

本书的出版，首先要感谢徐建华教授的倾力指导，他以学者的专业眼光提出了诸多撰写建议。感谢浙江图书馆馆长褚树青、上海图书馆副馆长周德明，他们对我们的工作十分关心，以多种形式推动了本书的写作，并撰写序言。感谢宁波图书馆的同事们，践行着“手指点点、邮书到家”口号，坚持着“读者第一、用户至上”原则，以“打通公共文化服务最后一公里”为目标，精心策划，悉心服务，立足公益，面向大众，不断推进宁波图书馆信用服务的优化升级。感谢宁波图书馆信用服务的合作伙伴。他们积极参与图书馆的社会化运营与合作，予以运营和技术上的支持，激发服务活力，提升服务效能，并为本书的编著提供了数据资料。感谢宁波图书馆信用服务的用户。他们坚持阅读，始终支持宁波图书馆信用服务，并提出改进意见，促进我们的业务不断发展壮大。

随着社会信用体系建设的持续推进，公共图书馆信用服务仍待深入研究。要建立更为完善成熟的信用服务体系，为读者提供更为方便快捷的服务，未来的路还很长。我们将继续努力，努力打破地域、时空的界限，完善文化服务的最后一公里，实现资源的开放与共享。

编者

2021 年 10 月